中国社会科学院创新工程学术出版资助项目

中东研究专辑

A HISTORICAL INSPECTION OF
LIBYAN TRIBAL ISSUES

利比亚部落问题的
历史考察

王金岩 ／ 著

社会科学文献出版社
SOCIAL SCIENCES ACADEMIC PRESS (CHINA)

序

    2010年开始在中东地区爆发的"阿拉伯之春"不但没有给阿拉伯国家带来发展的"春天",反而使一批国家遭遇了动乱的"严冬"。实际上,"阿拉伯之春"是中东国家在经济、政治和社会发展以及国际关系方面长期存在的一系列严重问题的集中爆发。因此,它为中东研究提出了新的要求,也注入了新的动力。近年来,国内研究中东问题的专家学者围绕一系列需要深入研究甚至需要填补空白的新课题开展工作,相关的研究成果已经陆续面世。王金岩博士撰写的这部关于利比亚部落问题的研究专著,就是这类研究工作的一项最新成果。

    部落问题是中东一些国家存在的一个基本问题。这些国家虽然已进行了长期的现代化建设的努力,但传统的部落社会结构仍然没有发生根本性的改变。尽管在政治强人的威权统治之下,部落矛盾可能会被暂时遮盖起来,但一旦强人统治受到削弱及至出现崩溃,这种矛盾便会大规模爆发,对国家的统一和发展构成严重的威胁。或许就是出于这样的原因,中东国家的部落问题并没有引起学界足够的关注,国内的相关研究成果不多,存在比较明显的缺憾。直到2011年利比亚等国爆发动乱,部落问题才开始成为一个备受关注的研究课题。

    利比亚是中东国家部落问题的一个典型案例。无论是卡扎菲政权的土崩瓦解,还是国内冲突的无休无止,以及国家重建的困难重重,都与错综复杂的部落矛盾有直接和密切的关系。作者在这项研究成果中比较系统地阐述了利比亚部落的起源和基本特征，奥斯曼帝国时期、殖民地时期、王朝时期和卡扎菲执政时期的部落关系，以及部落问题对利比亚内战和战后重建的影响；对利比亚历代统治者的部落政策进行了分析，提出统治者把部落当作维持统治的工具而非促进部落融合，是造成部落问题长期存在的重要原因等观点，为深入认识利比亚的部落问题提供了内容翔实的参考资料，也为观察中东国家的部落问题打开了一扇瞭望的窗口。

值得一提的是，作者从攻读硕士学位的时候就已经开始关注利比亚的部落问题了，这项研究成果是其长期观察和思考的结果。由于作者通晓阿拉伯语和英语，不仅参阅了来自西方国家的研究成果，而且利用了大量的阿拉伯文研究文献，比较全面地借鉴了国外的研究成果。作者在利比亚驻中国大使馆工作以及赴利比亚开展实地调研的经历，也为这项研究成果的完成打下了坚实的基础。

在此项研究成果即将付梓之际，我谨向作者表示祝贺，并期望这项研究成果的出版能够为中东研究的学科建设和智库建设做出应有的贡献。

中国中东学会会长

杨　光

| 目录 |

下编　利比亚战后发展中的部落因素

引　言

　　一直以来，部落在利比亚的政治与社会关系中扮演着重要角色，且因其沿袭和传承贝都因人的游牧习俗、商队交往，以及黏合部落成员的社会团结而持久存在。利比亚自1951年独立后，虽已在形式上成为一个独立的国家，却从未形成单一民族国家。独立前，利比亚与伊拉克、沙特阿拉伯等一些中东地区国家一样，是多个部落的聚居地。其国家的独立并非民族自然发展而来，而是外力作用强加的结果。因此，利比亚民众的国家认同意识较为淡薄，部落认同意识却根深蒂固。对外，他们以"阿拉伯人"或"非洲人"自居；对内，他们自视为本部落的一员。"利比亚人"这一称谓更多的是外界对他们的认定。

　　部落问题是利比亚的重要国情。在国家和平发展时期，部落归属操控政治，影响经济建设，更是重要的社会关系纽带。在战争期间，部落关系既是战争爆发的一个重要原因，也对战争进程起到多方面的影响作用，能够改变战况，左右战局走向，还会对国家的战后重建与发展起到重大而深远的影响。总之，利比亚的发展进程中时时处处显示出部落因素的影响作用。可以说，部落体制是利比亚的一种重大的政治和社会结构。部落则是利比亚的一个基本社会单元，先于国家存在，深深植根于国家的社会、军事、经济和文化环境中，与国家的发展演进相互影响。

　　其一，利比亚部落制度先于国家制度产生并延续至今。

　　利比亚领土上最早的居民是以部落为单位进行生产活动的。公元前10

世纪至公元 11 世纪，利比亚大部分领土先后受到不同外族的入侵，或处于外族的统治之下，出于抵御外来入侵者的需要，部落联盟应运而生。此后至 20 世纪初，利比亚不同地区分别处于不同异族的统治下。无论是不同异族的争夺，还是奥斯曼帝国的统治，其实质是实行摄政制度。当时的利比亚处于多部落并存的状态，民众接受所属部落的直接统治和管理。利比亚在沦为西方国家的殖民地之前，尚未形成强有力的中央集权制国家和完善的政府组织，仍处于部落散居状态。

20 世纪上半叶，利比亚长期处于意大利殖民统治下，部落制度成为殖民统治者征服和统治利比亚人的工具：一方面，殖民者通过贿赂和拉拢大部落首领的方式，实现对整个国家的殖民征服；另一方面，殖民者利用或挑拨部落间的矛盾以实现下层部落相互牵制和削弱的目的。利比亚的政治架构便形成于这一时期，并延续至国家独立后。由于国家制度的先天不足和殖民者的统治策略，国家难以实现对部落的绝对掌控。在殖民时期，部落深深植根于利比亚社会，作为非官方组织，部落自身的政治功能并不显著。

异族统治和殖民统治搅乱了利比亚民族和国家正常的历史发展进程，统治者为维护统治和自身利益，刻意保留当地的部落制度并加以利用，导致利比亚独立后整个社会的存在基础并非基于有着共同的语言、文化和情感认同的统一民族，而是根深蒂固的部落认同或部落联盟。

其二，利比亚独立后的统治方式强化了部落认同。

1951 年 12 月，利比亚在内外因素的共同驱动下和多种力量的复杂博弈下实现独立。利比亚在国家建构过程中，现代化进程缓慢，甚至一度出现倒退，这给部落认同提供了生存空间。

1951~1969 年，利比亚处于王朝统治下，部落认同仍是维系整个社会强有力的纽带。伊德里斯国王曾试图构建一种基于全民平等的意识形态，加快政治、经济发展和削弱传统社会的基础。为维护统治，伊德里斯国王不得不依赖其所在东部地区的大部落，但对西部和南部地区的发展情况关注不足，导致民众归属感仍以部落认同和地区认同为主。

自 1969 年上台到 2011 年政权垮台，卡扎菲执政利比亚 42 年。他在执政初期曾推行去部落化政策，但在执政后期为维护政权，推行拉拢部落长老的政策，使得利比亚重回部落统治，部落认同总体得到强化。卡扎菲执政早期深受阿拉伯民族主义思想的影响，反对包括部落制度在内的利比亚旧有政治结构，试图构建新的意识形态和政治忠诚取代旧有部落认同。进入 20 世纪 80 年代后，利比亚面临内忧外患。卡扎菲为维持威权统治，寻求有效控制国家的策略。利比亚人口结构高度的同质性——利比亚国民 95%以上属于同一种族、信仰同一教派、说同一语言，使卡扎菲难以找到在民众之间实现平衡对抗的突破口，因而他只能回归部落统治：重用本部落亲信，在其他部落间制造矛盾和分歧，打压和边缘化不支持政权的部落，通过频繁调整统治机构，逐渐使部落认同作为获得政治地位和经济权力的唯一途径。卡扎菲将部落主义融入政治机构的运转中，他执政利比亚的几十年间，各地的部落认同得到强化。

2011 年，利比亚战争的爆发、发展及结果深受部落因素的影响：利比亚东部地区成为动荡的策源地，该地区的部落长期受到卡扎菲政权的打压；大部落的立场很大程度上决定参战双方力量的对比；战后，原支持卡扎菲的部落的权力遗失殆尽，部分部落甚至被追剿或驱逐出原居住地。

纵观利比亚的历史发展进程，该国缺乏独立的政治历史和民众的政治参与，伊德里斯和卡扎菲都将部落制度作为统治工具，部落认同导致国家政治制度和国家机构的现代化程度处于较低水平。部落因素对战后利比亚局势的发展也继续发挥着重要影响作用。

一　国内外研究现状评述

部落是利比亚社会结构中的重要元素，是具有权威结构和共同属性的社会交往单位和社会结构单元，其社会在很大程度上以部落归属划分。部

落认同的一个重要属性为"建立在血缘或亲缘联系基础上的非正式认同",①
由此得出：部落在国家中的作用是社会性的，它与国家发展的各方面都有
互动关系。部落在现代国家建构、治理和发展中发挥的作用受到政治学、
社会学、历史学、人类学、经济学等多领域学者的关注。部落问题在利比
亚根深蒂固。此次利比亚战争的爆发，以及战后国家陷入持续乱局使学者
们开始关注并研究利比亚的部落问题，尤其是部落体制与国家发展的关系
问题，从而涌现出一些相关研究成果。但是，从总体看，国内外对利比亚
部落问题的研究尚不系统、不深入。以下是中国、西方国家及阿拉伯世界
学者对利比亚部落问题的研究情况综述。

（一）中国学者的研究情况

中利两国自 1978 年建交以来，双方交往多为经贸合作。由于两国相距
较远，各方面差异很大，又因利比亚曾长达十余年遭受国际制裁，被外交
孤立和经济封锁，中国学者对利比亚的研究成果较少。

1. 专著

关于利比亚部落的研究尚无专著，只是在利比亚历史研究和中东非洲
政治发展问题研究方面的著作中有所涉及。关于利比亚历史研究的著作主
要有：潘蓓英编著的《利比亚》②；罗纳德·布鲁斯·圣约翰著，韩志斌译
的《利比亚史》③；盖宁著，冠奇、萧欣译的《利比亚》④；约翰·赖特著，
陆茵译的《利比亚》⑤；菲利普·C. 内勒著，韩志斌、郭子林、李铁译的

---

① Haala Hweio, "Tribes in Libya: From Social Organization to Political Power," in *African Conflict and Peacebuilding Review*, Indiana University Press, 2, 1, Spring 2012, pp. 111 – 121.
② 潘蓓英编著《利比亚》，社会科学文献出版社，2007。
③ 〔美〕罗纳德·布鲁斯·圣约翰：《利比亚史》，韩志斌译，东方出版中心，2011。
④ 〔苏〕盖宁：《利比亚》，冠奇、萧欣译，新知识出版社，1957。
⑤ 〔英〕约翰·赖特：《利比亚》，陆茵译，上海人民出版社，1974。

《北非史》①。上述著作都从不同角度介绍了利比亚的地理、政治、经济、历史、社会文化和对外关系等方面的情况。

关于中东非洲政治发展问题研究方面的相关著作主要有：西北大学中东研究所韩志斌教授等著的《利比亚伊斯兰社会主义研究》②，中国社会科学院西亚非洲研究所唐大盾、徐济明、陈公元主编的《非洲社会主义新论》③，中国社会科学院西亚非洲研究所王林聪研究员著的《中东国家民主化问题研究》④，西北大学中东研究所王铁铮教授主编的《世界现代化历程·中东卷》⑤，上海外国语大学中东研究所陈万里教授等著的《二战后中东伊斯兰国家发展道路案例研究》⑥。上述著作中都含有对利比亚政治和社会发展问题的论述。此外，由卡扎菲著、世界绿皮书研究中心于1996年译成中文的《绿皮书》⑦ 第三章"世界第三理论的社会基础"对利比亚的部落问题有所阐述。

2. 论文

中国学者发表的关于利比亚研究的论文中，有一些与其部落问题直接或间接相关。其中，以利比亚的部落问题为直接研究对象的论文在利比亚战前只有岚沁的《利比亚的图阿雷格人》⑧。战争爆发后，中国学者在利比亚部落问题研究方面的论文有所增多，主要有：西北大学中东研究所韩志斌教授和闫伟博士联合发表的《后卡扎菲时代利比亚政治重建及前景》⑨ 和《部落政治与利比亚民族国家重构》⑩、西北工业大学蒲瑶副教授的《利比亚

---

① 〔美〕菲利普·C. 内勒：《北非史》，韩志斌、郭子林、李铁译，中国大百科全书出版社，2013。
② 韩志斌等：《利比亚伊斯兰社会主义研究》，浙江人民出版社，2014。
③ 唐大盾、徐济明、陈公元主编《非洲社会主义新论》，教育科学出版社，1994。
④ 王林聪：《中东国家民主化问题研究》，中国社会科学出版社，2007。
⑤ 王铁铮主编《世界现代化历程·中东卷》，江苏人民出版社，2010。
⑥ 陈万里等：《二战后中东伊斯兰国家发展道路案例研究》，宁夏人民出版社，2015。
⑦ 〔利〕穆阿迈尔·卡扎菲：《绿皮书》，世界知识出版社，1996。
⑧ 岚沁：《利比亚的图阿雷格人》，《阿拉伯世界》1985年第2期。
⑨ 韩志斌、闫伟：《后卡扎菲时代利比亚政治重建及前景》，《国际论坛》2013年第1期。
⑩ 闫伟、韩志斌：《部落政治与利比亚民族国家重构》，《西亚非洲》2013年第2期。

内乱的部落文化解读》①、上海社会科学院国际关系研究所刘锦前博士的《"部落文化"因素对当前中东政局发展的影响——兼论中国的中东外交方略》②，以及笔者的《利比亚战争中的部落因素》③ 和《利比亚战后乱局中的部落因素》④。上述论文分别从不同角度阐述了利比亚的部落问题及其与国家发展的相互作用。

另有一些关于利比亚研究的论文也对利比亚的部落问题有所涉及，如：王林聪研究员的《卡扎菲外交思想与利比亚外交》⑤、中国社会科学院西亚非洲研究所贺文萍研究员的《卡扎菲的"世界第三理论"》⑥、陈万里教授的《试析卡扎菲的理想主义政治观》⑦、现代国际关系研究院田文林研究员的《利比亚战争的战略解读》⑧、浙江师范大学非洲研究院刘云教授的《利比亚对非洲外交：撬动利比亚对外关系转变的杠杆》⑨、内蒙古民族大学王泰教授的《论北非文明交往与利比亚城市的历史变迁》⑩ 等。

（二）西方国家学者的研究情况

1. 关于利比亚部落方面的研究

相对于与利比亚相距遥远的中国学者，西方国家的学者与利比亚各界的交往更多，因而对其了解更深入，研究领域更广，分析更深刻，也具有

① 蒲瑶：《利比亚内乱的部落文化解读》，《世界民族》2013 年第 1 期。
② 刘锦前：《"部落文化"因素对当前中东政局发展的影响——兼论中国的中东外交方略》，《国际关系研究》2014 年第 6 期。
③ 王金岩：《利比亚战争中的部落因素》，《亚非纵横》2011 年第 4 期。
④ 王金岩：《利比亚战后乱局中的部落因素》，《阿拉伯世界研究》2016 年第 4 期。
⑤ 王林聪：《卡扎菲外交思想与利比亚外交》，《西亚非洲》2004 年第 6 期。
⑥ 贺文萍：《卡扎菲的"世界第三理论"》，《国际政治研究》1990 年第 4 期。
⑦ 陈万里：《试析卡扎菲的理想主义政治观》，《国际观察》2008 年第 3 期。
⑧ 田文林：《利比亚战争的战略解读》，《现代国际关系》2011 年第 12 期。
⑨ 刘云：《利比亚对非洲外交：撬动利比亚对外关系转变的杠杆》，《西亚非洲》2009 年第 12 期。
⑩ 王泰：《论北非文明交往与利比亚城市的历史变迁》，《史学理论研究》2003 年第 2 期。

更强的理论性，但具体到对利比亚部落问题的研究，尚无专著。截至利比亚战争爆发前，仅有为数不多的西方学者对其部落体制与国家发展的关系问题有过关注和研究。战争期间及战后，一些长期关注利比亚问题的西方学者将关注焦点转向其部落体制与战争的爆发和战后重建进程的关系，发表了多篇相关论文。以下列出从不同视角对利比亚部落研究的几个典型案例。

（1）美国《利比亚研究》期刊的顾问之一罗纳德·布鲁斯·圣约翰（Ronald Bruce St. John）在利比亚问题研究方面共出版了 8 本专著。其所著的《利比亚史》已被我国历史研究学者译为中文，该书全面、翔实地呈现出利比亚的历史发展进程，其中包括不同时期内利比亚部落的状况。其所著的《利比亚：从殖民形态到独立国家》[①] 从历史的视角叙述了利比亚从古至今的发展演进过程，其中也包括对利比亚部落的述评。他的专著还有《利比亚和美国：两个世纪的斗争》[②]《卡扎菲的世界构想：利比亚外交政策 1969～1987》[③] 等，均从不同领域和视角阐述了利比亚的国家发展和历史变迁。

（2）贾斯汀·麦克阿瑟在《奥斯曼土耳其人：1923 年前的历史》[④] 中介绍了奥斯曼帝国时期利比亚领土上的文化特征、社会状况和统治秩序。

（3）1926 年，法国著名社会学家莫瑞和戴维运用跨学科的方法研究中东部落社会。他们合著的《从部落到帝国：古代东方原始社会中的社会组织》[⑤] 将社会学与历史学的方法相结合，全景式地论述了古代近东社会组织

---

① Ronald Bruce St. John, *Libya：From Colony to Independence*, Oxford：One World, 2009.

② Ronald Bruce St. John, *Libya and the United States：Two Centuries Strife*, Philadelphia：Pennsyluania University Press, 2009.

③ St. John, Ronald Bruce, *Qaddafi's World Design：Libya Foreign Policy, 1969 – 1987*, London：Saqi Books, 1987.

④ Justin McCarthy, *The Ottoman Turks：An Introductory History to 1923*, London：Longman, 1997.

⑤ Alexandre Moret and G. Davy, *From Tribe to Empire：Social Organization among Primitives and in the Ancient East*, Alfred A. Knopf, 1926.

由氏族到部落，进而到王国，最后发展为帝国的演变过程，成为研究古代东方部落社会的一部经典著作。作者认为，原始社会组织是宗教性的，也是社会性的，而图腾之所以能成为社会的一种要素，正是因为图腾的宗教性。

（4）英国著名人类学家普理查德的《努尔人：尼罗河人生活模式和政治体系的考察》[①] 和《昔兰尼加的萨努西人》[②] 以苏丹的努尔人和利比亚的萨努西人为个案，深入分析了在缺乏中央权威的前提下，部落社会如何运转的问题。作者提出了"分裂—宗族体系"（Segmentary – Lineage System）理论，认为这些部落社会总是处于分裂之中，部落组织的相互敌对维持着部落社会内部的平衡，该理论对于中东部落社会的研究具有重要的借鉴意义。

（5）阿里·艾哈米达在《构建现代利比亚：国家构建、殖民化和反抗1830～1932》[③] 这本书中探讨了自 1830 年以来利比亚国家的特性和政治经济情况，着重强调了奥斯曼帝国中央集权对利比亚社会的冲击、撒哈拉沙漠贸易的衰退和欧洲金融资本的渗透等，有助于我们深入了解昔兰尼加的部落社会结构和利比亚对意大利殖民主义的应对。阿里·艾哈米达在此后所著的《被遗忘的声音：殖民地及后殖民地时代的利比亚的权力与机构》[④] 中将上述分析进一步扩大和延伸。

（6）约翰·戴维斯的《利比亚政治、部落和革命：祖瓦拉和政府》[⑤] 以祖瓦拉部落为个案，重点剖析了利比亚部落与政府的复杂关系。作者认

[①] E. E. Evans – Pritchard, *The Nuer：The Description of the Modes of Livelihood and Political Institutions of a Nilotic People*, Oxford University Press, 1940.

[②] E. E. Evans – Pritchard, *The Nuer：The Sanusi of Syrenaica*, Oxford University Press, 1949.

[③] Ali Abdullatif Ahmida, *The Making of Modern Libya：State Formation，Colonization，and Resistance，1830 – 1932*, Albany：State University of New York, 1994.

[④] Ali Abdullatif Ahmida, *Forgotten Voices：Power and Agency in Colonial and Postcolonial Libya*, London and New York：Routledge, 2005.

[⑤] John Davis, *Libyan Politics：Tribe and Revolution*, London：I. B. Tauris, 1987.

为，利比亚部落社会在反对意大利殖民入侵以及墨索里尼法西斯的屠杀中
遭受严重破坏。卡扎菲政府强力控制着部落反对派，而阿拉伯民族主义随
着时间的流逝日益消沉。作者认为利比亚政治可以归纳为五点：革命、石
油、殖民历史、伊斯兰教与部落对国家社会的构想。

（7）20 世纪 90 年代初，美国政治学家、原开罗美国大学校长 Lisa An-
derson 在研究了包括部落因素在内的对现代利比亚国家建构发挥作用的多种
因素后，从历史的视角解析出部落认同在利比亚持续存在的原因及其处于
上升和衰落的分期。

（8）美国达特茅斯学院教授范德瓦勒在利比亚问题研究方面著作颇丰。
他的著作侧重于研究卡扎菲时期的利比亚国内政治。其所著的《独立以来
的利比亚：石油与国家建构》① 从现代经济学的视角分析了利比亚的国家建
构问题。他把利比亚界定为一个石油富国，并将部落与国家的关系作为国
家发展进程的一个组成部分来考察。他的结论是：从一般情况看，部落与
国家的原生关系在弱化；部落认同的增强和其他传统权威都给现代化进程
带来挑战；现代化理论认为，各种社会变化都可以概括为从传统向现代、
从简单到复杂、从特殊至一般的路径，但利比亚案例是逆向而行。在 2011
年利比亚战争爆发前，其国内没有建立起一套规范的治理体系和强有力的
中央权威，反而传统的部落权威更加强大。

（9）2003 年，两位伊拉克的部落问题专家 Faleh A. Jabar 和 Hosham Da-
wod 共同编著了《部落与权力：中东地区的民族特性与族群特征》一书。该
书以人口统计学的方式，通过分析伊拉克人、库尔德人、摩洛哥人和不同
国家的阿拉伯人、伊朗人，研究部落与国家关系问题。其中对利比亚人研
究的篇幅不大，其结论为：利比亚人口的同质性较高，没有显著的多样性，

---

① Dirk Vandewalle, *Libyan since Independence: Oil and State - Building*, Ithaca, NY: Cornell U-
niversity Press, 1998.

其人口的绝大多数为逊尼派穆斯林。

（10）阿哈龙·拉伊斯翻译的《利比亚部落社会的沙里亚和习俗》① 是阿齐齐耶和库法拉伊斯兰法院的文件档案汇编，具有较高的学术价值。它主要提供了72个部落法个案，内容包括利比亚部落个人地位法和继承法，涉及利比亚人的婚姻、家庭关系、财产继承、刑事犯罪、妇女等重要问题。作者认为传统伊斯兰法与部落习惯法显然不同，两种法律体系都是不同历史发展的结果。

（11）沃尔夫拉姆发表的《利比亚革命中的家族、部落和城市》② 一文主要分析利比亚大变局的部落组成力量，追寻大变局产生的部落社会根源。作者认为，城市精英家族、部落的地域性忠诚在利比亚大变局中起重要作用，但这并不意味着利比亚大变局就代表部落内战或者利比亚部落争夺政治权威，而是为了推翻卡扎菲政权。

（12）中东研究国际俱乐部（IMES Club）高级顾问、法国国际关系学院教授 Mansouria Mokhefi 在利比亚战争期间为卡塔尔半岛研究中心撰写题为《卡扎菲政权与利比亚部落的关系》③ 的分析文章，该文分析了卡扎菲政权与利比亚众部落的关系，从中揭示出长期积累下的部落矛盾是利比亚战争爆发的一个重要原因。

（13）美国乔治敦大学当代阿拉伯研究中心教授 Noureddine Jebnoun 于2015年发表在《北非研究》的文章《骚乱背后：利比亚国家建构的难题》④ 从多个领域深入分析了利比亚战后国家重建进展不顺的深层原因，并指出

---

① Aharon Layish, *Shari'a and Custom in Libyan Tribal Society*, Brill, 2005.
② Wolfram Lacher, "Families, Tribes and Cities in the Libyan Revolution," *Middle East Policy*, 18, 4, Winter 2011.
③ Mansouria Mokhefi, "Gaddafi's Regime in Relation to the Libyan Tribes," *Al Jazeera Centre for Studies*, March 20, 2011.
④ Noureddine Jebnoun, "Beyond the Mayhem: Debate Key Dilemmas in Libya's Statebuilding," *The Journal of North Africa Studies*, July 29, 2015.

其领导人长期依靠部落统治和民众的部落意识是其国家构建中的重要影响因素。

2. 关于利比亚其他方面的研究

此外，西方学者在利比亚历史、政治、经济、外交等方面都有一些专著和文章，其中对利比亚部落的情况有所提及。

一方面，是关于利比亚及其所在地区历史的研究。

（1）整体介绍利比亚情况的著作有：

①Ronald Bruce St John, *Historical Dictionary of Libya*, forth edition, Lanham, MD: Scarecrow Press, 2006.

②Richard I. Lawless, ed., *Libya*, Oxford: Clio Press, 1987.

（2）介绍北非早期历史的著作有：

①Alasdair Drysdale and Gerald H. Blake, *The Middle East and North Africa: A Political Geography*, Oxford: Oxford University Press, 1985.

②Michel Le Gall and Kenneth Perkins, ed., *The Maghrib in Question: Essays in History and Historiography*, Austin: University of Texas Press, 1997.

（3）关于利比亚古代时期的著作和文章有：

①Olwen Brogan, "First and Second Century Settlement in the Tripolitania Pre – Desert," in *Libya in History*, ed. Fawzi F. Gadallah, Benghazi: University of Libya, 1968.

②C. Daniels, *The Garamantes of Southern Libya*, Stoughton, WI: Oleander Press, 1970.

③David N. Edwards, J. W. Hawthorne, John N. Dore, and David J. Mattingly, "The Garments of Fezzan Revisited: Publishing the C. M. Daniels Archives," *Libyan Studies*, 16 (1999).

④D. E. L. Haynes, *Antiquities of Tripolitania*, Tripoli: Antiquities Department of Tripolitania, 1955.

⑤Mario Liverani, "The Garamantes: A Fresh Approach," *Libyan Studies*, 31 (2002).

⑥David J. Mattingly, "Mapping Ancient Libya," *Libyan Studies*, 25 (1994).

(4) 介绍腓尼基历史的著作有：

①Maria Eugenia Aubet, *The Phoenicians and the West: Politics, Colonies and Trade*, Cambridge University Press, 1993.

②Athony Strong, *The Phoenicians in History and Legend*, Bloomington: AuthorHouse, 2002.

(5) 介绍希腊、罗马和拜占庭历史的著作和文章有：

①Antonio Divita, Ginette Divita – Evrard, and Lidiano Bacchielli, *Libya: The Lost Cities of the Roman Empire*, Cologne: Kanemann, 1999.

②Paul Lachlan Mackendrich, *The North African Stones Speak*, Chapel Hill: University of North Carolina Press, 2000.

③Sue Ravin, *Rome in Africa*, third edition, London: Routledge, 1993.

④J. Licbare, "Some Aspects of Social Change in North Africa in Punic and Rome Times," *Museum African*, 2 (1973).

⑤Kenneth D. Matthews, Jr., *Cities in the Sand: Leptis Magna and Sabratha in Roman Africa*, Philadelphia: University of Pennsylvania Press, 1957.

⑥B. H. Warmington, *The North African Provinces from Diocletian to the Vandal Conquest*, Cambridge: Cambridge University Press, 1954.

(6) 论述伊斯兰征服北非的著作和文章有：

①Dhanun Taha, *The Muslim Conquest and Settlement of North Africa and Spain*, London: Routledge, 1989.

②C. Edmund Bosworth, "Libya in Islamic History," *Journal of Libyan Studies*, 1, No. 2 (Winter 2000).

③Roger Le Tourneau, *The Almohad Movement in North Africa in the Twelfth and Thirteenth Centuries*, Princeton: Princeton University Press, 1969.

④Michael Brett and Elizabeth Fretress, *The Berbers*, *Peoples of Africa*, Oxford: Blachwell, 1997.

⑤Michael Brett, "Ifriqiya as a Market for Saharan Trade from the Tenth to Twelfth Century AD," *Journal of African Studies*, 10 (1969).

⑥Ronald A. Messier, "Rethinking the Almoravids, Rethinking Ibn Khaldun," *Journal of North African Studies*, 6, No. 1 (2001).

⑦Barrie Wharton, "Between Arab Brothers and Islamist Foes: The Evolution of the Contemporary Islamist Movement in Libya," *Journal of Libyan Studies*, 4, No. 1 (Summer 2003).

⑧John P. Entelis, ed. , *Islam*, *Democracy*, *and the State in North Africa*, Bloomington: Indiana University Press, 1997.

⑨Geoge Joffe, "Qadhafi's Islam in Historical Perspective," in *Qadhafi's Libya*, *1969 – 1994*, ed. Dirk Vandewalle, New York: St. Martin's Press, 1995.

⑩John Ruedy, ed. , *Islamism and Secularism in North Africa*, New York: St. Martin's Press, 1996.

（7）关于奥斯曼帝国第一次占领时期的著作有:

①Donald Quataert, *The Ottoman Empire*, *1700 – 1922*, Cambridge: Cambridge University Press, 2000.

②Justin McCarthy, *The Ottoman Turks: An Introductory History to 1923*, London: Longman, 1997.

③Shaw and Ezel Kural Shaw, *History of the Ottoman Empire and Modern Turkey*, 2 Vols. , Cambridge: Cambridge University Press, 1976.

④Lord Kinross, *The Ottoman Centuries: The Rise and Fall of the Ottoman Empire*, New York: Morrow Quill, 1979.

⑤Roderic H. Davision, *Reform in the Ottoman Empire*, *1856 – 1876*, Princeton, NJ: Princeton University Press, 1963.

（8）全面深入地描述卡拉曼利王朝的主要著作有：

①Kola Folayan, *Tripoli during the Reign of Yusuf Pasha Qaramanli*, Nigeria: University of Ife Press, 1979.

②Seton Dearden, *A Nest of Corsair*: *The Fighting Karamanli of Tripoli*, London: John Murray, 1976.

③James A. Field, *America and the Mediterranean World*, *1776 – 1882*, Princeton, NJ: Princeton University Press, 1969.

④Godfrey Fisher, *Barbary Legend*: *War*, *Trade and Piracy in North Africa*, *1415 – 1830*, Oxford: Oxford University Press, 1957.

⑤Ray W. Irwin, *The Diplomatic Relations of the United States with the Barbary Powers*, *1776 – 1816*, Chapel Hill: University of North Carolina Press, 1931.

（9）关于奥斯曼帝国第二次占领时期的历史著作和文章有：

①Anthony Joseph Cachia, *Libya under the Second Ottoman Occupation*, *1835 – 1911*, Tripoli: Government Press, 1945.

②Lisa Anderson, *The State and Social Transformation in Tunisia and Libya*, *1830 – 1980*, Princeton, NJ: Princeton University Press, 1986.

③Ernest N. Bennett, *With the Turks in Tripoli*, London: Methuen, 1912.

④C. R. Pennell, "Political Loyalty and the Central Government in Precolinial Libyaa," in *Social and Economic Development of Libya*, ed. E. G. H. Joffe and K. S. Mclachlan, Wisbech, Cambridgeshire: Middle East & North African Studies Press, 1982.

另一方面，是对近代以来利比亚各方面发展的研究。

（1）较为全面地研究萨努西教团的著作有：

①Knut S. Vikor, *Sufi and Scholar on the Desert Edge*: *Muhammad B. Ali al –*

Sanusi and His Brotherhood, Evanston, IL: Northwestern University Press, 1995.

②Emrys L. Peters, *The Bedouin of Cyrenaica: Studies in Personal and Cor porate Power*, Cambridge: Cambridge University Press, 1990.

③E. E. Evans – Prichard, *The Sanusi of Cyrenacia*, Oxford: Oxford University Press, 1949.

④Nicola A. Ziadeh, *Sanusiyah: A Study of a Revivalist Movement in Islam*, Leiden: E. J. Brill, 1983.

（2）关于意大利侵略利比亚的经典历史著作和文章有:

①Claudio G. Segre, *Fourth Shore: The Italian Colonization of Libya*, Chicago, IL: University of Chicago Press, 1974.

②William C. Askew, *Europe and Italy's Acquisition of Libya, 1911 – 1912*, Durham, NC: Duke University Press, 1942.

③Timothy W. Childs, *Italo – Turkish Diplomacy and the War over Libya, 1911 – 1912*, Leiden: E. J. Brill, 1990.

④Lisa Anderson, "The Development of Nationalist Sentiment in Libya, 1908 – 1922," in *The Origins of Arab Nationalism*, ed. Rashid Khalidi et al., New York: Columbia University Press, 1991.

（3）关于意大利对利比亚殖民统治的著作和文章有:

①Leonard Appleton, "The Question of Nationalism and Education in Libya under Italian Rule," *Libyan Studies*, 10（1979）.

②Enzo Santarelli et al., *Omar al – Mukhtar: The Italian Reconquest of Libya*, trans. John Gilbert, London: Darf Publishers, 1986.

③Denis Mack Smith, *Mussolini's Roman Empire*, London: Longman, 1976.

④R. J. B. Bosworth, *Mussolini's Italy: Life under the Dictatorship, 1915 – 1945*, London: Penguin, 2005.

（4）关于利比亚从殖民形态向独立国家转变的著作有：

①Scott L. Bills, *Libyan Arena*: *The United States*, *Britain*, *and the Council of Foreign Ministers*, *1945 - 1948*, Kent, OH: Kent State University Press, 1995.

②Adrian Pelt, *Libyan Independence and the United Nations*: *A Case of Planned Decolonization*, New Haven, CT: Yale University Press, 1970.

③Benjamin Rivlin, *The United Nations and the Italian Colonies*, New York: The Carnegie Endowment for International Peace, 1950.

④John Wright, *Libya*: *A Modern History*, Baltimore, MD: Johns Hopkins University Press, 1982.

（5）关于利比亚王国时期历史的著作有：

①John Norman, *Labor and Politics in Libya and Arab Africa*, New York: Bookman Associates, 1965.

②Henry Serrano Villard, *Libya*: *The New Arab Kingdom of North Africa*, Ithaca, NY: Cornell University Press, 1956.

③Nicola A. Ziadeh, *The Modern History of Libya*, London: Weidenfeld & Nicolson, 1967.

（6）介绍卡扎菲执政利比亚的著作，其中包括这个时期内利比亚的政治、经济、外交等各方面情况的著作主要有：

①Dirk Vandewalle, *Libyan since Independence*: *Oil and State - Building*, Ithaca, NY: Cornell University Press, 1998.

②Dirk Vandewalle ed., *Qadhafi's Libya*, *1969 - 1994*, New York: St. Martin's Press, 1995.

③John Davis, *Libyan Politics*: *Tribe and the Revolution*, London: I. B. Tauris, 1987.

④Dirk Vandewalle ed., *Libya since 1969*: *Qadhafi's Revolution Revisited*, New York: Palgrave, 2008.

⑤J. A. Allen，*Libya：The Experience of Oil*，London：Croom Helm，1981.

⑥Judith Gurney，*Libya：The Political Economy of Oil*，Oxford：Oxford U-niversity Press，1996.

⑦Frank C. Waddams，*The Libyan Oil Industry*，London：Croom Helm，1980.

⑧J. A. Allen，*Libya since Independence*，London：Croom Helm，1982.

⑨E. G. H. Joffe and K. S. Mclachlan，*Social and Economic Development of Libya*，Wisbech，Cambridgeshire：Middle East & North African Studies Press，1982.

⑩M. M. Buru，S. M. Ghanem and K. S. Mclachlan，*Planning and Development in Modern Libya*，Wisbech，Cambridgeshire：Middle East & North African Studies Press，1982.

⑪Ronald Bruce St John，*Libya and United States：Two Centuries of Strife*，Philadelphia：University of Pennsylvania Press，2002.

⑫Ronald Bruce St John，*Qaddafi's World Design：Libyan Foreign Policy*，*1969 – 1987*，London：Saqi Books，1987.

⑬P. Edward Haley，*Qaddafi and the United States since 1969*，New York：Praeger Publishers，1984.

⑭Brian L. Davis，*Qaddafi，Terrorism，and the Origins of the U. S. Attack on Libya*，New York：Praeger Publishers，1990.

⑮J. Millard Burr and Robert O. Collins，*Africa's Thirty Years' War：Chad，Libya，and the Sudan，1963 – 1993*，Boulder，CO：Westview，1999.

⑯Mary – Jane Deeb，*Libya's Foreign Policy in North Africa*，Boulder，CO：Westview，1999.

⑰Rene Lemarchand，*The Green and the Black：Qadhafi's Policies in Africa*，Bloomington：University of Indiana Press，1988.

以上英文资料使我们了解到一些利比亚部落发展的相关史实和西方学者的视角与立场。

（三）阿拉伯世界学者的研究情况

每个阿拉伯国家都起源于部落社会，虽然现在各有各的社会组织形式和政治制度，但都仍有部落的存在。因此，阿拉伯世界的学者对部落的关注和研究未曾间断，并留下大量著述且多用阿拉伯语写作。具体到利比亚的部落问题，阿拉伯语著作体现出如下研究特点。

首先，阿拉伯各国的部落都与阿拉伯半岛的部落起源有密不可分的关系，利比亚的部落也不例外。当前利比亚的部落主要源于其领土上最早的原住民、入侵的异族，以及在阿拉伯人征服北非和伊斯兰教传入北非时迁入利比亚的阿拉伯人。因此，利比亚部落与阿拉伯半岛的部落有很多共同点，主要体现在部落的构成、性格与意识、习俗与规约等方面。阿拉伯世界这方面的代表作有：阿卜杜·哈基姆·瓦伊利所著的《阿拉伯部落大全》和卡米勒·穆斯塔法·汗达维所著的《阿拉伯部落简介》。

其次，利比亚部落在各个历史阶段皆受到整个阿拉伯世界不同程度的影响，也有不同的发展变化和表现特征。利比亚部落的发展也与所处的北非大环境有着密不可分的关系，即与其历史经历、自然地理环境、政治进程等诸多因素相关。因此，大量关于阿拉伯世界及北非历史、政治、地理的著作中也都对此有所提及。主要著作有伊斯·哈桑所著的《倭马亚帝国》、《奥斯曼帝国》和《阿巴斯帝国》。

最后，也是最重要的，阿拉伯学者的著作中有一些关于利比亚部落的专著和论文，描述其起源、迁徙路线及生存现状，如穆罕默德·拉贾卜·扎伊迪所著的《利比亚的阿拉伯部落》、法蒂勒·谢里夫·阿卜杜·阿齐兹所著的《阿拉伯半岛上的利比亚人》、法拉吉·纳贾姆博士所著的《部落、伊斯兰与国家》、哈利法·穆罕默德·特里希所著的《利比亚人口》和穆罕默德·阿卜杜·莱扎格·麦纳厄所著的《利比亚的阿拉伯谱系》等。

需要特别指出的是，卡扎菲在执政时期，禁止国内出版各类介绍利比亚部落的书刊，原因是卡扎菲出生的卡达法部落本是一个起源于贫瘠土地上的势力微乎其微的小部落，其执政后倾尽全力将该部落发展壮大为利比亚最具实力的三大部落之一，卡扎菲不希望国内民众了解其部落历史。因此，在其执政时期，大量关于部落介绍的著作被禁止出版发行。利比亚战后，卡扎菲战败身亡，关于利比亚历史、人口和部落的著作如雨后春笋，在短时间内大量涌现。但是到目前为止，绝大部分出版物只局限于对利比亚部落的介绍，尚未出现对利比亚部落问题的研究著作。

此外，也有一些阿拉伯籍或阿拉伯裔学者所著的关于利比亚部落研究方面的英文著作和发表的文章，主要有：

（1）Mohamed A. Alawar, ed., *A Concise Bibliography of Northern Chad and Fezzan in Southern Libya*, Wisbech, Cambridgeshire: Arab Crescent Press, 1983.

（2）Jamil M. Abun-Nasr, *A History of the Maghrib in the Islamic Period*, *second edition*, Cambridge: Cambridge University Press, 1987.

（3）Abdallah Laroui, *The History of the Maghrib: An Interpretive Essay*, Princeton: Princeton University Press, 1977.

（4）Abbas Hamdani, "Some Aspects of the History of Libya during the Fatimid Period," in *Libya in History*, ed. Fawzi F. Gadallah, Benghazi: University of Libya, 1968.

（5）Fawzi F. Gadallah, ed., *Libya in History*, Benghazi: University of Libya, 1968.

（6）Ahmed M. Ashiurakis, *A Concise History of the Libyan Struggle for Freedom*, Tripoli: General Publishing, Adverting Company, 1976.

（7）Majid Khadduri, *Modern Libya: A Study in Political Development*, Baltimore, MD: Johns Hopkins University Press, 1963.

（8）Mustafa Ahmed Bin Halim, *Libya: The Years of Hope*, London: AAS Media, 1998.

（9）Amal Obeidi，*Political Culture in Libya*，Richmond：Curzon Press，2001.

（10）Bichara Khader and Bashir El – Wifati，*The Economic Development of Libya*，London：Croom Helm，1987.

（11）Mahmoud G. El-Warfally，*Imagery and Ideology in U. S. Policy toward Libya*，*1969 – 1982*，Pittsburgh，PA：University of Pittsburgh Press.

（12）Mansour O. El-Kikhia，*Libya's Qaddafi*：*The Politics of the Contradiction*，Gainesville：University Press of Florida，1997.

其中，有些学者长期在西方国家学习和生活，如 Jamil M. Abun-Nasr、Abdallah Laroui、Bichara Khader 和 Bashir El-Wifati，他们的著作多以旁观者的视角，甚至以西方的视角进行论述和分析。还有一些作者是阿拉伯世界的本土学者，甚至在利比亚土生土长，如 Mohamed A. Alawar、Abbas Hamdani、Fawzi F. Gadallah、Ahmed M. Ashiurakis、Amal Obeidi 和 Mahmoud G. El-Warfally，他们所著书中内容多为亲眼所见，甚至亲自体察，表达了他们的亲身感受。

利比亚战后，国家的政治过渡和全面重建进展不顺，部落冲突频发，部落体制与国家发展的关系问题随之引发关注。部落体制在国家形成与构建中的作用是什么？部落体制影响国家政治结构的程度究竟如何？对于这些问题，国内外学者陆续开始研究，在此方面涌现出大量资料信息和评论文章，并已做出以下论断：在利比亚，部落认同已成为国家的一种基本联系；部落体制继续保持，甚至会衍生出多种新形式；部落虽然是一种非正式组织，但其在国家政治、经济等领域的作用不断增强；等等。学者们对利比亚部落问题的关注和研究仍在持续进行中。

二　利比亚部落的研究价值和几个关注点

（一）研究价值

部落问题是利比亚的政治顽疾和国家发展中的重要影响因素。部落问题贯穿于利比亚历史进程的每个阶段，存在于其国家发展的每个领域。部落问题不仅存在于利比亚，而且广泛存在于世界多国，对所在国家的内部问题和国家间的矛盾冲突起到一定的影响作用。然而，当前世界各国学者对部落问题尤其是部落与国家发展的关系问题研究尚不足，本书希望在此方面有所突破和创新。

1. 创新点

（1）新课题。一直以来，国际问题研究多聚焦于世界各国的政治发展、经济方式、社会结构、宗教、民族、边界、能源等问题，而对部落问题少有涉及。然而，很多国家从古至今都存在部落体制或结构，且部落因素是解决上述诸问题的敲门砖。利比亚是一个独具个性但影响力并不大的北非国家，全世界对其国情的研究很有限，相关研究主要集中在讲述历史、领导人传记、独特的社会主义国家形式及治国理论、经济合作研究几个方面。对利比亚部落的研究既可以加深对该国的客观了解，也可以为其国家发展中各领域问题的解决提供线索，所得出的部落共性规律也可应用于其他部落体制的国家。

（2）新内容。本书将阐释利比亚部落的起源、衍生过程和现状，这将填补学术界对这方面研究的空白。至今，外界对利比亚的人口及部落情况尚没有清晰的了解。在利比亚，卡扎菲在执政时期限制出版介绍利比亚部落内容的书刊，这类书刊在利比亚战前未曾出现。卡扎菲政权倒台后，一些相关书籍陆续出版，但大多内容陈旧，且几乎每本书的介绍都局限于或侧重于某个地区，而不能体现当前利比亚的整体情况。笔者通过查阅和汇总大量资料，并与利比亚历史学、人口学、社会学相关专家沟通和交流，最终总结出当前利比亚的部落状况及其溯源，从而揭示利比亚部落状况的新内容。

（3）新视角。本书从政治发展的视角研究利比亚的部落问题，以"政治发展阶段理论""政治发展模式理论"等相关理论为依据，研究利比亚的部落演变过程与政治发展进程的相互作用。政治发展理论主要是研究传统社会在向现代社会发展的过程中在政治领域所发生的变化，这与利比亚的部落演变进程一致，有助于对利比亚部落问题进行客观和深入的研究。

2. 理论价值

（1）本书依据民族国家构建理论，从历史的角度考察利比亚不同时期民族国家构建过程中的部落因素。利比亚从古至今都处于部落社会，民族国家构建过程中的每个阶段都有与之相适应的部落状况，二者相互影响，密不可分，共同发展。独立前的利比亚一直处于不同异族的统治下，形成了分裂型的地缘历史遭际。独立之初，即伊德里斯王朝时期，以"部落等级制"为基础的威权主义初步构建。卡扎菲执政初期，实现了革命民族主义对"部落等级制"的超越，后经历了民族认同构建由泛阿拉伯主义向利比亚主义的改变，最终回归部落统治。部落统治的困境间接导致了利比亚战争的爆发，部落因素也时时处处贯穿于战争进程。当前，利比亚面临国家各方面重建和民族意识构建的艰巨任务，部落因素是完成此任务的重要障碍和不可忽视的因素。

（2）依据政治发展理论，研判利比亚新政权的建构模式。利比亚战后至今已6年余，国内局势仍未全面稳定，而是处于从传统落后的不发达社会向先进发达的现代社会过渡和转变的时期。根据该理论，不同政治发展阶段都有相匹配的经济基础、政治体制、文化形态、政治合法性、最高权威代表、政党状况等。本书即依据政治发展模式理论，研判利比亚局势走向和新政权的建构模式。

（3）从理论上解读部落因素对利比亚及其所在地区动荡局势的影响。部落因素贯穿于利比亚历史发展进程的始终，对国家发展的影响横向涵盖各个方面，纵向深入各个层次。从古至今，利比亚无论是动荡局势的产生，还是政权颠覆的发生，都离不开部落因素的影响和作用。部落问题也是利比亚所在地区动荡和冲突发生的重要原因。本书致力于从理论上解读部落因素对利比亚及其所在地区动荡局势的影响，从而找到中东问题研究新的切入点。

3. 现实意义

（1）前瞻利比亚未来发展趋势。在利比亚，部落问题根深蒂固，其影响体现在国家发展的各个方面。长期的部落冲突既影响社会经济正常发展，又会危及国家统一、领土完整，甚至还可能成为外部势力干预的借口。本书从经济、政治、社会等国家发展各方面分析利比亚的部落问题及后者对前者的反作用，从而前瞻利比亚战后政权建构及国家整体发展趋势。

（2）对中利关系发展提供有益参考。中利两国自建交以来在多个领域保持着长期的合作关系，以经贸关系最为显著。在卡扎菲执政时期，中利经贸合作主要在能源领域、民间商贸往来和中国在利比亚境内大规模的承包工程项目三个方面。战争的爆发必然对中利经贸合作造成重大影响。在利比亚战后重建中，中国希望继续发展同利比亚在多个领域的经贸合作，并愿意同国际社会一道为利比亚的重建发挥积极作用。本书对利比亚部落的特性、习俗、规约的揭示有助于加强中国各层次对利比亚部落乃至整个国家的了解，从而对中利关系未来发展提供有益参考。

（3）加深对部落问题的认识。部落问题存在于世界很多国家，虽然各国国情不同，但在部落问题上存在很大共性。中国某些少数民族地区也存在部落、民族与国家认同的问题，对利比亚部落的深入研究有利于我国学者加深对少数民族部落问题的整体认识。

（二）研究内容

本书分为上编和下编两个部分，上编和下编各包含五个章节。

上编为利比亚历史演进中的部落因素，包含如下五个章节。

第一章，利比亚部落和部落社会。本章首先阐述了利比亚部落的起源、发展沿革和现状，然后分析出利比亚部落的构成要素、组织结构和运行机制。利比亚的部落多包含部落名称、部落领地、血缘和地缘、共同的文化心理四个要素。每个部落都有一名首领，首领拥有最高权威，其他为处于平等地位的部落民众。部落的运行机制主要体现在经济和政治两个方面。接着具体列出谱系类别与层次，主要有阿拉伯谱系、柏柏尔谱系和少数民族，部落内依照人口规模的大小分为六个层次。最后提炼出利比亚部落社会的文化与规约，其中包括部落性格与意识、部落习俗与规约。

第二章，利比亚独立前的部落状况。本章首先讲述了利比亚东部、西部、南部三大区域在早期独立发展期间的部落演进状况，然后分析了外来入侵对当时利比亚地域上部落发展的影响，最后从多方面分析出部落因素对外族入侵利比亚的影响。

第三章，利比亚王朝时期的部落关系。本章首先指出利比亚在王朝时期的社会形态：实行联邦制国家形式，国王仅依靠东部地区的大部落维持统治，对西部和南部地区甚至极少涉足，致使当时民众的部落意识大于国家意识。然后阐述了王朝时期的部落关系：东部部落处于统治地位，另两个地区的部落处于从属地位，相互间交往不多。最后分析了部落因素在利比亚独立初期国家建构中的作用：阻滞了国家统一意识的形成，也不曾发生大规模的暴力冲突。

第四章，卡扎菲执政时期的部落因素。本章第一节指出利比亚在卡扎菲执政时期的社会形态，以20世纪70年代中期为界分为前后两个阶段：前期奉行革命民族主义，后期改行超越民族主义。第二节分析了卡扎菲对待部落的态度：前期力图摒弃部落统治，后期在国家内外交困的重压之下，重回部落统治。

第五章，利比亚战争及过渡政治时期的部落影响。本章首先简要评述了利比亚战争。然后分析说明部落因素是利比亚战争中的重要影响因素。一方面，部落矛盾是利比亚战争爆发的深层次原因；另一方面，部落因素对战争进程产生影响，主要体现在大部落态度的变化对对战双方力量对比的重大影响。最后剖析了部落因素在战后过渡政治时期的表现和影响。国家在过渡政治阶段基本维持稳定的一个主要原因在于政治权威在大部落之间的合理分配。

下编为利比亚战后发展中的部落因素，分别从如下五个章节进行阐述。

第六章，部落因素与利比亚战后政治重建。本章先阐述了利比亚战后政治重建的基本情况，包括政治重建的整体进程、核心议题、特点和制约因素，进而分析了部落因素对政治重建的影响作用，该影响作用主要体现在迟滞民主化进程和影响政治模式取向两方面。

第七章，部落因素与利比亚战后经济发展。本章首先揭示出利比亚战前的经济状况，包括"地租型经济"的特征，其经济支柱能源产业的状况及其战前的整体经济状况。然后分别阐述了其能源领域和其他经济领域的重建进程，并得出利比亚战后经济发展陷入困局的结论。最后着重分析了部落因素对利比亚战后经济发展的影响作用。

第八章，部落因素与利比亚战后安全治理。本章第一节全面透视利比亚战后的安全局势，具体表现为国内陷入混战乱局和"伊斯兰国"极端组织趁乱进入并大肆扩大势力两方面，并分析出利比亚战后乱局的几点特征和实质。第二节分析得出部落因素对利比亚战后安全危局的影响作用：部落冲突是安全危机的重要原因，部落因素阻碍国家军队的构建，一些部落为极端组织提供庇护。第三节阐述了利比亚战后乱局对其所在地和邻近地区安全的影响和危害。最后总结分析了部落因素在利比亚地区安全中的作用，其中既有跨界部落的影响，也有部落意识的影响。

第九章，部落因素与利比亚战后对外关系。本章先阐述了利比亚战后对外交往的情况，依次为其与非洲邻国、西方大国和与中国的关系。其中，非洲邻国受其乱局拖累,西方大国因其乱局而竭力远离利比亚,中国与其的经济合作因其乱局而搁浅。后来分别分析部落因素对利比亚与三者关系的影响作用。

第十章,部落在利比亚历史进程中的作用。第一节总结出部落因素在利比亚的殖民时期是把双刃剑:一方面部落被殖民者用作实现殖民征服和殖民统治的工具,另一方面部落民众是反抗殖民者的主力军。第二节分析得出王朝时期采取消极的部落统治产生的结果:不利于国家融合,但也没有发生暴力冲突。第三节总结出部落因素在卡扎菲执政时期的双重作用,尤其体现在其对内统治、对西方大国的态度和与非洲邻国的关系三方面。第四节总结出部落因素在利比亚战后重建和发展中的双重作用:既有阻滞作用,也有协调功能。第五节前瞻利比亚部落发展趋势,得出结论:民众的部落意识将渐趋淡化,但部落因素对国家发展的作用仍将存留,这一点在国家处于乱局时尤为凸显。

上编　利比亚历史演进中的部落因素

第一章　利比亚部落和部落社会

本书研究的对象是存在于当今利比亚境内的全部部落与利比亚的历史发展进程。本书中的部落是指由若干血缘相近的氏族结合而成的集体，即一种社会组织形式尚未定居的逐水草而居的游牧民族。本书研究的时间范畴是从当前利比亚领土内出现最初的土著居民起至2017年。本书研究的地理范畴是当今利比亚境内。对于跨界部落，本书只研究存在于利比亚境内的部分。

"部落"（tribe）一词源于拉丁文"tribus"，指早期罗马人的三个族体（卢塞里斯人、拉姆尼斯人和蒂提斯人）。① "部落"一词在《现代汉语词典》中的释义为：由若干血缘相近的氏族结合而成的集体。② 在人类学理论中，部落是一种社会组织类型。部落形成于原始社会晚期（即旧石器时代的中晚期）。进入原始公社后期，各种战争日益频繁，血缘联系逐渐被地域联系所取代，出现了由若干部落结合而成的部落联盟。这是原始公社瓦解和新的民族共同体出现的前提。③ 但在一些国家，部落这种社会组织形式并未随着时代的变迁、历史的演进而消亡，而是与社会中的各种族群和其他社会组织共生并存。利比亚就属于这种情况。

---

① 〔英〕约翰·麦克里兰：《西方政治思想史》，彭淮栋译，海南出版社，2003，第597页。
② 中国社会科学院语言研究所词典编辑室编《现代汉语词典》，第6版，商务印书馆，2012，第115页。
③ 李安山：《非洲民族主义研究》，中国国际广播出版社，2004，第3页。

　　长期以来，国内外学术界关于部落的描述与界定一直存在理论上的分歧，这种分歧又导致有关部落的称谓和概念上的混乱。另外，翻译的原因以及部落始终处于动态的变化过程中，这加大了人们对部落概念界定的困难。喀麦隆学者埃朗加·姆布因加甚至认为，有关部落的严格定义是不存在的。[①] 在学术界，中外学者将"部族"与"部落"混用，或将"部族"与"民族"等同的现象比比皆是。联合国教科文组织在《非洲通史》总论中写道：如有可能，"部落"这一词，除了北非的某些地区的情况外，在这本书里将不再使用，因为这个词含有诬蔑和许多错误的思想内容。民族学家皮埃尔·范·登·伯格说："'部落'一词及其派生词在社会科学词汇中最好不要再使用了。"[②] 基于此，我国的一些非洲学学者喜欢用"部族冲突"或"部落主义"代替"部落问题""部落矛盾"的表述。研究非洲的著名人类学家 J. 范西纳曾尝试给"部落"下定义。他认为，部落是下述的共同体，即认为自身的文化与其他相邻的共同体不同，其他相邻的共同体对此亦认可。正是因为"部落"实在难以界定，上述概念只是简要描述。同时，他还指出，部落不断地产生和消亡，所谓"永恒的部落"的概念是毫无意义的。[③] 本人在阅读了大量国内外人类学家、民族学家、社会学家的相关论断后总结出：当前国内外的主流观点认为，部族是在氏族、部落、部落联盟基础上发展起来的人们共同体，是高于部落的一种政治组织，临近于国家形成之前出现的民族共同体。换言之，部族是在部落联盟的基础上演化发展而来的一个较为固定的政治实体。显然，"部族"一词更多地反映出民族发展的过程，这与利比亚的发展现实不符，也并非本书中所指的"部落"。因此，本书中采用"部落"称谓。

　　利比亚部落众多、分布广泛，这是利比亚社会一大显著特征。利比亚

---

①　张宏明：《多维视野中的非洲政治发展》，社会科学文献出版社，2007，第36页。

②　李安山：《非洲民族主义研究》，中国国际广播出版社，2004，第195页。

③　J. Vansina, *Kingdoms of the Savanna*, Madison：University of Wisconsin Press, 1966, p.14.

自石器时代就以部落为社会单位，其现有部落都是由原有部落繁衍而生，是基于血缘而结合起来的群体。因此，本书中仍使用"部落"这一称谓。国内外学界对于利比亚的部落数量一直有不同看法，有人认为利比亚共 130 多个部落，也有几百个部落一说，还有学者认为利比亚存在数千个部落。本书对利比亚部落的界定和统计依据利比亚出版的相关书籍中的阿拉伯文表述①，其中使用قبيلة一词视为部落，قبائل一词视为部落联盟，بطن一词视为分支。

第一节　利比亚部落的源流

长期以来，部落及其宗族谱系维系和规范着利比亚社会。阿拉伯人、柏柏尔人以及二者混合血统的后裔以血缘为纽带结成部落。为了争夺有限的资源，保护本部落成员并为受害者履行复仇义务，部落之间频繁地争斗仇杀，彼此间没有是非对错，只有"成王败寇"的丛林法则，只有彻底打败对方才能免遭报复。换言之，真主之外，部落就是人们效忠的最高对象。部落成员对本部落的效忠，或者说对部落长老的效忠，远远大于对国家和军队的效忠。部落意识在利比亚根深蒂固，延续至今。

一　利比亚部落的起源

利比亚的部落按照其族裔主要分为阿拉伯谱系、柏柏尔谱系和少数民族部落。其中，柏柏尔部落和少数民族部落是利比亚的土著部落，占利比

---

① 作者参阅了大量利比亚出版的阿拉伯文书籍、文献，它们对部落相关词语的表述是一致的，因此将其作为本书的表述。

亚人口总数的近20%。阿拉伯部落则是来自历史上阿拉伯半岛移民以及阿拉伯人与当地人混血的后裔，占利比亚总人口的绝大多数。利比亚部落的起源和发展演进都受到阿拉伯伊斯兰文化的重要影响。

（一）阿拉伯部落的起源

萨利姆谱系（بنوسليم）和希莱勒谱系（بنوهلال）是利比亚阿拉伯谱系的两大来源。两大谱系始于7世纪阿拉伯人在北非的征服和移民，两者都源于阿拉伯人的共同祖先阿德南人（عدنان）。其中，萨利姆谱系比希莱勒谱系历史更悠久，也更早迁入利比亚。图1-1为阿拉伯人对谱系的认知。

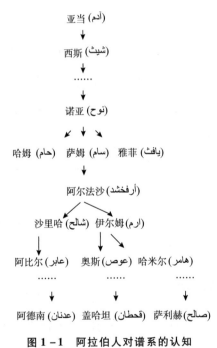

图1-1 阿拉伯人对谱系的认知

图1-2为阿德南谱系至萨利姆和希莱勒谱系的衍生过程。

萨利姆谱系和希莱勒谱系是来自沙特阿拉伯的贝都因部落，源于盖斯

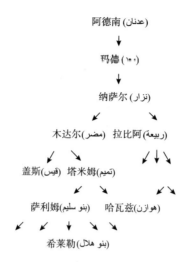

图 1 - 2　阿德南谱系至萨利姆和希莱勒谱系的衍生过程[①]

谱系分支，属木达尔部落联盟，即北部阿拉伯部落的祖先，最初居于麦加东部。当法蒂玛人占领山姆地区和埃及后，萨利姆谱系和希莱勒谱系迁至上埃及，后居于尼罗河东岸。11 世纪，法蒂玛王朝的哈里发邀请萨利姆部落和希莱勒部落从埃及迁至北非。

他们最先到达利比亚的昔兰尼加地区，与当地土著柏柏尔部落发生冲突。在冲突中，两大谱系逐渐与利比亚大部分地区的土著部落融合，并最终为居住地问题达成一致：希莱勒谱系获西部地区，萨利姆谱系获以昔兰尼加为中心的东部地区。

（二）土著部落的起源

利比亚的柏柏尔人是北非地区的土著民塔哈努部落（التحنو）的后裔，该部落在历史上是北部非洲最强大的部族之一。阿拉伯人入侵利比亚后，与当地的土著柏柏尔人在冲突中逐渐融合、混居。也有一些柏柏尔人因躲

---

① محمد عبد الرزاق مناع، "الأنساب العربية في ليبيا"، بنغازي: دار الوحدة-مؤسسة ناصر للثقافة، 1975م، ص2.

避战乱遁入荒凉的山地和沙漠，在阿拉伯人未到达的地方定居下来，成为未被阿拉伯化的柏柏尔人。目前，利比亚境内纯粹的柏柏尔人数量很少，他们主要居住在的黎波里塔尼亚的内富萨高地。在沿海一些地区和沙漠中的绿洲也有少数柏柏尔人居住。

此外，利比亚的少数民族部落也是当地的土著人群。他们生活的区域是阿拉伯人入侵时未到达的地方，因此，他们并未被阿拉伯化，得以保留自身团体和特性。

二　从血缘部落到地缘部落

以血缘联结的氏族组织是部落社会的基础。每个帐篷代表一个家庭；许多帐篷集结的地方构成一个区域；同区域人员组成一个氏族；几个有亲属关系的氏族结成一个部落。同一氏族或同一部落成员互相承认血缘关系，服从一个共同领袖的权威，并认为源自共同的祖先。他们都自称为谁的子孙，在谁的名字前面加"拜努"(بنو)[1] 的称号。由于阿拉伯语词汇有阴阳性区分，绝大部分氏族的名称是阳性名词，代表父系氏族部落；也有一些氏族的名称是阴性的，这是古代母系制的遗迹。血缘关系，无论是虚构的，还是真实的，总是维系部落组织的重要因素[2]，也是部落最初形成的纽带。

部落成员的资格除了随出生而自然获得的血缘方式外，还可以以其他规定方式获取。例如，只需与某氏族（或部落）的人共同进餐，或者吸吮他的几滴血，就成为那个氏族（或部落）的成员了。个人可以通过这样的方式获得部落归属，成为受部落保护的人。比较弱的氏族或部落也可以以

---

① 拜努（بنو）是一个阿拉伯语词语的音译，在阿拉伯语中的意思是"子孙后代"。这是它的主格形式，其宾格和属格形式为拜尼（بني）。利比亚西部城市拜尼沃利德就是以此得名。

② 〔美〕菲利浦·希提：《阿拉伯通史（上）》（第十版），马坚译，新华出版社，2008，第27页。

同样的方式归入另一个强大的氏族或部落，以获得保护。这是血缘部落扩展的最初方式，此后逐渐向地缘部落过渡。

游牧、逐水草而居是部落民最普遍的生存方式，尤其在经济、社会尚不发达的古代时期，部落民唯有在水草丰沛的地方群居才能生存。但是，不同年龄段的部落民，或处于不同地势环境的部落民，其生存方式也不尽相同：老者多选定居，青年更喜游牧；居于农庄的部落多定居，处于贫瘠土地的部落则不得不靠游牧生存；还有一些部落采取游牧、定居相结合的方式，或季节性游牧。部落的游牧和迁徙使得一些部落不再保持群居，而是散居多地，不同部落间也因长期生活在相同或临近地域而增加了交往。一些规模较小的部落或散居的部落民众因生存需要而以相互结合或加入的方式合并为一个或多个更大规模的部落。此外，随着部落间交往的增加和战争的频繁发生，血缘部落的界限慢慢被打破，"成王败寇"的部落法则致使部落间合并或重组，由此带来原本仅以血缘为纽带的部落扩展至地缘部落。据此，一个部落在几百年的发展历程中，会衍生出多个不同的部落，一些部落的名称也会在发展过程中销声匿迹。

在外来侵略出现后，一些部落为合力抵御共同的外敌而结成部落联盟，一些相对弱小的部落为寻求庇护依附于强大的部落，为保生存甚至不惜被并入大部落。起初，一些因军事或战争需要而结成的部落联盟在军事威胁解除后又重回原本各自为政的状态，这些部落联盟是暂时联盟。这种情况多出现于公元 7 世纪后利比亚频繁遭到不同异族的入侵和统治期间。奥斯曼帝国征服利比亚后，面对强大帝国长期占领本部落的领土这一现状，一些部落间持续维持联盟关系，即结为永久联盟。新的地缘部落应运而生。从血缘部落到地缘部落是利比亚部落历史演进的轨迹。最初因军事需要而结成的部落联盟则是国家的雏形。

依据自然地势，通常把利比亚国土分成三部分：西北部的的黎波里塔尼亚，面积约占全国的 20%，其中既有平原，也有沙漠和山区；东部的昔兰尼加，面积约占全国的一半，有平原、有绿洲，也有高原峭壁；南部的费赞，面积约占全国的 30%，这里多为人烟稀少的牧区和沙漠，其间也有一些绿洲。20 世纪初，为抗击意大利的殖民入侵，利比亚的东部、西部和南部分别形成了多个部落联盟，如西部以拜尼沃利德为中心的谢赫部落联盟、东部以班加西为中心的萨阿迪部落联盟、南部塞卜哈附近的苏莱曼部落联盟等。在王朝时期，国王扶植自身所在的东部地区的大部落维持统治，遭到西部地区一些部落的不满，后者结成部落联盟，共同反对国王的统治。卡扎菲统治后期，重回部落统治：他扶植自己所属的部落，帮助支持他的部落，打压反对部落。前两者主要位于西部和南部地区，后者则多分布在东部地区。东部部落对此不满，结成联盟，共同反抗卡扎菲的统治。发生在 20 世纪 90 年代的几次不同规模的政变即是如此。2011 年爆发的利比亚战争也是始于东部部落不满卡扎菲偏颇的政策而发动的抗议和暴动。战争期间，多个反卡扎菲的部落结成联盟，一些原本支持卡扎菲的部落在态度发生转变后也加入反对派部落联盟。

三 利比亚部落的现状

利比亚的部落分布具有不稳定性，在国家发展进程中受政治、经济、自然环境等多种因素的影响并不断发生变化。一些规模较小的部落多居于同一地区，一些人口众多的大部落则分布于多个城市和地区。随着国家城镇化水平的不断提高，部落混居的现象日趋多见，这也是部落地缘性的突出表现。

由于自然地势因素，利比亚人口分布极不平衡，其中大量集中于北部地中海沿岸。根据三个地区划分，全国人口的约 65% 居住在的黎波里塔尼亚，30% 居住在昔兰尼加，5% 居于费赞。2011 年战争爆发前，利比亚总人口约 600 万，其中绝大多数为有部落归属的利比亚籍公民，还有极少数长期定居在利比亚的土耳其人后裔以及工作、生活在此的外国人。卡扎菲在其执政中期对利比亚的行政区重新规划，同时对一些部落的定居地做了调整，将其所属的卡达法部落从相对偏远、贫瘠的南部地区迁至富藏石油资源和具有重要战略地位的苏尔特及周边的中心海岸地区，并将该区域原居民驱逐至他处。自20世纪80年代中期至利比亚战前，利比亚的部落分布基本稳定。

利比亚战前主要的部落分布情况如下：位于首都的黎波里的部落有马拉里哈部落（Marariha）、马斯拉塔部落（Maslata）、瓦法拉部落（Warfalla）。位于首都以外的西部地区的主要部落有麦格拉哈部落（Magariha）、扎维亚部落（Zawaiya）、津坦部落（Zintan）等十几个部落，其中包括位于首都的三个部落在首都以外的西部地区也有分布。位于东部地区的部落主要有阿瓦吉尔部落（Awajir）、米苏拉塔部落（Misurata）、奥贝迪部落（Obeidat）、塔瓦吉尔部落（Tawajeer）等。位于南部沙漠中的主要部落有：图阿雷格部落（Toureg）、图布部落（Tubo）、阿瓦吉拉部落（Awajila）等。位于中心海岸地区的是卡达法部落（Qadhafah）。

战后，利比亚的总人口减少了逾百万，其中，有25000~30000人死于战争，[①] 数十万民众逃至他国，大量外籍劳工由于就业和安全双重原因返回母国。人口分布也随之改变，最为显著的是：位于中心海岸地区的卡达法部落民众或在战争中毙命，或因被追剿而四散逃生。该地区在战后伊始成为反对派内部几个部落争夺的对象，在2015年后处于极端组织"伊斯兰国"的控制之下，当前是民族团结政府的控制范围。战后过渡政府和临时政府成员所属的一些家族、部落也已从原居住地（多为东部或南部地区）迁至首都。利比亚战后开启的国家全面重建计划进展不顺，国内尚未实现全面稳定，其人口分布也随着国家局势的变化而不断变化。

---

① http://wars.findthedata.com/l/225/Libyan-civil-war.

第二节　利比亚部落的组织结构

在文化人类学理论中，部落是一种社会组织类型，由有共同血统的氏族组成，在政治上暂时或永久结成一体，有共同的语言、文化和意识形态，可以聚集成更高级的群集——部落联盟，乃至民族。一个国家的部落有基本稳定的组成要素、框架结构和运行方式。

一　利比亚部落的构成要素

利比亚的部落多包含以下基本构成要素：部落名称、部落领地、血缘和地缘、共同的文化心理。

（一）部落名称

利比亚各部落都有历史上形成的且沿用至今的固定名称。名称的形成多有历史渊源。通常情况下，部落名称的选定既可能是以部落中某个德高望重的首领或骁勇善战的勇士名字命名，也可能是以部落曾居处的某个地点或其环境特征命名，还可能源于某次偶然事件，或某一个杰出的部落民众。以利比亚东部地区最强大的萨阿迪部落联盟的名称为例，该地域曾在公元 11 世纪初期出现过一位杰出的部落联盟首领，名为宰艾卜·阿布·莱勒（ذناب أبو ليل），其在到达利比亚后娶了一位名为萨阿黛（سعدة الزنانية）的女子为妻，该女子生育了三个儿子。多年后，三个儿子的后代分别衍生出各自的部落、家族及家庭。他们结成部落联盟，名为萨阿迪部落联盟（السعادي），即源于萨阿黛的名字。

部落名称可用作每个人的家族名。利比亚人的全名都至少由三个名字组成，依次为本人名字、父亲名字和家族名字，三个名字之间用分隔号隔开。其中家族名字即从本人所属部落或氏族的名称派生而来。当称呼或提到某个人的时候，有时为了方便只称其全名中的一个或两个名字：如果提到两个名字，即是其本人名字和家族名字；如果只提及一个名字，则多为本人名字。有些人有固定且常用的绰号，也加入其全名中，一般称呼其绰号和家族名。这样从名字即可知晓每个人的部落或氏族归属，如利比亚前领导人穆阿迈尔·卡扎菲（معمر القذافي），即出自卡达法部落（القذاذفة）。

（二）部落领地

部落领地是每个部落所处的并有管辖权的地区范围，包括他们实际居住的区域、从事劳作的地域，以及有能力防御其他部落侵入的范围。利比亚的部落历史上都以游牧为生，他们大多会在游牧过程中选取一块熟悉且符合自身习性的地区定居下来，该地区从而形成相对稳定的部落领地。未经该部落允许，任何其他部落不得进入其领地，否则可能受到武力驱逐。部落在处于自然经济状态下的农耕或游牧生存状态时，土地是其最主要的生产和生活资料。部落领地所包含的水源、牧场和可耕地等都是本部落的公共财产。每个部落的领地，即便在没有被使用的情况下，其界线也是明确的。通常情况下，如果一部落的近邻是操着不同语系方言的部落，那么在双方领地之间会有一块面积较大的间隔地带，该间隔地带不属于任何一方；如果彼此是操同一语系方言的部落，这个间隔地带则会比较狭小，甚至没有清晰地划分出来。

利比亚各部落的领地是神圣不可侵犯的。对部落领地的侵犯是部落间爆发冲突甚至战争的一个重要原因。在古代，利比亚人以农牧为生，且交通不便，对于定居者而言，部落领地是固定的；而对于游牧者则不然，他们根据不同季节逐水草而居。一部落每到一处，都会首先划定自身领地。在当代，部落只是利比亚的一种社会组织形式。且由于交通便利，联络方式多样，只有某个部落聚居的地方才有领地之说。对于部落成员而言，部落是血缘、共同的祖先，部落历史将他们联系起来，而不是领地。由于求学、工作等多种原因，人们可能需要迁居至本部落传统领地之外。利比亚也曾多次出台行政区划方案，以现实居住的地域作为人群单位的划分标准，部落只作为个人的亲缘属性存在。部落领地的概念逐渐被弱化。利比亚战后，人口及居所情况又一次发生重大变化。然而，一些民众的部落领地意识并未彻底消失，他们依据不同地域、不同部落或不同派别结成多股力量组成的民兵武装厮杀不断，捍卫各自的领地并谋求进一步扩大地盘是其中的一个重要原因。

（三）血缘和地缘

利比亚的部落最初多以父系血缘联结。一个部落成员有共同的祖先，体现在其家族姓氏上。血缘关系是联结部落成员的最重要的纽带。在古代，氏族一般实行族外婚，但部落又多实行族内婚。一个部落内部的各个氏族间交互通婚，构成一个大的血缘集团，因此有了"血缘性的氏族部落"这一说。在当代，传统的部落族内婚依然存在，但也有为数不少的婚姻双方来自不同部落的情况。这种情况下，婚后，女方自动脱离本部落，加入其配偶的部落中，其后代自然成为男性家族的血缘传承。

上文有述，伴随着部落迁徙的发生，部落不再仅以血缘联系，地缘因素也成为部落发展中的重要影响因素。利比亚发展演进至今，在多种原因的作用下，众部落历经数次迁徙，所处地域多次发生变化，部落规模也随之变化。地缘因素与血缘因素同样成为部落的构成要素。地缘部落的出现使部落内部结构发生了变化，血缘关系淡化了，因此必须通过建立起适合本部落的政治机制、经济制度才能实现对部落的有效管理。在这个过程中，部落的共同文化心理也就自然构筑起来了。

（四）共同的文化心理

部落共同的文化心理，具体说就是共同的语言、文化、宗教信仰、意识形态、习俗等的总和，部落共同的文化心理可以增强部落民众的统一感和归属感。利比亚的阿拉伯和阿拉伯—柏柏尔部落都讲阿拉伯语，信仰伊斯兰教逊尼派，具有趋近的意识形态和相同或近似的习俗。少数民族部落有他们自己的语言和特定的习俗。以上形成了利比亚各部落稳定的心理联系和归属感。

在利比亚，外人只能看到不同的部落，而看不出部落之下的各个家族。一个部落包括操不同方言的民众的情况是极其罕见的，这种情况的出现通常是由于一个弱小的部落被另一个与其方言很接近的强大部落所兼并。利比亚的一些阿拉伯—柏柏尔部落就有这种情况。

部落的本质在于我群与他群的区别与对立，通过相对稳定的一系列要素和特征维系，是基于部落成员共同创造的文化而产生的一种对我族的认同感，即部落的自我意识。故此，比利时学者、著名非洲史学家 J. 范西纳将部落主义界定为："一个社会群体认为它在文化上有别于周围所有其他社会群体，而周围的社会群体也有同样的看法。"虽然部落具有实际或假想的共同起源，即部落成员都自称是因血缘联系在一起的，但他们更多的是由自行形成对他族的看法联系在一起的。因此，部落主义是一种集团心理，一种群居幻想或是一种意向。这种意向决定着本族成员的行为。由于部落意识是一种族属意识，因此往往超越部落成员之间的社会地位、行业职业、文化程度乃至年龄、性别界限，而反映为一种强烈的部落感情和部落情绪。又由于这种部落感情和部落情绪大多具有对本族或本文化之肯定及对异族或异文化之否定的取向，因此，部落主义又是一种行为，一种积极或消极的态度，它在一定的社会环境中形成了构成该环境的两个或数个部落成员之间相互吸引或互相排斥的错综复杂的局面。

二 利比亚部落的内部结构

利比亚的部落制下主要有部落和部落联盟两种形式，前者自成一体，后者主要由历史延续下来的有联盟关系且当前依然利益趋近的部落构成。也有一些部落联盟是一些部落在近现代发展过程中出于某种意图而缔结联盟关系的。每个部落内部都分为两个阶层：部落首领和部落民众。前者根据其阿拉伯语الشيخ译音又称"谢赫"。在部落联盟中，各部落也由以上两个阶层构成，此外还会在众部落首领中产生出一位整个部落联盟的首领。

（一）部落与部落联盟

利比亚众部落的人口寡众不一，差异极大。最大的部落有约一百万人口，最小的部落还不足百人。部落联盟是由若干个具有共同或相近语言的近亲或近邻部落结合而成的。在利比亚，部落联盟最初产生于腓尼基人迁入后，产生的原因主要是军事行动的增加和维持生存的需要，如，利比亚东部的萨阿迪部落联盟、阿里后代，南部的苏莱曼后代等都是因此产生。在联盟内部，各部落的地位、权利和义务完全平等，彼此间的经济、文化联系得到进一步加强。部落联盟的产生形成了远远大于单独部落的力量，但是"并非所有部落都能达到'联盟'这一阶段，而多数部落则是处在各自为政的状态"。① 亲属部落间的联盟，常因暂时的紧急需要而结成，随着这一需要的消失即告解散。但在个别地方，最初本是亲属部落的一些部落从分散状态中又重新团结为永久的联盟，这样就朝民族（Nation）的形成跨出了第一步。②

利比亚独立前，其所辖三个地区自成一体。三个地区各自统一体的形成过程同世界上其他民族的形成过程相近，即由狭小的血缘氏族世界通婚组成氏族的最高境界——部落，部落和部落之间结成联盟。这些部落之间有的完全没有血缘关系，有的可能有比较远的血缘关系。由于部落联盟主

① 金涛、孙运来主编《世界民族关系概论》，中央民族大学出版社，1996，第4页。
② 《马克思恩格斯选集》（第4卷），人民出版社，2009，第108页。

要是生活在相近区域的部落为了某种共同的利益而结成的或长期或短期的"同盟",所以它是"区域性"的。随着部落同盟内各部落间的通婚和杂居现象越来越普遍,利比亚三个地区的统一体就逐渐形成了。

(二) 部落内部阶层

利比亚部落内部都有两个阶层:部落首领和部落民众。如果是部落联盟,则在部落首领中再产生一名部落联盟的首领。每个部落都有一名部落首领,同理,每个部落联盟中也只有一名部落首领,其他都为部落民众。部落民众生来就是民主主义者:全体部落民众在政治地位、经济权利和社会关系等方面都处于平等地位,也以平等的身份与部落首领见面议事。部落民众也都是贵族主义者,他们认为自己的部落是最高贵的部落。部落首领是部落的代表和名誉领袖,是部落社会中唯一的政治职务。在部落和部落联盟中,由各氏族的首领组成的部落会议和各部落首领组成的联盟会议是他们的政治议事机构。

部落首领一职由氏族成员选举产生,并可被罢免。他是本部落中年高德劭、智勇双全、仗义疏财的成员。只有具备资格的长者才能当选。部落首领任期的长短由全体选民共同决定,但其正式履职必须经部落会议批准。在形成部落联盟之后,部落首领的任命又须经由联盟会议举行授职仪式后方可生效。如果提名被联盟会议拒绝,则必须重新进行选举,虽然这种情况发生的概率几乎为零。这种规定表明对被选出的部落首领需经过授职仪式加以最后的监督。[①] 值得指出的是,部落首领并不是政治性社会的,即体现少数人对多数人的侵占,而是属于部落社会的,其基础为部落民众的公共利益。在家族、氏族和部落中,不允许有不平等的特权。

部落首领并不具有独断的特权。在处理法律、军事和其他公共事务上,

---

① 应克复等:《西方民主史》,中国社会科学出版社,1997,第 19~20 页。

他必须召集由各家族族长组成的部落会议。利比亚的每个部落都由首领和部落会议主持，首领是部落的崇高权威，集所有权力于一身。部落事务需由首领和部落会议商讨后做出决断，首领按照部落制度和习惯处理相关事务。首领的权责是执行部落会议的决定和处理突发事件。部落会议是最高权力机构，但并不经常召开。然而，部落内的问题随时可能发生，部落会议一般授权首领处理紧急事务，但事后必须得到部落会议的认可，否则无效。

部落联盟出现后，由联盟内部的各个部落首领共同组成联盟会议，他们中的一位将被选为整个部落联盟的领袖。他在部落联盟中的作用同于部落首领在部落中的作用。部落联盟中的众部落在各方面都享有平等的权利和义务，如同一部落中的部落民众或不同氏族之间。

利比亚战争爆发后，出于安全考虑，卡扎菲极少在公共场合出现，却于2011年6月7日会见众部落首领，寻求支持。足见部落首领在各自部落的地位和作用。但在个人权利与义务方面，部落的全体成员都是平等的，部落首领不具任何优先权。部落成员是由血族关系结合起来的同胞，自由、平等、博爱，这是部落的根本原则。

（三）部落结构的不稳定性

由于部落组织形式的松散性，利比亚的部落处于不断分化、组合的过程中。部落成员对部落的认同感既取决于部落首领的威望，也受到部落大小、人口寡众的影响。一般情况下，部落越小、成员越少，首领的作用及部落的约束力就越大。随着部落的发展壮大，部落结构会发生分化甚至瓦解。例如，利比亚东部地区的阿姆勒斯部落曾是一个大部落，现在已经分解为17个大的分支，每个分支都以独立部落形式单独运作。这样一来，原部落的首领对瓦解后形成的新部落成员的约束力大大减小。总之，部落处在持续的发展演化中。

三　利比亚部落的谱系层次

在利比亚部落社会中，每个帐篷代表一个家庭（الفصيلة، الأسرة），许多帐篷集结的地方构成家族地域（الفخذ، العائلة）。同区域的人员组成氏族（البطن），几个具有亲属关系的氏族组成胞族（العمارة）。几个胞族组成部族，即部落或部落联盟（القبائل أو القبيلة），多个部落构成宗族（الشعب）。相同部落的成员相互承认来源于同一血缘分支，只服从同一领袖的权威，使用相同的口号。部落成员是谁的子孙就在谁的名字前面加拜努（بنو）的称号。一些部落的名称为阴性，这是古代母系制的遗迹。利比亚的谱系结构符合阿拉伯人公认的部落社会六个层次。①

第一级：宗族，即谱系的根源，各部落的源头，囊括全体民众。在阿拉伯语中，"宗族"一词的得名源于他们是部落衍生的本源（من الشعب تتشعب القبائل）。利比亚的宗族指的是萨利姆谱系、希莱勒谱系。

第二级：部落或部落联盟，即若干有血缘关系的氏族或胞族结合而成的稳定的社会共同体。部落联盟是由若干个具有共同语言的近亲、近邻部落结合而成。在阿拉伯语中，"部落"一词得名于谱系的交汇（في القبائل تقابل الأنساب）。如利比亚西部的瓦法拉部落、东部的萨阿迪部落联盟、南部的祖瓦拉部落等。

第三级：胞族，即部落下的分支，是由两个以上氏族组成的社会性群体，不具经济和政治功能。在利比亚具体表述为某某的子孙。例如，卡达法部落本是苏莱曼谱系中的一个分支。卡扎菲统治前，卡达法部落的阿拉伯文表述即是苏莱曼的子孙（أولاد سليمان）。后因卡扎菲在执政期间对其大力扶植，卡达法部落的地位才大幅提升。

---

① 利比亚不同谱系甚至同一谱系内的划分情况不尽相同。有的部落自成一体，独立存在，使用部落名称；有的部落间结成联盟，以部落联盟的形式存在，用部落联盟的名称；还有的沿用家族后裔的名称。

第四级：氏族，即胞族分支。在利比亚，氏族表述为某族后裔 (بنو العمارة)。例如，曾任利比亚反对派最高军事指挥官的阿卜杜勒·法塔赫·尤尼斯即出自尤尼斯氏族，属拜尔阿绥部落。

在古代，氏族组织是起源于一个共同祖先、具有血缘关系的稳定共同体，也具有共同的经济联系（集体劳动、生产资料共有和平均分配）、相对独立的社会组织机构（酋长和议事会）、共同的部落称谓、共同的墓地，还具有强烈的相互援助、庇护和血族复仇的意识。[①] 美国学者摩尔根认为，"氏族组织给我们显示了人类的一种时代最古老、流行最广的制度。无论亚洲、非洲、美洲、大洋洲，其古代社会几乎都采取这种政治方式。氏族制度是社会赖以组织和维系的手段"。[②]

第五级：家族，即氏族分支。由具有血缘关系的家庭组成，如卡扎菲家族。

第六级：家庭，家族的组成要素，也是谱系阶层中的最小单位。[③] 如卡扎菲的子女们各自组成的家庭。

第三节　利比亚部落的类别与运行机制

利比亚的部落按照其族裔主要分为阿拉伯谱系、柏柏尔谱系和少数民族谱系。其中，柏柏尔谱系和少数民族谱系是利比亚的本土部落。而阿拉伯谱系则是来自历史上阿拉伯半岛移民以及阿拉伯人与当地人混血的后裔。

---

① 宁骚：《民族与国家：民族关系与民族政策的国际比较》，北京大学出版社，1995，第9页。

② 〔美〕摩尔根：《美洲土著的房屋和家庭生活》，中国社会科学出版社，1985，第1页。

③ 阿拉伯世界对谱系划分的标准和名称不尽相同，本书依据：دار الكتب العلمية，2009م، ص 13
كامل مصطفى الهنداوي: "في معرفة قبائل العرب"، بيروت。

一　利比亚部落的类别

（一）柏柏尔谱系

利比亚的原住民为柏柏尔人。"柏柏尔"泛指北非地区操某种特定方言的民族。"柏柏尔"一词源自阿拉伯语词语البربر的音译，是外来者对柏柏尔部落民的蔑称，最早来自古希腊人对柏柏尔人的称谓"巴巴卢"（barbaroi），罗马人沿袭称之为"巴巴里"（barbary）。[①] 柏柏尔人自称"埃玛齐恒"（أمازيغ），意为"自由幸福的人"。柏柏尔语与阿拉伯语同属闪含语系，但没有形成文字，更没有书面文字。目前，大部分柏柏尔人都能说柏柏尔语和阿拉伯语两种语言。柏柏尔人同阿拉伯人基本可以友好相处，但也时有摩擦和纠纷发生。在争取利比亚独立的斗争中，柏柏尔人的领袖人物曾经起过重要作用。柏柏尔人多为穆斯林，属哈瓦利吉派。利比亚的柏柏尔人从石器时代就以部落或部落联盟为社会单位，分为许多分支。

柏柏尔人认为本民族具有两大谱系，即白朗斯谱系（برانس）和玛达吉斯谱系（المداغيس），也有将其命名为巴特尔谱系（البتر）的说法。历史上，两者分别分布于利比亚的西部和东部。阿拉伯历史学家伊本·赫尔敦认为，利比亚的柏柏尔部落主要有 14 个。①白朗斯谱系下的 10 个部落：伊兹达加部落（ازداجة）、玛斯穆达部落（مصمودة）、乌尔巴部落（اوربة）、阿吉萨部落（عجيسة）、哈斯库拉部落（هسكورة）、凯祖莱部落（كزولة）、哈瓦拉部落（هوارة）、凯台玛部落（كتامة）、萨海加部落（صنهاجة）、莱玛塔部落（لمطة）。②玛达吉斯谱系下的 4 个部落：内富萨部落（نفوسة）、阿达萨部落（اداسة）、道利萨部落（ضريسة）、拉瓦台部落（لواتة）。这些部落有的已移居至北非其他国家，有的已消亡或是融入阿拉伯部落。

---

① 潘蓓英编著《利比亚》，社会科学文献出版社，2007，第 17 页。

当前利比亚的柏柏尔谱系主要有三大部落。①瓦法拉部落（ورفلة）：人口 100 万左右，约占利比亚总人口的 1/6，广泛分布于利比亚境内。该部落中也包含少数阿拉伯人。②泰尔胡奈部落（ترهونة）：由约 60 个柏柏尔谱系分支构成，主要分布在利比亚西部的黎波里塔尼亚地区，其人口约占利西部总人口的 1/3。该部落拥有强大的武装力量。③宰奈塔部落（زناتة）：广泛分布于马格里布地区，主要位于利比亚境内的津坦地区。

（二）少数民族

利比亚境内的土著人口除了上述柏柏尔谱系外，还包括居于南部沙漠中的少数民族，他们中的绝大多数同样以部落为生存单位。主要包括以下三种。

1. 图阿雷格部落（الطوارق）

图阿雷格人（الطوارق）是北非的原住民，可能是历史上兰塔（Lemta）人的后裔。除利比亚外，还分布于阿尔及利亚、尼日尔、马里和毛里塔尼亚。阿拉伯人征服利比亚后，图阿雷格人大批移居撒哈拉沙漠成为游牧民。目前，利比亚的图阿雷格人仅 1 万左右，主要居住在费赞地区以及西部沙漠中的加特、木祖克和古达米斯等地周围的绿洲里。[①] 上述地区尤其是古达米斯城是一些古代商道的要冲。图阿雷格人的主要谋生手段是随驼队前往突尼斯、苏丹、乍得、尼日尔、加纳、几内亚、刚果和尼日利亚等地贩运商品，或是向过往商队征收过境费。

类似于柏柏尔人的称谓，"图阿雷格"也不是图阿雷格人的自称，而是源于阿拉伯语中الطوارق的译音，词义为"家族、部落、灾难"。图阿雷格人虽然认同了这个称呼，但也会以"埃玛齐恒"自称。并且，图阿雷格人说的塔马哈克语属于闪含语系柏柏尔语族，实际上是柏柏尔语的一种方言。

---

① 潘蓓英编著《利比亚》，社会科学文献出版社，2007，第 21 页。

故一种说法认为：图阿雷格人也是柏柏尔谱系的分支。但图阿雷格人有其独特的生活方式和习惯，被视为利比亚的民族之一。

图阿雷格女性的社会地位和文化水准都高于男性。一般只有妇女能读能写，部落间的争端也往往由妇女进行调解。图阿雷格女性通常不戴面纱，而男性则须戴蓝色面纱和穿蓝色长袍。由于皮肤易被颜料染成蓝色，图阿雷格人又有"撒哈拉的蓝色人"之称。利比亚的图阿雷格人多数信奉伊斯兰教，属逊尼派伊巴德分支，同相邻国家的图阿雷格人有比较密切的联系。在卡扎菲统治的几十年间，图阿雷格人受到严重压制，身份不被承认。他们在利比亚战后竭力为自身争取更多的权力和地位。

2. 图布部落 (التبو)

图布部落居住于利比亚东南部与乍得交界地区，约有 2600 人。在乍得、尼日尔和苏丹等国也有图布人，总人数有 21.5 万左右。图布人操泰达加语，属尼罗－撒哈拉语系，无文字。[①] 图布人饲养骆驼、山羊，也从事农业耕作和商业活动，深受 19 世纪萨努西教派的影响。在利比亚的历史上，图布人受各种政治动荡的影响较小，依然保持原有的生活方式。利比亚战后，图布人居住的区域受到动乱波及，当地人抱怨过渡政府对该区域及民众的保护不够，曾提出独立要求，但最终没有实现。

3. 耕种者部落 (الحراث)

耕种者（الحراث）是几百年来生活在撒哈拉沙漠绿洲中的黑人。一般认为，他们是费赞地区图阿雷格人的奴隶的后代，社会地位很低。第二次世界大战期间，他们中的一些人曾移居至的黎波里等沿海地区。[②] 当前在西部

---

① 潘蓓英编著《利比亚》，社会科学文献出版社，2007，第 22 页。
② 潘蓓英编著《利比亚》，社会科学文献出版社，2007，第 22 页。

和南部地区都有分布，数量和影响都很小。

（三）阿拉伯谱系

公元 7~11 世纪，阿拉伯人入侵北非地区，将阿拉伯语言和文化带到利比亚，土著民接受了伊斯兰教和阿拉伯语，在阿拉伯入侵利比亚的几百年间，阿拉伯人同柏柏尔人和当地其他民族之间通婚产生了混合血统人种，因而利比亚人中操阿拉伯语的兼有阿拉伯人和柏柏尔人或其他少数民族血统的穆斯林，这部分人约占总人口的 90%[1]，即当前利比亚的阿拉伯谱系和阿拉伯 - 柏柏尔谱系。利比亚当前的阿拉伯谱系大部落联盟分为三大类：萨阿迪（السعادي）谱系、希莱勒谱系（بنو هلال）和护卫谱系（المرابطون）。

萨阿迪谱系是萨利姆谱系中的萨阿迪分支的后裔，是利比亚东部最大的部落联盟，他们有共同的阿拉伯祖先。希莱勒谱系于 11 世纪迁至利比亚，同萨利姆谱系一样源自阿拉伯半岛，不同的是，希莱勒谱系的多数部落后迁至突尼斯定居，少数留在利比亚，并与当地的柏柏尔部落融合，现主要分布于利比亚西部。护卫谱系也曾是萨阿迪谱系的分支，后从萨阿迪谱系中分离出来，特指最早到达利比亚的阿拉伯拓疆者的后裔。另有说法认为护卫谱系的命名源于伊斯兰教中的词语الرباط，是当时的一种军营。伊斯兰教创立初期，拓疆者到达利比亚及北非各地，捍卫并传播伊斯兰教，曾居于各地的军营中，护卫谱系因此得名。护卫谱系是萨阿迪谱系中的特殊部分，他们虔诚地信仰伊斯兰教，在所到之处宣扬伊斯兰教，他们建立远离城市及娱乐场所的军营专做宗教用途，并以此净化宗教，让人们远离舶来品中的污秽之处。也有阿拉伯学者将居于利比亚的圣门部落后裔单独划出来，并命名为圣门谱系。

---

① 潘蓓英编著《利比亚》，社会科学文献出版社，2007，第 19 页。

（四）利比亚的跨界部落

利比亚境内还存在一些跨界部落，即同一个部落中的一部分人分布在利比亚境内，另一部分人分布于邻国境内。主要有以下几种。

（1）的黎波里塔尼亚地区的穆宰瓦部落、哈马德部落和萨赫布部落都分布于利比亚和突尼斯境内。

（2）昔兰尼加地区的贾瓦兹部落、夏希白部落、哈布部落、胡塔部落和祖瓦拉部落都分布于利比亚和埃及境内。

（3）费赞地区的图阿雷格部落存在于利比亚、阿尔及利亚、尼日尔、马里和毛里塔尼亚境内，图布部落分布于利比亚、乍得、尼日尔和苏丹等地区。

二　利比亚部落的运行机制

利比亚部落内部运行机制的形成经历了一个发展的过程。起初，部落并没有固定的首领，日常事务和经济活动均由威望较高的老人主持。后来，随着生产力的发展和人口的增长，出现了部落首领，部落首领多经选举产生。再后来，由于财富的积累和管理的复杂化，有的部落还增设军事首领，并形成了类似部落议事会的权力中心。当前利比亚部落社会由于生产力水平不高尚未产生真正的阶级分化。通常情况下，在每个部落中只有一个领导者，即部落首领，此外都是处于平等地位的部落成员。部落会议为部落的管理机构。在卡扎菲统治时期，除卡达法部落外的其他部落都不被允许拥有自己的武装。

（一）经济运行方式

利比亚部落由规模不等的家族构成，还包括因联姻而延伸的血缘关系。部落民众自行谋生，多以家庭为单位形成独立经济体，而非以统一的部落为单位。多个有血缘关系的家庭组成一个家族，每个家族根据成员的数量每年向部落基金会捐款，用于部落公共事务的开销。部落成员有继承遗产的权利和代偿损害的义务。部落的成员亡故后，同部落的其他成员拥有遗产继承权。如部落成员对外部落造成伤害但其不具有赔偿能力，同部落的其他成员具有代其赔偿的义务。继承权利和代偿义务都须遵循既定次序，从先到后依次为：家庭成员→家族成员→氏族成员→部落成员。这同样适用于部落内的氏族、家族和家庭内部。

（二）政治运行机制

利比亚部落的政治运行机制是不严谨和不稳定的，没有形成中央集权是部落政治运行的特征。这种松散的政治状态与部落长期经历的落后的经济生产状况和糟糕的自然环境密切相关。部落民众在部落内部平等地享有政治权利与义务，主要包括：选举和罢免部落首领、参加部落大会和宗教仪式、危难时刻相互支援等。以上权利主要通过部落会议实现，全体部落成员在个人权利方面平等。

利比亚部落都由部落首领和部落会议主持。首领是部落的绝对权威，与部落会议商讨后决定一切事情，按照本部落制度和习惯处理部落事务。部落会议又称首领会议，由部落首领主持，会议成员由各氏族首领组成。部落会议是部落的最高权威，负责选举和罢免部落首领，制定部落规约，处理部落一切重要事务，对本部落成员的奖惩，以及接纳外人为本部落成员。部落联盟会议是部落会议的延伸和扩展，会议成员由各部落首领组成。部落的政治行为主要由部落会议决定。它是人类最古老的政治制度，实际上是现代议会、国会、立法机构的原型。部落会议对于部落的生存与昌盛至关重要。

利比亚战后，举行了独立以来的首次大选，产生出由 200 名议员组成的国民议会。这 200 名议员的当选是实现众部落尤其是大部落力量平衡的结果，在利比亚这种部落体制仍然存在的国家，国民议会即国家最高级别的部落会议。只有兼顾各主要部落的利益诉求，才能实现国家的稳定，并举全国之力构建新国家。

第四节　利比亚部落社会的形态

持进化论的人类学家把部落看成人类社会发展到具有等级制的社会阶段，或称为"原始国家"（primitive state）。部落的统一性并非领土完整，而是基于血缘关系的统一性。人类在进入政治社会之前，经历了漫长的无阶级的、以血缘为基础的部落社会阶段。部落是部落社会赖以维系的根基。这种组织形式流行于整个古代社会，遍及于各大洲。① 部落社会中的构成要素、特性等在当今存在部落的社会中依然沿用。利比亚不同部落的生活习惯和生活方式不尽相同，但均保留着古代阿拉伯人的传统精神，有些偏僻山区的部落甚至还有某些不良遗风。

一　利比亚部落社会的文化与认同

（一）部落社会的文化

（1）慷慨大方。慷慨是利比亚部落民的典型特征，自古有之，至今犹存。与利比亚的部落为敌是非常可怕的事情，但若与之建立友谊后就会发觉他们是忠贞而大方的朋友。慷慨款待、热忱待客、豪侠气概都是利比亚部落民的高贵品格。利比亚的部落为争夺领地等维持生计的资源而数次爆发部落间的矛盾和冲突，但他们对于恶劣的生存条件又束手无策。这促使

---

① 〔美〕路易斯·亨利·摩尔根：《古代社会》，杨东莼等译，中央编译出版社，2007，第62页。

利比亚部落形成了一种独特的文化——慷慨待客。任何部落民若拒绝款待找不到旅馆的客人或在接待中有损害客人利益的行为，都被看作有伤风化，玷污门楣，而且是违抗真主的罪行。

利比亚独立后，尤其是其石油资源被发现后，国家富裕起来。无论在伊德里斯王朝时期，还是卡扎菲统治时期，虽然社会中存在严重的分配不公和贫富分化现象，但民众的基本生活都能得到保障。基本生活物资价格低廉，每个国民都可享受免费的医疗和教育，这与国家领导人慷慨的部落性格不无关系。利比亚战争导致一些民众家园被毁，流离失所，但几乎没有人在战后因生活窘困而死，这也得益于部落民众的慷慨接济和援助。

（2）崇尚自由。崇尚自由是利比亚部落民众的典型性格。有如下原因：首先，沙漠约占利比亚国土总面积的95%，自然环境决定了利比亚总体人口密度较小，尤其是沙漠中的绿洲城市以及沙漠边缘的城镇和城市之间。家族之间、家庭之间距离远。距离感与约束感成反比，地广人稀决定了利比亚民众崇尚自由的沙漠性格。其次，利比亚人历史上居无定所和随遇而安的游牧生活方式造就了部落民众自由的性格。最后，利比亚独立前曾经历数百年的不同异族的统治，且多为摄政统治，实则是部落的自由生活。以上原因决定了利比亚民众崇尚自由、放荡不羁的部落性格。利比亚战后，卡扎菲的统治结束，国家碎裂化，民众的自由性格凸显。这为国家重构政权和平复安全局势增加了难度。

（3）勇敢复仇。长期游牧生活的艰辛以及沙漠资源和物质的贫乏造就了利比亚部落民众的复仇与勇敢尚武的性格。沙漠的生存环境恶劣，土地贫瘠，干旱，为维持生存利比亚人必须勇敢地抵御恶劣和危险的自然环境。此外，曾经盛行于利比亚沙漠的劫掠行为虽造成部落间财富的此消彼长，但并不能带来财富总量的增加。一旦遭遇劫掠，为了维护自身的生活资料，只能诉诸复仇的方式。一个部落的成员若杀害了其他部落的成员，两个部落之间就要发生血亲复仇，本部落的任何成员都可能为这一罪行付出生命的代价。依照部落习惯法中的复仇原则，血债要用血来偿。除了报仇，无论什么惩罚都不生效。最亲的人，被认为应负最重要的责任。一件仇杀案所引发的复仇行为甚至可能持续数十年之久。

2011 年，利比亚战争的爆发也是部落复仇惯习的体现。1969 年，卡扎菲领导的"九一"革命推翻了伊德里斯王朝的统治。2011 年的利比亚战争是以伊德里斯王朝的大本营——利比亚东部的昔兰尼加地区为根据地，以王朝后裔为发起者和主力军，并打出王朝时期的国旗和政治图腾，以推翻卡扎菲的统治、恢复王朝时期荣光为目标。

（二）部落社会的认同

长期的部落组织结构和部落生活方式使利比亚民众形成了根深蒂固的部落意识。部落意识对国家的发展和民众的行为都有重大影响。

（1）团结性。利比亚前领导人卡扎菲曾说："在社会联系、相互团结和亲密友爱方面，家庭胜于部落，部落胜于民族。部落这种社会联系只有达到紧密的程度才会产生利益、特征、价值和理想。""部落是天然的社会保护伞，为其成员提供社会保护，即集体赎金、集体罚金、集体报仇以及集体防卫。"① 利比亚的部落所处的自然环境大多为干旱、贫瘠的沙漠，恶劣的环境促进了部落的团结。人们只有团结一致、共同抵御外侵才能生存。利比亚部落的团结性在社会中处处体现。例如，部落某名成员的骆驼死了，全体成员集资买一头新的骆驼送给他；一名部落成员即将婚嫁，整个部落一起为他操办婚礼；一名部落成员受到外来欺侮，整个部落作为一个整体抵御外侵等。这样的部落生活必然在其成员的头脑中烙下根深蒂固的集体主义观念和团结意识的印记。

但是，随着部落人口的增多，凝聚力越来越弱，人与人之间的关系随

① 〔利〕穆阿迈尔·卡扎菲：《绿皮书》，世界知识出版社，1996，第101页。

着生活区域的扩大而渐趋冷淡。信息化和现代化的传播也削弱了部落的团结性。这也是此次利比亚战争中会出现一些政府官员倒戈的原因。据统计，此次倒戈的利比亚政府高级官员共有 12 名，他们曾经分别担任司法部长、内政部长、外交部长、欧洲事务部长、石油部长、驻联合国代表、驻联合国副大使、驻美大使、驻印度大使、驻澳大利亚大使、驻阿联酋大使和外交官。从上可见，其中 9 人都从事外交工作，另外 3 人也都有在西方国家学习、生活的经历。他们都受到西方思想的严重影响，这在一定程度上削弱了他们的部落意识。

（2）排他性。利比亚部落问题的实质为自我中心主义，即部落利己主义。各部落都试图最大限度地维护自身既得利益不被侵犯，千方百计地为本部落谋取更多的权益。当本部落与其他部落存在利益矛盾或与国家发生利益冲突的时候，民众不惜牺牲其他部落的利益，或置国家整体利益于不顾。这里需要特别指出的是，尽管部落利己主义往往是以一个部落整体出现，但实际上并不真正或完全与整个部落，特别是部落全体成员的利益和意向相吻合，更多的是代表部落首领的利益和意向，因为后者总是把其自身利益和要求置于首要位置。

部落的排他性主要有如下表现：其一，部落沙文主义，即主体部落或在某一方面（包括政治、经济、军事和文化等方面）占据优势，特别是控制国家政权的部落为垄断各种资源而对其他部落采取的傲慢的态度或排斥的行为。卡扎菲统治时期的瓦法拉部落、卡达法部落等在国家统治中的重要地位即属这种情况。其二，部落保护主义，多指弱小部落为争取或维护自身的各种权益免受侵犯而采取的行为。这些弱小的部落由于在既定的族际关系中无力与强大的部落抗争转而竭尽全力地使自己同其他部落隔离，因而具有很强的封闭性并且往往要求实行部落区域自治。利比亚南部的图布部落在战后要求独立，即属这种情况。其三，部落分离主义。该形态又分为两种类型：一种是某一部落要求从一国之内分离出去成立独立国家；

另一种是跨界部落要求组建跨界（国）的独立国家。前者尽管大小不一，但一般都拥有得天独厚的经济资源；后者则系历史上曾统一，后因殖民化而被肢解的部落。利比亚东部昔兰尼加地区在战后要求实行自治即属前者，南部跨界部落要求独立即属后者。

应该说，外部力量的直接干涉对利比亚战争的结局起到决定性作用。然而，在战争期间和战后，利比亚民众对于外部干涉的态度不尽相同。只有东部地区一些受过西方教育或影响的民众希望得到北约的帮助以实现倒卡的目的。绝大多数民众虽然不满卡扎菲的统治，希望其下台，构建新政权，但并不愿意外部势力的介入。瓦法拉部落在战争期间的态度转变就是佐证。这体现了部落的排他性，无论内战如何激烈，也不愿外部势力干预。有一句阿拉伯谚语如是说："我和我的兄弟联手对抗我的堂兄弟，我和我的堂兄弟联手对抗陌生人。当没有外人时，我再对付我的兄弟。"

（3）继承性。氏族是扩大版的家族，部落是扩大版的氏族。它同家族一样，为其成员提供物质利益和社会福利。同时，每个成员也都生活在部落的监督下，部落对其成员的培养变成了一种社会教育。在部落这所社会学校中，其成员从小就受到部落理想、文化的熏陶。随着年龄的增长，他们所受到的各种熏陶自动地固定下来，成为生活准则，也形成独特的秉性。他们所继承的部落特性是根深蒂固的，世代相传。

部落的继承性还体现在部落的遗产代代相传方面。这里的遗产既包括财产、土地等有形的物质财富，还包括无形的精神遗产，即认知、品行、传统、知识、文化、心理、艺术等，通过日常生活中的言传身教和社会教育来实现。部落的情感也有继承性。当某一部落与其他部落结仇时，其后代必将复仇当作自身的使命。

对于2011年的利比亚战争，部落间的宿怨是其爆发的重要原因。被卡扎菲推翻的伊德里斯王朝所属部落的后代继承了先辈的仇恨，成为此次利比亚反对派的主体力量。他们与支持卡扎菲的部落间的怨恨由来已久。此外，部落谱系的延续性也充分说明了这一点。

二　利比亚部落社会的习俗与规约

利比亚社会同世界上其他所有部落形态的社会一样，有其自身的社会规范，包括习俗与规约两大方面。有的自古有之，世代传承；也有的是在社会发展过程中形成并固定下来。主要有如下方面的俗约。

（1）命名习俗。如前所述，利比亚人的全名由至少三个名字组成，即本人名＋父亲名＋家族名。其中，有的人有绰号也加入全名中。利比亚人习惯依据以下情况命名新生儿：使用祖父母的名字，根据婴儿出生时的情景，用周围习惯的事物，使用先知的名字，或体现美德的词语。足见命名原则体现的是对过去的纪念和对美好未来的憧憬。

（2）部落迁移。利比亚部落迁移主要有两种原因：迁往条件更好的地域；或因原地域条件太好，人口太多而迁至他处。前者的情况是：当一个部落处于贫瘠的地域，生存难以维持时，部落成员便会集体迁徙，寻找生存条件较好的地域开始新生活。这种情况下，他们就可能与新的部落为邻，发生新的关系的变化。后者情况为：当某一块地域因生活资源丰富而聚集了过剩人口时，就会出现人口逐渐外迁的现象。久而久之，外迁者在感情上也成了异乡之客，最后在语言上也发生了变化，还可能形成新的部落。但是，从他们的族谱是可以追溯回去的。前者情况多为一个部落的整体迁居，后者情况则多见于一部落中的部分迁徙，部落分离将是不可避免的结果，甚至可能产生新部落。

利比亚的大部落大都分布于多地，而非聚居一处。利比亚战争的直接结果之一就是带来新的部落迁移。

（3）部落惩罚原则。部落惩罚原则是依据部落法令与规约对部落成员的不当行为实施惩罚，通过部落会议实现。如果是发生在氏族、家族或家庭内部的矛盾，且可以自行解决，则不必通过部落会议。若一部落成员杀害了本部落的其他成员，任何人都不得对其进行保护。他或者选择接受部落内部的严厉惩罚；或者选择逃亡，即被视为与原部落脱离关系，成为没有部落归属的人。丧失部落归属是对部落民最严厉的惩罚。对部落民而言，"外人"和"敌人"是同义词。没有部落归属的人无依无靠，不受保护。

此次利比亚战争中倒戈的高官多为受西方思想影响深刻，且在本部落以外早已建立了牢固联系的人群，他们不惧怕因受到原部落的惩罚而丧失部落关系。这一点利比亚本土的部落民众难以做到。随着国家的现代化与政治民主化进一步加快，部落惩罚原则的约束力将呈弱化趋势。

（4）部落宗派主义。宗派主义是部落的精神，包含着对于同部落人无止境、无条件的忠贞。一名利比亚诗人曾如此吟诵："忠于你的部落吧！部落有权力命令本部落的成员抛弃自己的妻子。"① 这种根深蒂固的部落宗派主义是由部落成员的个人主义发展而来的。持这种观念的部落认为本部落自成一体，独立存在，至高无上，同时，将其他部落当作合法的牺牲品，认为可以任意处置其他部落。部落宗派主义在阿拉伯国家自古存在。阿拉伯古代文学中的诗歌、散文中多有记载。部落民对于自己血统的纯洁、口齿的伶俐、诗歌的优美、宝剑的锋利、马种的优良，尤其是宗谱的高贵，都感到无限的骄傲。他们往往把自己的宗谱追溯到人类的始祖阿丹，并把宗谱学提高到科学地位。伊斯兰教兴起后，部落宗派主义并未消失。②

部落宗派主义在利比亚从古至今始终盛行。利比亚的部落民认为自己出身的部落是最尊贵的部落。在他们看来，没有部落归属的人是不幸福和不可思议的。这种自豪感也体现在当代利比亚的部落冲突中。利比亚战争的重要诱因就是部落间长久以来的矛盾，即部落宗派主义的体现。部落宗派主义在当今利比亚依然存在，并且是影响利比亚转型的重要原因。

---

① Al - Mubarrad, Al - Kamil, ed. W. Wright, *Leipzig*, 1864, p. 229.

② 〔美〕菲利浦·希提：《阿拉伯通史》（上），马坚译，新世界出版社，2008，第24页。

（5）部落族源。利比亚部落的溯源意识很强，从他们的全名即可看出。包括利比亚部落在内的绝大部分阿拉伯谱系为父系，即部落以父系传承，并繁衍出氏族、家族及家庭成员。部落社会中的男性成员处于主导地位，以男性成员的姓氏传承。语言学家对部落的定义是"有共同父系祖先的群体"①。其特征是：氏族部落由一个男性祖先和他的子女以及他的男性子孙的后代组成，子女、儿孙皆归属父族。世袭由男性首领传承，财产也按父系继承。谱系学家伊本·赫茨姆说，"除三个部落外，全部阿拉伯部落都是父系。这三个部落为塔哈努部落、阿塔格部落和格桑部落"②。一个男性首领可衍生出多个分支部落，每个部落首领生育的子嗣分别再形成新的部落。如没有子嗣，则仍属于原部落。利比亚还存在多重谱系说。例如，利比亚的奥贝迪部落在不同层级分别从属于哈拉比谱系、萨阿迪谱系、萨利姆谱系，所以奥贝迪人也可称作哈拉比人、萨阿迪人、萨利姆人。

（6）部落关系的获得。部落归属本质上是先天的出身问题，但也可通过后天的个人行为获取。在古代利比亚，外人只需与某部落的人共同进餐，或者吸吮他的几滴血，就可以成为那个部落的成员。外人可以通过这种方式成为受保护人。同理，比较弱的部落可以自愿获取某个强大部落的保护，而最终被它吸纳。卡达法部落就曾与利比亚的圣门部落联系缔结友好关系。获得后者的同意后，卡达法部落民众也有以古莱氏人自称③。在当代利比亚，部落关系的取得方式已有所简化，只需得到新部落首领会议的通过，并将姓氏，即家族名改为新部落的名称，同时摒弃原家族名即可。

（7）部落联盟。凡有亲属关系或领地毗邻的部落就会存在"抱团取暖"的倾向。利比亚部落乃至全部阿拉伯部落，自古以来生活在无休止的斗争中，部落之间的联盟成为一种获得生存环境和资源的现实选择。部落联盟

---

① د. إحسان النص، " العصبية القبلية وأثرها في العصر الأموي"، دمشق: دار الفكر، 1976م، ص 16.

② كامل مصطفى الهنداوي، "في معرفة قبائل العرب"، بيروت: دار الكتب العلمية، 2009م، ص 13.

③ أ. نصر الدين بشير العربي،"دراسة للجانب التاريخي في فكر معمر القذافي"، طرابلس:أكاديمية الدراسات العليا، 2005م، ص44.

是部落扩大和延伸的形式。联盟的产生并不复杂，亲缘感情、宗族关系以及相似的方言等都是促成联盟的要素。

利比亚部落联合有两种主要方式：结盟和附庸。部落结盟是两个或以上部落以平等的地位、自由的意愿结成部落联盟。各部落在部落联盟中地位平等，协商确定其中一个部落首领为整个部落联盟的首领，对外代表整个部落联盟。部落附庸是一个或多个部落依附另一个或多个部落，受其管理。个人也可以与其他部落结盟或附庸，此后便被视为自动脱离原部落。

第二章　利比亚独立前的部落状况

利比亚在沦为西方国家的殖民地之前，尚处于原始社会发展阶段的经济社会形态中，还没有形成强有力的中央集权制国家和完善的政府组织。然而，异族统治、西方的殖民扩张和统治，打乱了利比亚原有民族和国家组织的正常历史演进进程。殖民者有意保存部落组织，采取分而治之的统治方式以维护他们的殖民统治和利益。结果，利比亚现代民族融合和民族共同体形成的进程被严重延缓，甚至一度中断，从而导致国家在独立后的存在基础不是有着共同语言、文化和情感认同的统一民族，而是相对独立的部落或部落联盟。

第一节　利比亚各地发展中的部落演进

在外来统治进入以前，利比亚的社会组织结构有多种形式，诸如核心家庭和扩大的家庭、家族和氏族、部落和部落联盟。这些社会组织的一个基本特点就是以血缘和亲缘为联系纽带，互相之间因无固定界限而相互交织。人们在不同场合强调自己隶属的不同社会组织。各个社会组织之间的争斗难以避免，有的为了群体的延续，有的为了争夺生存所需的资源，有的出于文化冲突，也有的单纯为了复仇。

一 土著民以部落为生存单位

约公元前 7000 年，利比亚沿海平原文化就已经显示出新石器时代的特征：居民擅长耕作农作物，驯养牲畜。在利比亚的南部，也就是现在的撒哈拉沙漠地区，当时水草丰美，自然环境优越，游牧民与狩猎者得以在这里安居。然而，这种生活环境仅持续到公元前 2000 年，此后气候恶化使该地区变得极为干燥。居民逃离了这个逐渐沙漠化的地方，有的移居至现在的苏丹、阿尔及利亚、突尼斯等地，有的迁至现在利比亚的南部地区，融入当地的柏柏尔族群，成为利比亚的土著人。

柏柏尔人是利比亚最早的居民，关于利比亚历史的最早文本记录是埃及铭文中记载的柏柏尔人的迁徙情况，即公元前 4200 年埃及第三王朝时期图阿雷格人（柏柏尔人的一支）的迁徙。柏柏尔人没有自己的文字，对他们的记述都是通过希腊官员、罗马官员、地理学家以及旅行家等做出的相关描述，而不是源于柏柏尔人自己留下的记录。柏柏尔人到达现代意义上的利比亚地域的时间不得而知。历史记载，公元前 2200～前 1700 年，柏柏尔人已经分布在利比亚地区，当时的东部地区由埃及人统治，西部和南部各自独立存在。公元前 1300 年发生了一次利比亚部落民的大规模迁徙，埃及的阿蒙纪念塔（Ammon）上关于美尼普塔二世（Meneptah Ⅱ）的碑文对此有记载，其中提到了利比亚地域上的一位名为 Mar‐ajui 的国王，从他国率军进入此地域，欲将其攻占，遭遇失败，数千名士兵被俘。[①] 此后柏柏尔人的继承者在利比亚的东、西部地区建立了柏柏尔王朝，在南部的费赞地区也有一定数目的柏柏尔人存在。[②]

古希腊著名历史学家、文学家、地理学家、旅行家希罗多德（Herodo‐

---

① Haala Hweio, "Tribes in Libya: From Social Organization to Political Power," *African Conflict and Peacebuilding Review*, Indiana University Press, Vol. 2, No. 1 (Spring 2012), pp. 111–121.

② Michael Brett and Elizabeth Fentress, *The Berbers*, Oxford: Blackwell, 1997, p. 82.

tus，公元前 484～前 425 年）在其著作《历史》中有如下阐述：迦太基、埃及和昔兰尼加曾经是一块完整的大陆，当时就叫利比亚。贾拉曼特人当时已存在于上述地区以南区域（即现在利比亚南部地区）。多数部落都季节性地迁移，逐水草而居。也有一些部落是半游牧的，夏季随放牧牲畜一起迁移，冬季则定居于固定的群体中。一些年长者不再迁移，定居于农庄中，年轻人则维持季节性游牧。

根据人类学和民族学的理论，人类社会人们共同体的发展有其序列，即氏族→胞族→部落→部落联盟→民族。① 利比亚的土著民就是按以上序列发展起来的，但只发展至部落，部落联盟是在外族入侵后才出现的。柏柏尔人最初的组织形式是原始人群，随后是血缘家族，这两种共同体的规模都很小，也没有共同的地域。自石器时代后，产生了氏族组织，氏族逐渐发展为胞族，一个胞族一般包括两个以上的氏族。若干有血缘关系的氏族或胞族结合成稳定的部落。利比亚从此以部落为基本社会单元。

二　外来入侵对部落的影响（公元前 10 世纪至公元 11 世纪）

公元前 10 世纪至公元 11 世纪，利比亚大部分地区都受到外来入侵或处在异族统治之下。其所辖三地既有过处于同一外族统治时期，也有过受到不同异族入侵的阶段。其间，外来统治者对利比亚各地的管理多是间接的，没有对其部落状况产生重大影响和改变。后来迁入的异族有的入乡随俗，有的将其自身的部落特性带入利比亚。阿拉伯人迁入后，利比亚的人种及部落社会结构相对稳定下来。

（一）利比亚在不同异族统治下的部落发展

公元前 10 世纪至公元 7 世纪，利比亚三个地区分别受到不同外族的入

---

① 金炳镐：《民族理论通论》，中央民族大学出版社，1994，第 50 页。

侵。其间，有的入侵者侵入利比亚后融入土著民，有的未建立长期的有效统治，还有的自生自灭。利比亚地域上的居民以家族部落为单位散居生活，人群、人种、社会制度等都尚不稳定。

1. 腓尼基人和罗马人入侵后的的黎波里塔尼亚部落

腓尼基人又称布诺人，是古代生活在地中海东部的人群，其生活的地域包括现在叙利亚、黎巴嫩及以色列北部的沿海地区。他们在公元前 12 世纪已活跃于整个地中海盆地，建立了诸多极富潜力的商业据点。公元前 9 世纪，腓尼基人沿地中海岸，即现在的突尼斯建立迦太基城，此后，在的黎波里塔尼亚建立永久定居点，从而将迦太基的影响力扩展到北非海岸。腓尼基人在这里建立了三个大的沿海城市，即现在的的黎波里、莱布提斯和萨布拉塔。[①]

腓尼基人的到来对的黎波里塔尼亚土著柏柏尔人产生了深刻影响，双方相互学习和融合。柏柏尔人在语言与习俗方面逐渐布诺化，他们将布诺崇拜仪式融入自己的民间宗教。直到罗马统治后期，的黎波里塔尼亚的居民仍然使用布诺语。在布诺战争期间，腓尼基人也得到柏柏尔部落的大力支持，并逐步融入柏柏尔部落。

腓尼基人的入侵在的黎波里塔尼亚催生了部落联盟，其产生的直接原因为土著部落应对军事行动和谋求生存的需要。部落联盟的力量远远大于单独部落，但是并非所有部落都能形成联盟，多数部落仍处于各自为政的状态。亲缘部落间的联盟，通常因临时的紧急需要而结成，随着这一需要的消失即告解散，但也存在亲缘部落间在联盟解散后又重新结为永久联盟的情况。

[①] Anthony Strong, *The Phoenicians in History and Legend*, Bloomington. IN: Author House, 2002, p. 56.

公元前 146 年，罗马人赢得了第三次布诺战争，控制了的黎波里塔尼亚地区，后将其设为罗马帝国的一个行省。公元 395 年罗马帝国分裂后，的黎波里塔尼亚被划分给西罗马帝国。① 但罗马人没有在这个地区建立直接统治，对地方事务和居民的日常生活很少干预，因此，的黎波里塔尼亚地区的柏柏尔部落在这一时期内未发生显著变化。

2. 多族入侵后的昔兰尼加部落

公元前 632 年，希腊人在北非地区修建了第一座城市昔兰尼，昔兰尼加地区的名字即源于此。在不到两个世纪的时间里，他们又在北非沿海地区修建了四座城市：阿波罗尼亚、巴尔切、乌切拉和欧里庇得斯，② 整个昔兰尼加沿海地区都处于希腊人的影响之下。这五座城市结成了联盟，他们自由贸易，采用相同的货币制度。但严重的部落意识使他们难以合作，希腊人也并未在此地建立起有效的政治控制。昔兰尼加各城市之间彼此保持独立，也不断产生各种名目的激烈竞争，他们同希腊统治者的关系也不好，使人们在大多数时间里都不能构筑成一个共同御敌阵线。在此后的几百年间，这五座城市先后被埃及、波斯和希腊统治。

自公元前 96 年起，罗马人再次成为昔兰尼加的统治者，于公元前 74 年将其设为昔兰尼加省，又于公元前 67 年将昔兰尼加与克里特省合并为一个省。③ 罗马帝国分裂后，昔兰尼加被划分给东罗马帝国。罗马人在昔兰尼加也未建立直接的统治，当地的居民依然以部落为单位生存繁衍，国家和城市意识淡薄，部落属性依然是人们最强烈的归属感。这一时期内，昔兰尼

---

① Sue Ravin, *Rome in Africa*, third edition, London: Routledge, 1993, p. 25.

② Paul Lachlan MacKendrick, *The North African Stones Speak*, Chapel Hill: University of North Carolina Press, 2000, p. 63.

③ Sue Ravin, *Rome in Africa*, third edition, London: Routledge, 1993, p. 26.

加也出现了部落联盟，多由近亲或近邻部落结合而成，以联合自保。他们有些是永久的，有些是临时的，也有些部落始终独立存在。

3. 费赞的贾拉曼特部落联盟

贾拉曼特部落联盟是居于现在费赞地区的部落联盟，"贾拉曼特人"这一名称源于罗马人对其使用的希腊语称呼。他们于公元前 1000 年进入这一地区，在奥巴里沙漠南缘的绿洲带上建立了以杰尔巴为首府的帝国，这个帝国实际上是一个松散的部落联合体。贾拉曼特部落联盟存在于公元前 500 ~ 公元 500 年，他们控制了穿越撒哈拉沙漠的贸易路线，即从古达米斯向南到尼日尔河，向东到埃及，向西到毛里塔尼亚的经商捷径。约在公元 500 年，贾拉曼特人在当地消失了，其原因可能是过量开采使不充足的水源区域干涸，人们无法生存，致使最后一批贾拉曼特人或死去或离开了家乡。[1] 这一时期内，土著柏柏尔部落有的保持原部落的属性，也有的与贾拉曼特部落联盟融合，但部落和部落联盟的形态没有发生变化。

（二）阿拉伯人将其部落特性带入利比亚

自 7 世纪起，大量来自阿拉伯半岛的阿拉伯人迁入利比亚，带来阿拉伯部落特性，此次阿拉伯人的迁入一直持续至 11 世纪，阿拉伯人与利比亚土著民在冲突中融合。自此，利比亚的人种相对固定下来，部落体制最终确立。

1. 阿拉伯人入侵利比亚

公元 632 年先知穆罕默德去世后，阿拉伯军队以传播伊斯兰教为由从阿拉伯半岛北部向西进入北非地区。公元 643 ~ 644 年，阿拉伯人占

---

[1]　C. Daniels, *The Garamantes of Southern Libya*, Stoughton, WI: Oleander Press, 1970, p. 9.

领昔兰尼加，两年后进入的黎波里塔尼亚。当时控制利比亚沿海地区的拜占庭卫戍部队因孤立无援而被摧毁，阿拉伯军队控制了这些地区，并巩固了地位。公元 663 年，阿拉伯军队入侵费赞，迫使当地部落民主动开城门投降。①

阿拉伯人统治了北非沿海地区的城镇与农耕区。城市居民意识到安全的重要性而没有进行强烈抵抗，布诺农民希望依靠阿拉伯人保护他们的土地。但柏柏尔人的部落习俗与阿拉伯入侵者的部落习俗存在差异，使得双方频繁发生冲突。阿拉伯人认为柏柏尔人是野蛮人，柏柏尔人则认为阿拉伯人傲慢自大。结果，大量柏柏尔人逃入荒漠中生存，也有为数不少的柏柏尔土著民与阿拉伯人在冲突中融合。

2. 希拉利亚人迁入利比亚

公元 909 年，法蒂玛人统治了整个北非地区。在伊斯兰教史上，法蒂玛人是唯一信仰什叶派的哈里发。他们在埃及建立起什叶派哈里发国家，在利比亚得到柏柏尔部落民众的支持。当时，阿拉伯世界处于阿巴斯王朝统治时期，法蒂玛人为了同巴格达的逊尼派哈里发政权相抗衡，将包括今天的阿尔及利亚、利比亚和突尼斯北部在内的马格里布地区交由一个柏柏尔王朝统治，即他们的附庸兹里德人。兹里德人的统治范围仅限于北非沿海，他们的统治给当地人带来了灾难性的后果。他们不顾沿海经济以农业为基础的现实，改变了本地的贸易模式，使曾经繁荣的沿海商业陷入萧条。1049年，兹里德埃米尔放弃什叶派信仰，与法蒂玛王朝断绝关系，开始回归到逊尼派轨道上来。为了有效对付叛乱的兹里德人，法蒂玛哈里发将阿拉伯半岛的希莱勒部落与萨利姆部落迁至马格里布。这两个部落是来自沙特阿拉伯的贝都因部落，被统称为"希拉利亚人"。希拉利亚人迁入北非地区的

---

① عيس الحسن،" الدولة العباسية"، عمان: الأهلية للنشر والتوزيع، 2009م ،ص102.

主要原因除了政治统治、意识形态的需要以及宗教考量外，经济也是重要因素。当时，希拉利亚人生活的地区发生了严重的旱灾，迫使这些遭受严重饥荒的受灾部落外迁，他们遂迁往土地肥沃的马格里布地区。希拉利亚人迁入昔兰尼加和的黎波里塔尼亚后，将伊斯兰教信仰、阿拉伯语及其生活方式强加给当地人。

3. 利比亚部落体制确立

11 世纪，希拉利亚人的迁入使阿拉伯－柏柏尔混合血统人群成为利比亚的主体人群，并带入了阿拉伯的部落特性，最终在利比亚确立了相对稳定的部落社会形态和生存方式。每一个部落都有自己的地域、牧场和水源。部落间没有明确的界线，水源和地域是部落争夺的焦点。大多数部落都是半游牧部落，他们联合放牧，集体耕作，以每年迁徙一次的频率循环运转。城市与绿洲地区的民众拥有私有财产，内陆地区的土地与水源属于集体所有，个人所有权仅限于对牲畜、固定设施等动产。每个部落内部可细分成两个或以上的分支，其内部再细分为更小的次级分支。其基本特点是：每一个分支与次分支都源于同一个部落谱系，集中分布在某一地域。部落的各级分支都有责任捍卫自己的领土，以防止外来入侵。部落间发生战争与冲突的最主要原因是争夺土地与水源的占有权。

三　利比亚各地维持部落统治（12～16 世纪）

12～16 世纪，利比亚所辖三地处于不同的统治之下，发展情况也不尽相同，有的处于不同王朝的统治下，有的以独立的部落社会形式存在。但三地的政治实质都是维持部落社会和部落统治。

的黎波里塔尼亚及所在的整个马格里布地区一直处于柏柏尔王朝统治之下，该地区实际上是一个多部落独立并存的区域。1510 年，西班牙军队夺取该区域的控制权，西班牙统治者对其实施了短暂的名义上的统治，其部落社会实质不变。昔兰尼加地区处于埃及的一系列马穆鲁克王朝的统治，实际上只是一种名义上的政治控制。同的黎波里塔尼亚一样，昔兰尼加地区也是长期维持部落统治，民众不服从除部落首领以外的任何权威。费赞地区的哈塔卜部落首领以祖瓦拉为都城统治着该地区。

第二节 异族统治利比亚期间的部落状况

利比亚在独立前经历了数百年的外来占领和殖民统治。统治者利用其部落体制维持统治，民众则求助于部落保护。结果，利比亚的部落社会结构和民众的部落意识都得到进一步强化，这成为国家独立后的一个治理难题。

一 奥斯曼帝国统治时期的部落状况

在 1551 ~ 1911 年的大部分时间里，利比亚是奥斯曼帝国的领土。相对于叙利亚、埃及等奥斯曼帝国行省来说，利比亚因贫瘠而受到边缘化，因此，奥斯曼帝国对利比亚的统治是一种不被中央政府直接控制的摄政统治。所谓摄政统治，即由许多与中央政府相竞争的社群共同体完成。社群共同体指的就是作为独立的社会经济与政治组织的部落和部落联盟。①

（一）奥斯曼帝国第一次占领时期

自 16 世纪起，奥斯曼帝国开始攻占利比亚，到 17 世纪已经控制了利比亚全境，但对它的管辖和控制只是名义上的，我们称之为摄政统治。具体

---

① Ali Abdullatif Ahmida, *Forgotten Voice: Power and Agency in Colonial and Postcolonial Libya*, London and New York: Kegan Paul International, 2000, pp. 31 – 34.

的统治方式为：奥斯曼帝国的苏丹任命一位帕夏治理利比亚，帕夏主要依赖禁卫军这一军队特权阶层维持其在利比亚的统治。进入 18 世纪，禁卫军逐渐演化成一种自治的军事组织，服从军队内部制定的规则，受到地方政府高级官员迪万的保护。苏丹赋予迪万在税收与外交政策方面相当大的自治权。

这一时期，利比亚主体居民是阿拉伯人（迁入的阿拉伯人与土著柏柏尔人的后裔）和占人口少数的奥斯曼人，其中主要包括土耳其人以及奥斯曼帝国士兵与阿拉伯妇女通婚的后裔。后者可担任高官要职，他们的注意力主要集中在沿海地区的城市和乡村上，他们关心的范围与交往的对象是地中海沿岸地区及其以北的欧洲。而利比亚本土民众主要关心内陆地区的商业、贸易与游牧生活等相关问题。奥斯曼帝国的经济发展方向是依靠贸易与海盗劫掠获得财富，而不是向本土居民征收税赋，这使得这一时期内奥斯曼统治者与本土居民交往较少，没有给本土的部落生活方式带来改变和构成重大影响。

（二）卡拉曼利王朝时期

艾哈迈德·卡拉曼利（Ahmad Karamanli）是一名骑兵军官，他在 1711 年推翻了奥斯曼帝国委派的帕夏，建立了卡拉曼利王朝，统治利比亚长达 124 年。他名义上承认奥斯曼帝国的宗主国地位，并以政府的名义成立了一支半独立的、生机勃勃的军队，宣布其儿子是军队首领和王位继承人。[1]

卡拉曼利王朝前期，即 1711～1745 年，艾哈迈德帕夏采取了积极且开明的内外政策，并通过大规模镇压内地阿拉伯部落与柏柏尔部落的叛乱将的黎波里、昔兰尼加和费赞统一起来。但好景不长，卡拉曼利王朝在艾哈

---

[1]　Seton Dearden, *A Nest of Corsair: The Fighting Kalamanli of Tripoli*, London: John Murray, 1976, p. 13.

迈德死后很快衰败下去。由于继任者大多志大才疏,不勤于政事,卡拉曼利王朝的统治遇到一系列问题,深层的政治不稳定导致严重的经济危机,二者叠加招致 1831 年费赞地区的柏柏尔人起义,起义演化为内战,并蔓延至利比亚全境。[①]

卡拉曼利王朝的统治者秉承先制,不依靠向本土民众收取税赋,而是通过从长途贸易、穿越沙漠的商队和控制地中海的通道收取费用维持统治。因此,利比亚社会的部落形势依然未受到大的影响和改变。但是,利比亚本土部落致力于团结自保,以反抗卡拉曼利王朝统治者的占领意图和不合理的经济政策,客观上增强了民众的部落意识。另外,值得一提的是,卡拉曼利王朝期间,英、美等西方大国已因经济利益初步介入利比亚地区事务。

(三) 奥斯曼帝国第二次占领时期

1835 年,奥斯曼帝国的统治者推翻了卡拉曼利王朝,恢复对利比亚的统治。[②] 奥斯曼帝国为巩固统治,试图建立地方民众与统治者间的新型关系。历史的教训使他们坚信依靠地方精英进行行省治理的分权政治是一种危险的、过时的国家治理方式。此时奥斯曼帝国的统治者致力于削弱利比亚根深蒂固的部落力量,故意疏远那些既拥有自治地位又享受特殊待遇的部落领导人。他们还将在利比亚的注意力从商业转向农业,采取大规模的土地改革与行政重组、鼓励定居、疏离血缘联系等措施,弱化部落的凝聚力。

但奥斯曼帝国的统治依然只是名义上的,允许自治团体的存在,但前

---

① Seton Dearden, *A Nest of Corsair: The Fighting Kalamanli of Tripoli*, London: John Murray, 1976, p. 57.
② Anthony Joseph Cachia, *Libya under the Second Ottoman Occupation, 1835 – 1911*, Tripoli: Government Press, 1945, p. 4.

提是他们的存在及影响力不得影响奥斯曼帝国的统治。利比亚最大的自治组织萨努西宗教社团就在这一时期兴起并发展壮大。萨努西教团是一位名为赛义德·萨努西的阿尔及利亚学者在昔兰尼加成立的宗教团体，萨努西主张将伊斯兰正统理论与苏菲主义结合起来，是伊斯兰神秘主义的一种形式。他禁止宗教狂热主义，强调通过苦修谋生。该教团通过成立活动据点——扎维亚宣传教义，扩大影响。① 但当该教团遭遇意欲扩大统治的奥斯曼统治者，即来自欧洲殖民力量的挑战时，力量渐衰。此外，利比亚的一些本土精英接受了来自执政团体内有识之士的知识启蒙，成为具有独立倾向的民族主义者。这一时期内，利比亚的部落力量出现分化，凝聚力呈现弱化趋势。

奥斯曼帝国占领利比亚约 360 年（包括卡拉曼利王朝时期），占领期间利比亚的整体状况为：政治上，保持了整体"领土"的完整，加强了中央集权；经济上，农业主导的经济形式代替了此前长途贸易作为主要收入来源的格局。这一时期内，由于统治者多实施的是摄政统治，而非直接统治，利比亚民众没有强烈反抗，继续保持以部落为社会单位的生存方式和认同方式，也尚未构建起一种更大范围内的共有认同。结果，到 20 世纪，利比亚政治图景的主流依然是三地民众各自的部落认同和地域认同。

二 意大利殖民统治期间的部落状况

部落及其宗族谱系几百年来维系和规范着利比亚社会。在 20 世纪早期，利比亚依然被视作东、西、南三个区域的联合体，每个区域的民众都以部落为生存单位，且都有各自主导的部落群体。在 1951 年独立前，利比亚没有政治党派，只有部落组织。

① Emrys L. Peter, *The Bedouin of Cyrenaica: Studies in Personal and Corporate Power*, Chambridge: Chambridge University Press, 1990, p. 38.

1911 年 9 月末，意大利向利比亚最高统治者宣战，同年 10 月，意大利夺取的黎波里，拉开了控制利比亚战争的序幕。意大利最终付出了 20 多年的时间才征服利比亚。[①] 对意大利来说，长时间的征服过程耗费了大量的人力与物力，其战争成本远远超出预期收益。而对利比亚人来说，意大利的占领更是一个深重的灾难。利比亚的部落体制被殖民者用作实现殖民征服、加强殖民统治的一种工具，部落民众在共同应对殖民者统治的过程中加强了部落认同感。

（一）意大利殖民征服时期的部族战略及部落态度

1911 年，意大利入侵利比亚，奥斯曼帝国统治者奋力抵抗。1912 年，双方签署和平协定，停止敌对状态。利比亚贵族与部落继续对抗意大利人。虔诚的利比亚穆斯林把意大利的殖民政策看作对伊斯兰教的攻击，回应的方式是宣布圣战。抵抗是利比亚人对待意大利入侵的主要方式，但不同阶级与部落组织因地区之间、地区内部的不同反应而有所不同。对此，意大利殖民者采取了"部族战略"和"上层攻略"，逐层实现对利比亚的征服。不同区域和部落的民众对意大利殖民者的态度也不尽相同。

1. 殖民征服中的部族战略和上层战略

意大利殖民者使用的一个重要方法和策略就是"部族战略"。一方面，殖民者利用或挑唆部落矛盾从中渔利。例如，1916 年，意大利人挑拨昔兰尼加和的黎波里塔尼亚两地势力最大的部落——昔兰尼加的萨努西教团和的黎波里塔尼亚杰出的民族主义者与领导者拉马丹·苏伟赫利所在部落之

[①] Claudio G. Segre, *Fourth Shore: The Italian Colonization of Libya*, Chicago, IL: University of Chicago Press, 1942, p. 16.

间的矛盾，致使两部落在拜尼沃利德附近发生冲突，并在苏尔特交火，造成两部落内大量人员死伤和二者长期不睦。[①] 诸如此类的事件严重削弱了三地军队和民众共同抵御殖民者的力量。

另一方面，殖民者采用上层策略，即首先攻下利比亚的本土统治者，进而实现对整个利比亚的殖民征服。他们通过安抚、贿赂等方式赢得大部落首领的信任和依赖，以此实现对整个部落的征服。例如，殖民者许诺给昔兰尼加最大的萨努西部落联盟的首领伊德里斯每月 6.3 万里拉的薪金，另外给萨努西家族其他成员每月共 9.3 万里拉的生活费用。意大利还承诺支付萨努西控制区域内的行政长官与警察的日常费用共计 260 万里拉。其他部落首领与萨努西扎维亚的行政人员也享受一定数量的薪金待遇。[②] 因此，虽然利比亚的抵抗不曾间断，但意大利殖民者仍然实现了对利比亚的占领。

2. 部落态度

从地缘位置、利益取向来看，利比亚的三个区域之间存在较大差异，三地民众对意大利殖民征服的态度也不同。在的黎波里塔尼亚，尤其是其沿海区域，出于经济利益的考虑，在意大利开始殖民征服前该地的部落首领就已经与之开展经济合作。内陆的部落首领也在与之合作与抵抗之间摇摆不定，他们想在动荡的政治局势下维持自己现有的权力与地位。[③] 从地区整体看，的黎波里塔尼亚民众虽然有些许抵抗的姿态，但大多数人持不抵抗的态度，也不积极合作。昔兰尼加的部分城市精英和靠近海岸地区的居民愿意与意大利合作。而在其内陆区域，经过萨努西教团几十年的教育与动员，满怀反对殖民主义心态的昔兰尼加部落武装坚决抵抗意大利的殖民

---

① الطاهر أحمد الزاوي، " جهاد الأبطال في طرابلس الغرب"، بيروت دار المدار الإسلامي، 2004م، ص65.

② 〔美〕罗纳德·布鲁斯·圣约翰：《利比亚史》，韩志斌译，东方出版中心，2011，第62页。

③ Ali Abdullatif Ahmida, *Forgotten Voice*: *Power and Agency in Colonial and Postcolonial Libya*, London and New York: Kegan Paul International, 2000, pp. 31 – 34.

入侵，并为此付出了巨大的人力与物质代价。在费赞地区，大多数部落反对意大利殖民者，但也有少数部落在长期的内部争斗后站在入侵者的一边。

这一时期内，利比亚三地的部落首领与贵族精英之间也由于权力角逐与财力之争而处于敌对态势。意大利殖民者利用这种区域差异、部落差异及领导层内部的分裂削弱他们的合作抵抗力量，实现了对利比亚的殖民占领。

（二）意大利殖民占领时期的统治策略及对部落的影响

1931 年，意大利终于完成对利比亚的殖民征服，整个过程历时 20 年，其间使用了枪杀、绞死、溺毙、封闭萨努西扎维亚、禁止举行宗教仪式、没收财产、填塞水井、放毒等极端残忍的手段残害利比亚人。① 意大利在殖民统治期间采取了"直接统治"、"分而治之"和"间接统治"三种方式。部落成为利比亚民众在这个时期最有力的庇护所，部落认同在抗击殖民者的过程中得到强化。

1. 统治策略

（1）直接统治。这种方式的核心是否认或摧毁传统的权力机构，建立与宗主国制度相适应的殖民制度。意大利法西斯政府将利比亚划为它的一个"省"，具体到对待殖民地民众的策略，主要包括对传统行政区的规划和对传统部落首领的态度。关于前者，为进一步削弱利比亚民众的国家意识和地区归属感，殖民者重新设置了利比亚的行政区划，将原来的的黎波里塔尼亚和昔兰尼加地区划分为的黎波里、米苏拉塔、班加西和德尔纳四个区。殖民地由意大利政府委派的总督全面控制，殖民地的各级行政官员均由总督任命的意大利人担任，而当地人的代表只能以顾问的身份起协助作用。意大利为了巩固统治并扩大在非洲的势力范围，多次重新划定利比亚

---

① الطاهر أحمد الزاوي،" جهاد الأبطال في طرابلس الغرب"، بيروت: دار المدار الإسلامي، 2004م، ص155.

与乍得等邻国的边界，为这些国家独立后的边界争端埋下隐患，也为利比亚留下跨界部落的问题。关于后者，由殖民政府掌控对部落首领的任命权，而不是按传统方式由选举或继承产生，从而将他们完全置于从属地位，对传统统治全盘否定。

（2）分而治之。在任何地区，殖民政府的统治方式都是希望以最小的成本取得最大成效，意大利在利比亚也不例外。"分而治之"既是一种统治策略，也是一种统治制度，对殖民地不同地区或人民用不同的方法进行统治①，即将殖民地民众区别对待，甚至离间他们之间的关系，以便对他们实施统治。

几乎在每个殖民地都存在"受重用的民族或组织"和"受歧视的民族或组织"。"受重用的民族或组织"之所以受到殖民行政当局的重用或重视，主要有以下几种原因：①殖民者出于对国际政治的考虑；②这些民族或组织的某种宗教文化引起殖民统治者的重视；③一些民族或组织的某种性格使殖民统治者对他们另眼相看；④他们对殖民主义者持合作态度。"受歧视的民族或组织"包括两种：一种是对殖民主义入侵进行了顽强抵抗的民族或组织，后来受到了殖民统治者在行政管理上的歧视；另一种是发展相对落后的民族或组织。

意大利在利比亚就实行了分而治之的统治政策以强化其殖民统治，最为常用的是利用、挑拨部落矛盾。一方面，千方百计地使各部落生活在各自的社会组织中，阻滞民众形成国家统一的想法，以削弱反抗势力；另一方面，给某一个或某几个部落特别优待，在部落间设置矛盾，使之相互敌视或排斥。意大利殖民者对势力强大的萨努西统治家族部落极尽拉拢，以争取其支持，至少是不抵抗的态度，而对其他一些实力弱小且持坚决抵抗态度的部落残酷打压。

①　李保平：《传统与现代：非洲文化与政治变迁》，北京大学出版社，2011，第60页。

（3）间接统治。间接统治是根据欧洲统治者强调的效率原则制定的，是利用当地的人力和物力资源对殖民地进行统治，即将新的行为准则强加给当地统治者。在传统政治制度较为完备的殖民地，殖民主义者力图借用已有的政权结构实现统治。在没有建立酋长制或王国的地区，殖民主义者则试图建立一些"部落"，以便于统治。这种做法所遵循的政治原则和思想基础是间接统治制度。间接统治标志着对殖民地控制的第二个阶段。在第一阶段，殖民者着力于"绥靖"，即对殖民地人民的反恐和暴力进行惩罚，控制税收，通过观察或巡视的方式来建立殖民统治机构与地方首领的关系。在第二阶段，殖民者通过"国家政权"实现对殖民地的控制。这种方式对殖民地社会的渗透更加深入。

间接统治制度需要三个基本因素：传统政治体系、殖民当局的意愿、愿意配合的殖民地政权。相对完整的传统政治体系是确立间接统治的基础，如果没有这一要素，间接统治制度无从谈起。殖民当局利用当地原有政治机构的意愿是建立这种制度的主观条件。由于殖民统治是由宗主国政府、殖民地政府和殖民官员三方面构成，三者对间接统治达成的一致看法尤其重要。愿意配合的传统政治精英是间接统治制度建立的关键。在利比亚，传统政治体系即部落组织。意大利殖民当局面临其国内的困境和对外战争的双重压力，不希望在利比亚耗费太多精力，因此在其殖民统治期间，尤其是统治后期主要采取间接统治。利比亚的有些地区愿意与殖民当局合作，也有些地区坚决反抗，这使得意大利在利比亚的间接统治在不同地区进展不同。

2. 对部落的影响

意大利殖民统治对利比亚部落的影响可从其所使用的统治政策的直接影响和统治结果所带来的深远影响两方面体现。

（1）统治政策的直接影响。意大利对利比亚殖民占领期间运用多种统治政策，给利比亚的部落带来相应的影响。直接统治弱化了利比亚的国家统一意识，致使部落离心加剧；分而治之加深了部落矛盾；间接统治使得利比亚的部落状况乃至整个国家内部的关系复杂化。具体说，间接统治的实施导致了如下后果：从部落内部看，在那些部落首领接受殖民当局统治的地区，部落首领与部落民众的关系发生了变化——部落民众由绝对服从变为矛盾，甚至对抗，部落的传统意义失去了保障。在那些原有部落首领对殖民统治持抵抗态度的地区，殖民当局根据其需要任命新的部落首领，新首领往往得不到属民的认可，其统治效率十分低下，甚至发生属民抵抗斗争。从整体地区看，间接统治破坏了原有部落间关系的平衡，加剧了部落间的矛盾和冲突。

意大利在利比亚采取的上述统治政策都是针对当地民众和当地统治者的，即"土著人政策"，主要围绕是否保留和利用以及在多大程度上保留和利用当地部落首领的传统权力，并未从根本上改变利比亚传统的部落社会结构本身，反而从客观上强化了传统的部落制社会结构。其原因主要为：一是利比亚的部落之间及部落与地区乃至国家间的平衡被打破，民众的国家统一意识进一步被弱化，部落意识随之被强化。二是本土民众在抗击殖民者的过程中"对内团结、对外排斥"的部落意识得到强化。

（2）统治结果的深远影响。意大利殖民统治利比亚 30 多年，对其国家发展和人民生活都造成了重大影响。从国家发展层面看，意大利在利比亚建造了规模宏大的基础设施，这不仅加速了利比亚的现代化进程，也加速了利比亚人口的城镇化。从人民生活方面看，意大利殖民统治使利比亚人口的数量和质量都急剧下降。数量上，利比亚独立初的数据显示，1907 年其本土人口为 140 万，1912 年降为 120 万，1933 年进一步降至 82.5 万。人口数量下降的主要原因是：生存资源的匮乏使得部落内部自相残杀，部落间冲突频发，迫使一些游牧民向周边国家移民寻求避难。质量上，1951 年利比亚独立时全国仅有 15 名大学毕业生，其中 5 人毕业于意大利的大学，另外 10 人毕业于开罗的爱兹哈尔大学。当时的利比亚人中没有人具有担任中小学校长的资格，也几乎无人能胜任非伊斯兰教领域的文职，更没有训练有素的农业专家。总之，意大利的殖民统治留给利比亚大量未接受过良好教育、处于利比亚主流经济之外、对社会秩序具有破坏性的部落民众。

上述国家发展和人民生活两方面的变化都对利比亚的部落社会结构带来相应的影响。城镇化带来大量人口的迁移改变了原有的部落聚居状况，为利比亚的部落制度和意识注入新内容。意大利殖民者致力于破坏传统的部落力量，打乱传统的部落管理及运作形式，如其在昔兰尼加的统治目标是破坏萨努西教团的力量，废除传统的部落集会，削弱领导人的威信等。这一时期，利比亚的部落结构、部落分布及组织管理形式都发生了重大变化，利比亚的部落状况更加复杂和混乱。

此外，殖民统治在利比亚培育出代表某个"部落"或地区的统治者，而不是整个殖民地人民的统一代表，他们在国家独立后演变成地方民族主义的代表。这一点在国家独立后成为民族构建的障碍。

小　结

利比亚境内的的黎波里塔尼亚、昔兰尼加和费赞三个地区都起源于部落社会，在国家独立前都经历了长期的异族统治时期，其中既有被不同异族分别统治的时期，也曾处于同一个异族的统治下。但是，三地间始终缺乏联系和统一规划管理，相对独立，致使相互间在很多方面都存在较大差异。民众的部落意识根深蒂固。意大利对利比亚的殖民统治不仅加深了民众的部落意识，还加剧了部落状况的复杂性。这为利比亚独立后的国家发展埋下隐患。这一时期，部落制是利比亚最重要的社会组织形式，也是未来国家统一发展中难以逾越的制度鸿沟。

第三章　利比亚王朝时期的部落关系

恩格斯说过,"国家决不是从外部强加于社会的一种力量","国家是社会在一定发展阶段上的产物"。[①] 从部落演化至民族,再通过文化整合和民族融合直至建立现代意义上的民族国家,这是人类政治文明发展史的一般规律。然而,反观利比亚的政治发展进程,却是"先有国家,后有民族(指国族)"。利比亚国家的形成并不是民族过程发展到一定阶段的产物,而是在特定的历史背景下,在殖民列强划定的政治疆域内,被人为、强制地从外部设定并形成的。因此,利比亚现代民族国家的基本要素是殖民主义统治的产物,如边界的形成、官僚政治和民族构成等。[②] 这种人为的而非自然演进的民族国家在独立后必然产生多种矛盾,如缺乏国家统一意识、本土领导者统治乏力等,其中,部落矛盾是利比亚特殊国情和特殊经历的直接产物。在继承了殖民主义遗产的情况下,只有通过客观条件(独立后形成的民族国家框架和相对正常的国际环境)和主观努力(领袖的人格和才能与国家的积极政策)的良性互动,才能避免可能发生的部落冲突。但是,利比亚在王朝时代没能实现上述客观条件和主观努力,部落问题始终存在。

---

① 《马克思恩格斯选集》第 4 卷,人民出版社,2009,第 189 页。

② 〔加纳〕阿杜·博亨主编《非洲通史》(第七卷),屠尔康等译,中国对外翻译出版公司,1991,第 636 页。

第一节　利比亚王朝时期的社会形态

1951 年，利比亚联合王国在各种复杂力量的利益博弈与内外压力的驱动下，通过签订协议、讨价还价以及折中妥协等方式获得独立。其东、西、南三大区域对于独立后国家将采用的国体和政体意见不统一。经过三地代表人士对此问题的激烈辩论，独立后的利比亚成为一个由的黎波里塔尼亚、昔兰尼加和费赞三个具有半自治地位的省组成的联邦君主制国家，国王为原昔兰尼加的统治者赛义德·穆罕默德·伊德里斯·马赫迪·萨努西，王位世袭传承，政府大臣由国王任命。① 国王家族的谱系可以追溯到先知穆罕默德的女儿法蒂玛，其家族是北非地区显赫的家族。

利比亚的王朝时期自 1951 年始，至 1969 年终，其间共有 11 位首相、40 多届内阁粉墨登场，以抵抗与应对王国面对的内外困局。在此期间，利比亚经历了巨大的社会经济变迁，也使地区局势持续动荡不安。利比亚的独立是联合国决议与大国利益博弈的结果。从内部看，独立后的利比亚并未从根本上解决其原本分裂的状态，尤其在民众的心态方面，原有的部落、家族意识丝毫没有削减和改变，三地之间的差异没有减小，民众没有统一国家的归属感。从外部看，利比亚摆脱意大利的殖民统治后，并未获得真正的自主权，而是受到多个西方大国的觊觎，各国都试图在利比亚分得势力范围，从而实现其自身利益，这也加剧了利比亚各地间的差异和分裂，为独立后的国家发展埋下隐患。

一　利比亚独立初期的社会状况

利比亚在独立前的发展历史上并没有作为"国家"的经历，独立后的

---

① Nicola A. Ziadeh, *The Modern History of Libya*, London: Weidenfeld & Nicolson, 1967, p. 12.

首要任务是构建一套现代国家制度。根据 1951 年国家独立之初颁布的宪法，利比亚是一个由三个省组成的联邦君主制国家，但事实上，利比亚仍然是一个结构松散的部落国家。联邦政府的权力非常有限，既无力直接统治全国各地的民众，也没有征税权。各省之间遍布关卡，民众跨省旅行甚至需要护照。为了平衡各省的力量，利比亚一度将的黎波里和班加西同时设为首都，导致行政机构臃肿，效率低下。据统计，1959 年利比亚联邦政府有雇员 1200 人，而的黎波里塔尼亚和昔兰尼加的地方政府雇员数量分别达 6000 人和 4000 人，这项支出占当时国民生产总值（GNP）的 12%。[1] 当时，利比亚总人口只有 100 万。

　　利比亚的联邦制建立在特殊的政治地理基础之上，伊德里斯国王维持统治依靠的是三地各自的家族、部落和贵族，其中主要是昔兰尼加地区的萨阿迪部落联盟[2]，由后者组成的"迪万"（即顾问团）在联邦政府的决策中发挥着重要的作用。与此同时，利比亚又以联邦制的形式保留了各地区的传统权力。事实上，利比亚采取联邦制只是地区之间妥协后达成的一种政治制度，为处于分裂状态的三个地区披上了"一个国家"的外衣。联邦制只是利比亚国家构建中的过渡形态，即从"无政府"的自由组织状态向具有公共权威的民族国家过渡的中间产物。从根本上讲，利比亚国家构建的独特性源于其国家产生的特殊方式，它既不是从西方式的绝对主义国家发展而来，也不像其他中东国家那样源于民族独立运动，而是外部强加的产物。这便造成了伊德里斯王朝极其虚弱，缺乏整合国家行政资源和社会动员的能力，从而只能实现形式上的统一。因此，尽管在 20 世纪 50 年代中期，联邦政府试图废除联邦君主制，建立单一共和制，但由于各省强烈反对未能成功实行。此后，石油的开发成为推动利比亚由松散的联邦制向单一制转变的直接原因。[3]

---

[1]　Dirk Vandewalle, *A History of Modern Libya*, Cambridge University Press, 2006, p. 48.

[2]　Amal Obeidi, *Political Culture in Libya*, Richmond, Surrey: Curzon, 2001, p. 161.

[3]　韩志斌：《利比亚早期现代化的两条道路之争》，《世界历史》2008 年第 2 期，第 103～105 页。

　　20 世纪 40 年代，美国的石油公司探明利比亚石油储量非常丰富。但联邦制严重制约了其石油开发。1951 年宪法规定，地下矿藏的开发由各省政府负责，联邦政府只起监督作用。[①] 然而，利比亚很多油田处于各省的交界处，两省争夺对石油资源的占有权，并在开采中不予配合，这严重阻碍了利比亚的石油开发。因此，利比亚于 1955 年建立了由各省代表组成的石油委员会，以统一各省在石油开发方面的政策，其中规定：关于石油收入的分配，70% 用于利比亚整体经济发展，其余 30% 中联邦政府和省政府各分得 15%。[②] 这些举措削弱了地方统治者的权力，加强了联邦政府的能力。[③] 随着石油财富剧增，联邦制在利比亚经济发展和国内治理等方面的缺陷日益凸显。废除联邦制、建立单一制的呼声逐渐高涨。1963 年，利比亚通过了宪法修正案，宣布废除联邦制，建立单一制，废除各省的议会和司法体系，国王有权任命地方官员和全部参议员。原来的三个省被划分为十个行政区。[④] 此外，利比亚还改组了地方政府和银行，使之直接向中央政府负责。中央政府直接管理石油收入，并有权向地方征税。政府还削减了一些重复的官僚机构，提高了行政效率。至此，利比亚基本建立了中央集权的政治体系。

　　随着利比亚从联邦制向单一制的转变，利比亚基本实现了政治资源的纵向整合，完成了单一的政治制度、司法和财税制度的构建。安东尼·史密斯将之称为"官僚式融合过程"[⑤]。然而，这个集权化的过程并没有破坏或弱化利比亚的部落体制，反而使王朝的统治更加依赖昔兰尼加的部落，

---

① Majid Khadduri, *Modern Libya: A Study in Political Development*, Baltimore, MD: The Johns Hopkins Press, 1963, p. 310.

② Majid Khadduri, *Modern Libya: A Study in Political Development*, Baltimore, MD: The Johns Hopkins Press, 1963, p. 329.

③ Dirk Vandewalle, *A History of Modern Libya*, Cambridge University Press, 2006, p. 57.

④ Majid Khadduri, *Modern Libya: A Study in Political Development*, Baltimore, MD: The Johns Hopkins Press, 1963, p. 10.

⑤ 〔英〕安东尼·史密斯：《全球化时代的民族与民族主义》，龚维斌等译，中央编译出版社，2002，第 106 页。

从而形成了"部落等级制"①。中央政府的高官大多来自昔兰尼加的萨阿迪部落联盟，由他们组成的"迪万"在国家的财富分配中发挥着巨大的作用，而的黎波里塔尼亚的部落力量则成为被打击的对象，地区之间的财富分配严重失衡。因此，与伊德里斯王朝的集权化实践相伴而生的是以"部落等级制"为基础的传统威权主义政治体系的构建。部落和政治制度的结合形成了一种极具排他性的制度。这一时期的利比亚是一个建立在少数的家族和部落统治基础上的部落国家。

二 国民的部落意识重于国家意识

利比亚在独立之初的经济发展极端落后，自给自足的自然经济依然占据主导地位。利比亚工业化水平低，商品经济不发达，城市化程度低，加之社会结构分化不明显，社会阶级和阶层尚在孕育中，教科文卫落后，人口素质不高，文盲率高。此时的利比亚民众尚未形成充分的国家认同感。尽管独立后的利比亚将的黎波里塔尼亚、昔兰尼加和费赞三地统一到一个联合王国的实体之下，但它难以构筑深刻的国家统一意识。1951 年后，绝大多数利比亚人仍以自己的地区归属自称，一些偏远地区的民众甚至仅以部落归属自称。可以说，利比亚在独立后相当长的时期内民众的部落意识大于国家意识。主要有以下几方面原因。

1. 地理原因——自然地势分隔

利比亚幅员辽阔，北部是地中海沿岸，南部深入撒哈拉沙漠。境内除了沿海的绿色地带外，90% 以上为沙漠和半沙漠干涸高原。② 自然地势将利比亚分割为西部（或西北部）、东部和南部三个地区，地区间相互联系不

---

① 〔美〕菲利克斯·格罗斯：《公民与国家——民族、部族和族属身份》，王建娥、魏强译，新华出版社，2003，第 151 页。

② د. عبد العزيز طريح شرف،" جغرافية ليبيا"، الإسكندرية: مركز الإسكندرية للكتاب،2008م، ص25-26.

便，而它们同各自的邻国均无天然国界，相互交往十分方便。西北部为的黎波里塔尼亚地区，面积约占全国的20%，同相邻的摩洛哥、阿尔及利亚、突尼斯等马格里布地区的几个北非国家在人种、语言、价值观念等方面几乎没有差别。东部为昔兰尼加地区，面积约占全国的一半，交往方向主要是其以东的埃及以及马什里克地区，同邻国埃及之间有合法和非法的口岸相通。南部为费赞地区，面积约占全国的30%，与撒哈拉以南非洲国家有相似的生活方式和习惯。这三个地区之间多有沙漠阻隔，交通不便，少有联系。长时期受外来影响使三地各自形成了具有不同文化和历史特点的区域，三地居民的归属感主要局限于各自所在区域。

的黎波里塔尼亚和昔兰尼加地势复杂，有平原、高原、盆地、沙漠和海滨。费赞地区大部分是人烟稀少的牧区和沙漠，只有沙漠中的几处绿洲有人居住。复杂的地形地势使三个地区内的人口分布也较为分散。利比亚居民自古以部落为生存单位，或游牧，或定居，各部落间因自然地势联系很少，由此形成了部落社会结构。民众的部落认同大于地区认同，地区认同大于国家认同。

2. 历史原因——殖民统治的结果

利比亚独立前一直是基于亲缘关系的无国家社会。其三个地区长期被多国分治，即使在奥斯曼帝国和意大利殖民统治时期曾被联合为一个整体，但依然被划分为不同行省，或采取不同政策，三地间甚至一地中各部落间始终缺乏联系，在政治和文化方面都存在差异。如果说利比亚在早期历史和近代历史时期被异族统治从客观上使其形成了根深蒂固的部落体制，那么在现代历史时期内意大利的殖民统治则从主观上强化了利比亚民众的部落意识，造成部落离心，弱化了民众的国家统一意识。

1911～1943年，利比亚处于意大利的殖民统治下，意大利殖民者在殖民征服时期就运用区域战略和部族战略——挑拨区域、部族间的关系，从中制造矛盾，使殖民地民众陷入内部争斗中，分散他们对抗殖民者的注意力，从而坐收渔利，实现对利比亚的殖民占领。在殖民统治中，意大利再次打出区域牌、部落牌，将整个国家分而治之，对不同区域和部族区别对待，有的打压，有的拉拢，以维护其殖民统治。这导致的直接结果是利比亚不同区域、不同部落分别有不同的利益诉求，严重缺乏统一的国家意识。

利比亚国家的独立是当时国际政治的需要，大国博弈的产物。对于利比亚自身而言，国家独立时的统一民族意识尚未形成。民族国家概念具有国际法和社会学的双重含义，前者是抽象的，后者是具体的，应经过后者的日积月累达到前者的一蹴而就。但在利比亚，后者严重滞后于前者。利比亚作为国家，实际上是从国际法角度以其在国际关系中作为一个独立的政治单位为参照的。而在社会学意义上，由于利比亚存在的部落和文化的多元性，其社会成员"普遍缺乏民族意识，很难感受到自己是一个独立民族的一部分"，民族意识淡薄被视为"遍布非洲的瘟疫"。[①] 这一点在利比亚表现尤为明显。

3. 社会原因——部落社会结构

国家独立前，三个地区都以部落为基本社会单元。在昔兰尼加，萨努西宗教社团所依托的萨努西家族是领导家族，有巨大的感召力；在的黎波里塔尼亚，部落和家族关系是政党和政治领袖产生的基础和依据；在费赞，赛弗·纳西尔家族是最具势力的望族，是费赞的统治家族。国家独立后，三地在国家采取何种政治体制的问题上各有主张：的黎波里塔尼亚的民众希望在统一的利比亚建立由本地区掌握主要权力的共和制政府；昔兰尼加人支持建立以伊德里斯为国王的地方自治的联邦制政府；费赞地区由于人口少、分布散，民众并没有关心整体国家形式，只关注和承认自身的部落

---

① 张宏明：《多维视野中的非洲政治发展》，社会科学文献出版社，2007，第36页。

属性。可见，独立后的利比亚在确立国家形式的问题上众口难调，更难以在民众中广泛构建统一的国家意识。最终确定的联邦制国家形式只满足了昔兰尼加地区民众的要求，该地区人口数量不及当时全国总人口的三分之一，这意味着全国多数民众对此不满，这些民众于是回归自身的部落属性。

4. 宗教原因——萨努西教团的局限性

公元 7 世纪，阿拉伯人入侵利比亚时把伊斯兰教引入该地区。当前，98.6% 的利比亚居民依然信奉伊斯兰教，其中绝大部分（约占 96%）为逊尼派。[①] 伊斯兰教是利比亚的国教，其中苏菲派是对利比亚影响最大的教派。18～19 世纪时，苏菲派在利比亚农村有许多信徒，在北非抵制法、意殖民者的宗教复兴运动中起过重要作用。苏菲派萨努西教团曾是利比亚最有影响力的宗教组织，至今依然是利比亚一支重要的社会力量。

萨努西运动是以沙漠地区为基础发展起来的宗教复兴运动，主张将伊斯兰正统理论与苏菲主义结合起来，即恢复伊斯兰教的早期精神，提倡苦行、禁欲、绝对遵循《古兰经》和伊斯兰教教法，号召穆斯林为主圣战，是伊斯兰神秘主义的一种形式。[②] 该教义在利比亚最先为昔兰尼加的贝都因人接受，因此，昔兰尼加成为萨努西教团的发源地和主要活动区域（当地信教者占全国穆斯林总数的30%）。萨努西教团在的黎波里塔尼亚和费赞也建有许多"扎维亚"（即传教据点）。

萨努西教团于 1842 年由阿尔及利亚学者赛义德·穆罕默德·本·阿里·萨努西在昔兰尼加成立。[③] 在奥斯曼帝国统治时期，它是被奥斯曼统治

---

① Abdallah Laroui, *The History of the Maghrib*: *An Interpretative Essay*, Translated from the French by Ralph Manheim, Princeton, NJ: Princeton University Press, 1997, p. 87.

② Michel Le Gall, "The Ottoman Government and the Sanusiyya: A Reappraisal," *International Journal of Middle East Studies*, 21, 1, February 1989, p. 91.

③ Michel Le Gall, "The Ottoman Government and the Sanusiyya: A Reappraisal," *International Journal of Middle East Studies*, 21, 1, February 1989, p. 100.

者承认的一个最大的自治团体。在意大利殖民统治时代，它又是一支抗击殖民者的重要力量。利比亚独立后，萨努西的孙子伊德里斯出任国王，萨努西教团的教义对利比亚王朝时期的统治思想和统治方式起到重要影响。例如，伊德里斯国王对国家消极统治，对政务超然世外，而专注于研习宗教经典的态度和做法体现出萨努西教团提倡的苦行和对伊斯兰教经典的严格遵循；他在任内屡次请辞国王职位，只想当昔兰尼加的地方统治者，反映出禁欲思想；他对伊斯兰教经典及教法的绝对遵循使他对的黎波里塔尼亚有城市背景的民众心存芥蒂。

可见，伊德里斯国王对利比亚的统治方式深受萨努西教团宗教思想的影响。该思想作为一种宗教思想对于治国理政有很大局限性，无助于促进民众的国家统一意识与感知。① 这种情况下，民众的国家统一意识难以超越根深蒂固的部落意识。

5. 现实原因——统治方式不当

利比亚的独立是由意大利占领的殖民地演变而来的，这种在殖民地基础上获得独立而建立起来的年轻国家继承了一份十分不合理的外部强加的殖民统治政治遗产。在极不合理的殖民地政治基础和边界范围上建设现代国家，追求国家的统一与稳定，追求国家一体化与民族融合，其间包含无数的困难。

利比亚独立后必须首先在政治发展与国家政权建设领域做出巨大努力，才能形成国家统治能力与管理能力，而这种现代统治能力或管理能力的形成，仅靠简单的移植某种西方式的现代议会制度、竞争性选举制度是远远不够的。这正是利比亚独立后国家政治发展进程一波三折，历经种种战祸、内乱、冲突的深层原因。

---

① St. John, Ronald Bruce, *Qaddafi's World Design: Libyan Foreign Policy, 1969-1987*, London: Saqi Books, 1987, p. 17.

如何由传统的部落社会转变成长为现代国家，是独立后的利比亚在政治与社会发展进程中的最大挑战与核心问题，而这一进程一开始就因为外部世界特别是西方国家的介入与干预而走上了一条曲折的道路。利比亚的发展模式最初是按照西方殖民者设计的模式建立的，模仿了原殖民宗主国的政治制度，包括政体、选举制度与政党制度。但是，这套制度在利比亚的移植与推广只是西方人的一厢情愿，并不适合当时利比亚的现实需要，也缺乏稳定存在的基础和发挥功能的条件，因此因"水土不服"而"百病生"。伊德里斯国王消极、不当的统治方式没能调理好利比亚的"体质"，而是令其雪上加霜。

首先，伊德里斯国王没有为加强整体国家的凝聚力而做出积极的努力。伊德里斯国王性格孤傲冷漠，将担任国王一职视作被强加的负担。他对利比亚的统治始终是消极的，很少对国家重大决策发表声明，也不对国家事务做公开的评论。他一直居住在昔兰尼加的郊外，沉溺于宗教与学术性事务的思考之中，躲避政府日常琐事的压力。他一般不参与政治冲突，不做明确的表态，也不采取解决措施。他在统治期间并不了解利比亚面临的问题，对于社会问题和政治问题没有兴趣，对日常政务疏于管理。在他执政利比亚的 18 年间，他曾屡次要求退位，民众日益感受到他勉为其难的统治者形象。对于本就缺乏国家统一意识的利比亚，消极统治强化了民众的区域意识和部落意识，国家统一意识进一步被弱化。

其次，伊德里斯偏颇的政策造成严重的部落和地区矛盾，导致部落离心。1952 年在利比亚独立后的第一次议会选举中，政府因担心赞成集权制的国民议会党获胜导致权力核心从东部的昔兰尼加转向西部的的黎波里塔尼亚而操控选举结果。虽然政府的意图得以实现，却造成了严重的选举危机，在的黎波里塔尼亚地区发生政治暴乱。此后，利比亚政治进一步沦为家族、部落与宗教力量角逐的舞台。国家权力掌控在昔兰尼加的地方家族手中，后者压制和限制其他地区的发展。

再次，禁党制限制了部落间的交往。1952 年议会选举危机后，伊德里斯国王担心国家再出现类似事件，遂禁止组织党派和政党活动。政党的功能包括：凝聚阶级的利益要求和政治意识，集合和发展阶级政治力量，影响和领导社会政治，培养本阶级的政治骨干，影响国际政治和国际事务。[①]可见，政党的凝聚和集合功能能够跨越部落的界限，使民众不拘泥于部落组织和部落意识，而依据政治意识和阶级利益构成新的集合。但伊德里斯国王采取的禁党制使民众只能回归唯一的部落归属。

最后，利比亚王朝时期的统治机构设置不利于国家的团结统一。利比亚在独立之初共设有四个政府：一个联邦政府和三个省政府。昔兰尼加与的黎波里省雇用的公务员人数比联邦政府还多，联邦政府与省政府之间以及三个省政府之间的联系很少，使得联邦政府对国家的管控只停留在制度层面，而没有实际的执行力。三地各自为政，相互间缺乏协调，甚至时而爆发冲突，这从客观上强化了民众的地区认同，而弱化了国家统一意识。1963年，利比亚取消联邦制，改为实行君主立宪制的单一制国家，废除了联邦政府的省级行政部门，将权力统一集中在中央政府的手中，其目的在于推进国家的完全统一，加强凝聚力。利比亚向集权制国家的转型本应使国家治理的绩效大为改观，但此后国家重要事件的决策权仍掌控在统治家族和由一小部分宫廷随从人员组成的小集团手中。政府公务员的挑选与提拔多依赖于出身背景及其与王室的关系，这必然招致的黎波里塔尼亚和费赞地区部落的不满情绪高涨，部落离心加剧。

这一时期内，由于中央政府在国家治理方面的作为并不显著，在利比亚民众看来，政权的合法性主要是基于家族地位、财富以及宗教虔诚的象征意义。统治者为便于统治将国家行政单元的边界设置为部落范围的界限。这种治理体系免于受到来自基层部落的挑战，但从客观上加强了民众的部落意识，不利于国家统一意识的构建。总之，利比亚王朝时期，民众的部

---

① 王浦劬：《政治学基础》，北京大学出版社，2005，第23页。

落意识依然重于国家统一意识。

三 国家与部落的关系没有明显改变

利比亚独立前，三个地区分别拥有各自独特的文化和特征，甚至一个地区的不同部落也自成一体。对于独立之初的利比亚而言，民族国家构建的核心任务是增强民众的统一意识，使国家具有民族的内核。诚如霍布斯鲍姆所言："一般而言，每一个民族国家都得在其实际建造过程中解决一项理论难题——如何把一块既不是岛屿，也不是半岛，也无法在地理上自成一个单位的地表碎片提升成具有政治意义的国家，最终成为人民的父祖之国。任何民族都必须在这种与民族显然无关的地理基础上，建造起团结共荣的一体感。"①

民众深重的部落意识使得利比亚在构建民族意识问题上先天不足，只有通过国家整合才能调和部落关系，从而构建重于部落意识的民族国家意识。国家整合就是要创造一种领土范围内的国家意识，通过政治手段，利用共同的经济纽带将全国人民联系起来，打破彼此的身份差别，使人们共同认同国家，成为国家的子民，将国内各族构建为富有凝聚力的民族。同时，通过整合各族文化，发展国家文化，形成统一的国民义化。通过这种富有凝聚力的现代民族和国民文化的成长，为国家提供一种举国一致、全民共识的国民文化价值体系或国家精神纽带，一种能维系年轻国家之团结、稳定、统一的国家观念和国民情感，并以此来消弭、克服国内各部族、各地区间的相互隔膜和封闭，消除由于这种隔膜和封闭引发的部族矛盾或地区冲突，使国家从"沙聚之邦"转变为"内聚向心之国"，实现"一个国家、一个民族、一种文化"的发展目标。②

---

① 〔英〕埃里克·霍布斯鲍姆：《民族与民族主义》，李金梅译，上海世纪出版集团，2006，第88页。
② 刘鸿武等：《从部族社会到民族国家：尼日利亚发展史纲》，云南大学出版社，2000，第3页。

像利比亚这样一个人为建立的国家，政府或所称的国家机构在民族国家的构建中具有非同寻常的作用。它们是主导者、决策者和执行者，肩负着实现民族一体化、培养共同的民族意识、塑造同质的国民文化、构建国家共同体的重任。诚如刘鸿武先生所言："非洲模式基本上是先宣布国家成立，政府建立，然后依靠政府的力量，借助国家和政府机构有组织的政治权力来推动民族一体化进程，为这个新国家的存在、稳定与发展寻求必要的文化纽带、国民意识和社会经济基础。于是，政府权力与国家机构在当代非洲被赋予了多重而复杂的政治、经济、文化职能。政治或政府成为一国独立之初最可凭借的'发展资源'，而社会的、民族的、文化的资源却相对不足或功能很弱。"[1] 利比亚王朝时期在国家整合方面未取得实质性进展，部落间的关系、部落与国家的关系未有明显改变。

第二节　利比亚王朝时期的部落因素

利比亚联合王国成立后，其社会成分十分复杂，众多的部落和教派分别联系着有不同利益诉求的民众。历史背景和发展水平不同的地区之间又存在明显的矛盾。整个 20 世纪 50 年代，利比亚政府十分贫穷、孱弱。伊德里斯国王的统治并未打破利比亚根深蒂固的部落政治界限，其着力经营以班加西为中心的昔兰尼加地区，结果东部部落主导着国家的政治生活，西部部落的政治参与要求受到压制。利比亚王朝时期，部落依然是政治社会的基本单元和主要影响力量。

---

① 刘鸿武：《撒哈拉以南非洲民族国家统一构建进程》，《西亚非洲》2002 年第 2 期，第 18 页。

一 王朝统治时期的部落统治和部落关系

历史学家约翰·怀特准确地捕捉了利比亚发展中的专制制度本质："在当时，对于利比亚民众整体来说，还没有理由信任独立后的新政府，也没有机会来理解他们的政策。尽管利比亚独立是在联合国悉心安排下，通过一个令人满意的、安定的宪政协议完成的，但利比亚王国从一开始就只不过是一种由一群家族、部落与商业利益集团进行温和专制管理的寡头政治。"① 伊德里斯国王依赖部落统治，实施偏颇的部落政策，扶植部落支持力量，打压潜在敌对部落，未能使民众增强国家统一意识。

（一）伊德里斯国王的部落统治

在王室内部，伊德里斯国王统治利比亚的方式被称为"政权的宫廷制度"②，其所依赖的基础既有宗教力量又有世俗力量。其中世俗力量主要指部落的支持，后者的命运与君主制政权紧密联系在一起。政治权威的运行主要由地方贵族与部落领导人主导，他们成为国家首脑与部落派系之间联系的桥梁与纽带。在宗教力量上，作为萨努西教团的首领，伊德里斯对宗教的合法性有强烈的诉求。王室家族作为先知穆罕默德部落的后裔拥有很高的宗教地位。在昔兰尼加，王室统治集团通过其控制下的宗教学校实现行政管理的目的。在的黎波里塔尼亚和费赞地区，地方部落并不是萨努西教团的成员，但绝大多数人同意本地区作为一个地方机构忠诚于统一的国家。

除了依赖部落和宗教的力量维护统治外，伊德里斯国王对国家的治理

① John Wright, *Libya：A Modern History*, Baltimore, MD：John Hopkins University Press, 1982, p. 89.
② Hisham B. Sharabi, *National and Revolution in the Arab World*, Princton, NJ：D. Van Nostrand Company, 1965, p. 48.

始终是消极的。由于担心政治反对派的出现，伊德里斯自统治第二年起禁止组建党派，党派组织作为跨越部落界限的组织，是将不同部落联结在一起的因素。禁党制的结果必然加剧民众对部落归属的认同和依赖。此外，伊德里斯也不允许报纸发表不同意见，并于同年修改宪法，加强了中央政府的权力，削减了各省的自治权力。上述做法的实质是加强支持他的部落的权力，打压潜在的敌对部落。可以说，依赖部落统治、实行偏颇的部落政策是伊德里斯国王的主要统治方式。

利比亚在王朝时期的政治都是由东部的部落主导。伊德里斯国王支持自己的部落，从经济、政治等各方面扶植这些部落。这一点在利比亚丰富的石油能源被开发后更加凸显。利比亚的石油勘探始于 1955 年，在 1959 年勘探出商业上的可行性油田。此后，利比亚的石油产量与由此带来的收入均快速增长。在石油收入分配的问题上，伊德里斯国王的做法有失公允，偏向昔兰尼加地区的部落而忽视另两个地区部落的利益。石油财富的增长使得利比亚年人均收入从 1951 年的 35 美元增加到 1967 年的 1000 美元。[①]但事实上，利比亚的石油财富从来就没有按人头平均分配。到 1967 年，利比亚大多数人仍在为生存而奋斗。巨额的石油财富都流入昔兰尼加地区有影响的部落领导人和统治家族成员手中。

政治上，萨努西家族和王室"迪万"成员控制着国家行政与官僚机构，他们利用职权大肆行贿受贿。国家政权委任官员不以治国能力为标准，而是依据部落归属，只将权力委托给王室内部或支持王室的家族部落，并通过政治联姻巩固他们的经济与政治地位。这种官僚体制将庞大的民众群体定位为无能为力的旁观者，将之疏离于政治系统之外，必然导致民众对统治者的不满逐渐增强。由于部落元素构成政治领导地位的核心层面，当时

---

①　Benjamin Howard Higgins, *The Economic and Social Development of Libya*, New York：United National Technical Assistance Programme, 1953, p.56.

许多利比亚人得出如下结论：一小撮家族部落控制并决定利比亚联合王国的命运。

（二）王朝时期的部落关系

伊德里斯国王统治下的利比亚社会成为家族、部落与宗教力量角逐的舞台，族属与派系构成的关系网成为政治、经济等各方面博弈中的组织结构单元。由于国王偏袒东部地区的部落，忽视另两个地区，东部部落因此迅速发展和扩势，甚至欺压和蔑视另两个地区的部落，尤其是小部落。后来领导推翻利比亚王朝的穆阿迈尔·卡扎菲出身的卡达法部落本是位于西南部城市盖尔扬的小部落，在这个时期内遭东部大部落萨阿迪部落驱逐至锡尔特沙漠的贫瘠地带。这个经历使卡达法部落民众怀恨在心，为卡扎菲日后发动政变埋下种子。

关于这一时期的部落关系以及民众的不满情绪，在20世纪60年代利比亚文学作品中有所体现。如1967年"六月战争"中阿拉伯人被击败前夕，利比亚作家艾哈迈德·法格海的文学作品中曾写道："面对新生的现代化、文化同化，应该利用强烈的地方认同感唤醒民众抵制西方商业与消费社会价值观的入侵。……民众中日益流行着以下观点：新财富应该是所有民众的共同财富。但现在这些财富却被权势集团和统治部落所控制，他们与民众的渴望与抱负格格不入。"[1]

总之，伊德里斯国王一方面没能将全体国民融入一个统一的政治、经济、文化共同体当中，另一方面又在各地区、各部落之间实行不平等的发展策略，由此导致国内地区间、部落间矛盾突出，民众的部落和地区意识强烈，国家统一意识淡薄。

二 伊斯兰国家构建中的部落难题

由于利比亚民众的部落意识大于国家统一意识这一现实国情，尽管建

---

① 徐菁菁：《卡扎菲的权力之路》，《三联生活周刊》2011年9月13日。

立民族国家的愿望和理想为绝大多数民众所认同，但为实现这个理想所面临和需要解决的各种具体问题是非常艰难而复杂的。在建立民族国家的进程中，部落利益与国家利益间的关系是复杂的：时而一致重合，时而矛盾对立，由此带来民众的部落意识与国家意识之间也处于相应的复杂状态。因此，利比亚王朝时期构建民族国家的主观愿望和努力与族体和文化的多元并存这一社会现实成为国家政治发展的一对基本矛盾。

所谓国家民族建构，是指承认国家内存在多个民族和不同文化的事实，致力于建设一个统一的现代民族即国家民族的过程。它包括政治经济的一体化以及民族文化的一体化、国民性格的培养、国民心理的孕育等方面。[①]在利比亚，民族国家建构主要是通过整合部落和统一部落意识来完成的。换言之，调和部落关系、统一国家意识是利比亚的伊斯兰国家建构的重点和难题。

（一）国家建构理论

当代非洲的四位著名学者——基·泽博、马兹鲁伊、翁吉和博亨在他们撰写的《关于非洲民族构建》的相关章节中有如下阐述：在民族构建的过程中，生活在一个国家的不同文化和族体在处理相互关系时须经历六个层次或阶段，它们是共处（Co-existence）、接触（Contact）、竞争（Competition）、征服（Conquest）、妥协（Compromise）、聚合（Coalescence）。由于在英文中这6个单词均以字母C开头，故学者将这种理论称为"6C理论"。可以说，6C理论是对一国国内各种文化和不同地方族体关系的最好概括。[②]

第一个也是最基本的层次是共处。这种关系的主要特征是一个国家存

---

① 宁骚：《民族与国家：民族关系与民族政策的国际比较》，北京大学出版社，1995，第377页。

② Ali A. Mazrui, ed., *General History of African History Ⅷ*, *Africa since 1935*, Oxford：Heinemann, 1993, p. 497.

在两个或两个以上的文化与族体互不了解，相互持保守态度进行接触和了解。在共处的环境下，各方都有自己的传统价值观和趋向保守的思维范式，有自己的生活习俗，并乐于保持这种本土的文化和传统。这种互不了解有多种原因，对于利比亚，是受地理条件和不稳定统治所限而缺乏接触。

第二个层次是接触。不同文化或族体开始通过各种方式进行接触，这种接触包含从物质生活到精神生活的多种内容，如贸易交往、共同工作或学习、参加同一政党等。他们在接触的过程中相互交流，相互了解，相互补充，以促进相互的接受和融合。概言之，族际间的交流可引发诸多良性互动。

第三个层次为竞争。一个国家的族际间在自然资源的分布与经济资源的再分配过程中是不可能完全平等的。这种再分配与政治权力有密切的关系。从理论上看，国家独立为各个民族进入社会各种领域提供了平等的机会，但由于殖民政策遗留的问题，各民族的机会在实际上并不平等。这样，对资源、权力或机会的竞争不可避免。值得注意的是，①这种竞争往往带有过渡性，很快就会得出结果；②由于各种新的机会和各种因素不断出现，这也将是一个持续不断的过程；③这种竞争不仅要从文化或族体的角度来解释，也不应忽略不同阶级或集团的需要。

第四个层次是征服。在激烈的竞争中，某种文化或族体在意识形态之争中占据优势时便会出现这种情况。一种思想可能比其他思想更有影响力，一种价值系统在对资源、权力和机会的分配过程中占据更为有利的地位。当某一个地方势力在整体上占据优势时，其所属成员的机会就比处于劣势的势力更大。居于优势的民族或部落在各种竞争甚至政治斗争中易于占据统治地位，在这种情况下，各种特权可能产生，裙带关系和腐败现象可能盛行，从而出现某种程度的政治霸权和个人专制，多元化随之消失。在"征服"过程中，同一个集团中各成员由于社会地位和财富的不平等同样存在机会上的不平等。

第五个层次是妥协。征服的状态不可能持久，往往会引起反抗，达到新的平衡的途径是各种不同族体、文化或意识形态之间的妥协。被征服意味着失去权力、资源和机会。被征服者往往以各种方式进行反抗，以保持现有权力或夺回失去的权力，甚至不惜以"分离"为代价。在一个相对稳定的国度里，因民族冲突而引发的任何形式的反抗和斗争都是一种两败俱伤的结局。不同的意识形态、政治理念、文化传统在斗争中逐渐发现一种双方（或多方）均可接受的方式，族际关系乃至各种社会伙伴关系达到一种新的平衡。在这种情况下，新的多元体系取代了征服带来的专制，个人主义可以与集体主义并存，民族主义可以与多元文化并存。

第六个层次是聚合。文化与民族的融合不仅是一种理想的结果，也是一个不断进行的过程。经过妥协达到的平衡使各种文化和不同民族有机会重新审视其他文化或其他民族。由于相互交流和相互妥协，各种意识形态与价值观念在互相吸收的过程中趋于一种新的"非他非我"的意识形态和价值观念。在这种情况下，新的思想和价值观往往以一种更为宽阔的容量和空间及更大的认同感来容纳不同观点。"那种扩大的认同感"可能将成为民族意识。族体性与民族意识融为一体，便可能生成一种民族意识形态。

（二）利比亚国家建构过程

利比亚国家独立是多种因素共同作用的结果：既是利比亚人民长期斗争的结果，又是殖民宗主国政策演变的结果。独立后的国家既有利比亚传统政治的成分，也包含殖民主义遗产。虽然意大利的殖民统治未对其原有的政治地理造成重大破坏，使其独立后形成的国家中绝大部分居民在语言和文化方面同一或比较接近，宗教信仰基本相同，但西方大国按照自身意愿而非非洲国家的客观国情划分殖民地国家的边界，依然给利比亚与一些邻国间留下了领土争端及跨界部落问题。利比亚三地间自古存在较大差异，独立后利比亚的民族一体化经历了十分复杂且艰难的过程。

1940 年底至 1941 年初，驻扎在利比亚的意大利军队被英军击败。1943 年，第二次世界大战中的北非战役结束，战败国意大利对利比亚的殖民统治随之告终。此时，英国占领昔兰尼加和的黎波里塔尼亚，法国控制费赞。自此，利比亚成为大国对抗角逐的舞台，其生存高度依赖大国的支持，这种情况一直持续了许多年。最终，利比亚问题被移交至联合国大会，这对利比亚的未来产生了决定性影响。1949 年 11 月 21 日，联合国大会通过决议，同意利比亚在不迟于 1952 年 1 月 1 日前成为一个具有独立主权的国家。[①]

1951 年 12 月 24 日，利比亚宣告独立，成立由伊德里斯一世任国王的利比亚联合王国。根据宪法规定，利比亚联合王国是由的黎波里塔尼亚、昔兰尼加和费赞三个具有半自治地位的省组成的联邦制国家。三地开始了在统一国家内的共处和接触。民族国家建构追求的是维护民族国家的主权和领土完整，并实现经济统一、文化同一和政治集权。利比亚获得独立之初只是政治上的独立，还没有实现民族融合，仍然是各自为政的部落群体。

利比亚三地自独立起就要求拥有更多的权力，中央政府则竭力加强自己的权力与地位，三地间的竞争不可避免。在这种情况下，宪法未对各省的权利和义务做出明确的规定，为日后中央政权同三个省之间的权力争斗留下了空间。独立后第二年，伊德里斯国王就对宪法进行修改，削减了省的自治权力，开始了征服进程。1963 年，利比亚取消联邦制，改国名为利比亚王国，成为实行君主立宪制的单一制国家。改变国家结构的目的在于推进国家的完全统一。自此，三地在妥协中聚合为一体。此时的利比亚有了更加独立和统一的"外衣"，但内在凝聚力仍然不强。

---

① Majid Khadduri, *Modern Libya: A Study in Political Development*, Baltimore, MD: The Johns Hopkins Press, 1963, pp. 28 – 52.

（三）利比亚国家认同构建中的部落弊端

在世界历史的进程中，现代国家的建立往往是以资本主义经济、统一的政治体系和民族文化的一体化为先导。近代资本主义经济的兴起与全国市场的建立为现代国家创造了物质条件，统一的政治体系（包括政体、国体、政权和边界等）使现代国家有一个躯体，民族文化的一体化为现代国家提供了一种精神。[①] 但利比亚国家的形成有所不同，它是殖民统治的催生物；其国家的产生虽然也有传统政治的成分，但殖民主义遗产是主要因素。换言之，利比亚的现代国家是在缺乏现代经济政治体制和民族文化的母体的基础上由殖民统治这一"助产婆"催生的"早产儿"。当国家独立已成现实，利比亚领导人只能运用国家政权的力量来加速实现民族文化的一体化，即国家的民族认同构建，但这一过程中却屡屡受到存在已久的部落体制和部落意识的挑战。

1. 利比亚民族认同构建的主导思想与部落因素

民族认同构建需要通过国家的力量来整合地域文化，创造一种共同的文化特征。利比亚独立之初存在两种实现民族认同整合的政治资源：昔兰尼加的伊斯兰主义和的黎波里塔尼亚的世俗民族主义。[②] 伊德里斯国王将伊斯兰主义作为国家的主导思想与意识形态，以此构建民族认同。由于家族和部落认同在独立后的利比亚仍然占据着主导地位，民众的国家认同感依然淡薄，传统的伊斯兰主义在利比亚民族认同的构建中必然与部落因素相结合，具体表现为：一方面，利比亚的伊斯兰主义具有明显的地域性特征，整体社会动员能力较弱，其影响力仅限于利比亚东部地区。另一方面，利

---

① 李安山：《非洲民族主义研究》，中国国际广播出版社，2004，第290页。
② Jacques Rounmani, "From Republic to Jamahiriya: Libya's Search for Political Community," *The Middle East Journal*, Vol. 37, No. 2, 1983, p. 159.

比亚的伊斯兰主义与其家族和部落认同兼容，并不是一种打破狭隘认同观的革命性力量，无法在全国范围内实现社会动员，从而构建一种独特的民族性认同。

2. 伊德里斯国王部落意识的影响

在绝大多数国家，总统（或其他形式的国家最高领导人）的权力在国家建构中具有决定性作用。他们所选择的国家发展道路以法律的形式确定为政府的官方意识形态，以此统一民众的思想，推动国家的政治经济建设，促进民族的一体化。但伊德里斯国王在利比亚并非如此。他作为利比亚独立后的第一任国家领导人，并不是具有崇高威望的民族主义领袖。利比亚的独立也不是他带领全体国民同殖民统治者抗争的成果。他只关心昔兰尼加的利益，而对另两个地区漠不关心，不足以代表整个国家。利比亚独立之时，伊德里斯国王没能提出一个综合全面的意识形态来规范多元化的民众。整个王朝时期，利比亚没能实现国家的统一意识形态创制，民众的统一国家归属感未明显增强。

伊德里斯国王缺乏民族认同构建的自觉性，仅认同狭隘的部落和宗教共同体，对国家民族缺乏感情。他曾多次表示对的黎波里塔尼亚和费赞并无兴趣，只想当昔兰尼加的埃米尔。[①] 他并没有着力构建利比亚的民族性，而是沉迷于宗教典籍之中。伊德里斯国王以部落意识治国是利比亚国家建构中的阻滞因素。

3. 利比亚宪法中的部落缺陷

利比亚在独立之初即制定了宪法，作为国家民族构建的法律保证。宪

---

① Henry Serrano Villard, *Libya: The New Arab Kingdom of North Africa*, Ithaca, NY: Cornell University Press, 1956, p. 9.

法的作用是恰当处理国内各族体、文化间的不平等关系，实现国家民族的整合；确立国家领导人和地方首领的政治权力；加强地方行政改革，以促进国家与地方的关系；确立政党的组建、竞选和行为规范等。① 利比亚的法律渊源包括正式和非正式渊源两类，根据利比亚民法典第 1 条，利比亚法律的正式渊源是成文立法条款，伊斯兰法的原则、习惯，以及自然法的原则和衡平法规则。不具有约束力的非正式渊源指的是由知名法学家和学者提出的思想和意见所形成的学说，以及法院的判例。② 此后，国王于 1952 年和 1963 年对宪法做了两次修订。

利比亚的宪法在制定之初对中央与地方权力的规定不明确，为三地争权埋下隐患。1952 年对宪法的重新修订，加强了中央权力，为 1963 年对宪法重新修订，改制为单一制国家打下基础。但无论是最初的宪法，还是修订后的版本，都没有对利比亚现存部落体制做出明确说明，国家建构过程始终受到部落因素的困扰。

4. 利比亚王朝权力分配中的部落弊端

利比亚王朝时期的政治制度主要包括由国王、内阁、两院制议会组成的联邦政府，以及由地方内阁和地方议会组成的省政府。首相由各省代表轮流担任。国王除了有行政权和立法权之外，还有权任命内阁和省级最高行政官员。③

王朝时期的利比亚缺乏训练有素的技术人员、经验丰富的行政管理人员以及能够掌握现代政府管理艺术的、有知识的政治精英。伊德里斯政权

---

① 〔美〕凯斯·R. 孙斯坦：《设计民主：论宪法的作用》，金朝武、刘会春译，法律出版社，2006，第 34 页。

② Hisham B. Sharabi, *Nationalism and Revolution in the Arab World*, Princeton, NJ: D. Van Nostrand Company, 1965, p. 48.

③ Majid Khadduri, *Modern Libya: A Study in Political Development*, Baltimore, MD: The Johns Hopkins Press, 1963, p. 218.

任人唯亲、部落家族裙带关系、行贿受贿以及贪污腐败现象层出不穷。这些都削弱了君主制政权力和推动利比亚经济与社会基础建设的力度，可以看出利比亚国家建构的权力分配中也不可避免地受到部落因素的影响。

小　结

利比亚在王朝时期实现了国家政治制度的初步创设和进一步完善，在这一过程中，利比亚的国家建构和民族构建分别表现出"部落化"和"伊斯兰化"的特征，但两者间也存在错位的现象。就前者而言，王朝时期的利比亚虽然在一定程度上实现了国家和社会关系的重构和威权主义的构建，却是以打破其国内的部落力量平衡为代价，造成了国家和社会关系的紧张①。就后者而言，传统的伊斯兰主义存在内在缺陷，伊德里斯国王也并未积极地利用伊斯兰主义进行民族构建，从而造成了民族构建滞后，进而导致国家构建在打破原有的地区间平等、自由和自治等传统政治原则的同时并没有整合出新的政治认同。

利比亚的君主制政权一直较为软弱，存在时间不足十八年。其间，民众尽管对政府的一些决策持不同意见，但并没有实施反抗。又由于政党遭禁止，民众缺乏以集体方式表达不同意见的途径，君主制政权得以在短时间内控制权力资源。然而，利比亚碎裂化的社会现实，经济的迅速变革促使其社会结构剧烈变化，而君主制政权不能够也不愿意适应社会经济与政治变化的要求，因此必然被先进的、与时俱进的新政权取代。

---

① Philip Shukry Khoury, Joseph Kostiner, *Tribes and State Formation in the Middle East*, University of California Press, 1990, p. 297.

第四章　卡扎菲执政时期的部落因素

1969 年 9 月 1 日，卡扎菲领导的"自由军官组织"发动政变推翻伊德里斯王朝，在利比亚实现了阿拉伯民族主义对于伊斯兰主义的超越。尽管该组织绝大部分成员来自利比亚中西部地区的部落，但他们希望通过对整个民族国家的改造在利比亚实现阿拉伯民族主义所提倡的自由、平等、公正和阿拉伯统一等政治理想。卡扎菲本人更是希望在利比亚建立起全民对国家的忠诚，但当他的多种尝试都归于失败后，他意识到部落统治方式更有利于其维持统治，因此重回部落统治。卡扎菲的儿子曾说过，"利比亚是一个部落国家"。① 这句话颇能说明利比亚的政治状况。部落政治是利比亚一个特殊的政治现象，这一点在卡扎菲执政时期得到强化。卡扎菲执政利比亚时，尤其在其执政后期，很大程度上依赖部落，实行部落式管理。偏颇的部落政策和做法必然受到抗议，导致其政权最终被颠覆。

第一节　卡扎菲执政时期利比亚的社会形态

"九一"革命后，利比亚社会将采取何种形态是卡扎菲及全体利比亚民众最关注的问题。伊德里斯王朝时期痛苦的经历使卡扎菲在执政之初就认

---

① 《部落式政治左右利比亚局势　酋长式管理随意性强》，http：//www. jiaodong. net，2011 年 3 月 20 日。

识到部族冲突不仅影响到国家的发展与人民的生活，也对其所追求的社会秩序和民主政治造成威胁。国家强盛需要统一的民族，民族构建被卡扎菲视为重要任务。民族主义与现代化是近代以来并行发展的两大思潮，二者对人类历史和国际体系的巨大塑造作用是其他任何历史力量所不能比拟的。卡扎菲执政利比亚后其现代化进程经历了一系列曲折和艰险，在不同阶段实行不同性质的民族主义。

一 革命民族主义与革命初的社会形态（1969~1976）

卡扎菲执政后开始利用"革命民族主义"这一独具特色的阿拉伯民族主义来改造利比亚民族国家。他的这种选择既是依据当时利比亚的社会现状做出的判断，也是追随时任埃及总统纳赛尔思想的结果。

（一）利比亚的革命民族主义

1. 产生背景

利比亚革命民族主义产生的历史背景包括以下几点：①作为"人造国家"的利比亚，三个地区（的黎波里塔尼亚、昔兰尼加和费赞）间的政治认同性不强，即现代性的凝聚力不强。伊德里斯王朝时期，统治者将利比亚的主要财富都拨给了昔兰尼加地区的大部落，对另两个地区投入极少，这种政策进一步加剧了部落间的离心倾向。②石油财富并没有在广大民众中实现利益均沾，反而使得社会贫富分化，特别是一批政府官员因与统治家族千丝万缕的联系而一夜暴富，招致民众不满。③利比亚王朝时期的消极统治在利比亚社会转型时期成为现代化的阻碍因素。④当时利比亚的能源财富和地缘优势都引起西方大国的觊觎。

亚里士多德曾说过："君权范围越小，君主权威延续的时间越长。"[1] 伊

---

[1] 〔美〕塞缪尔·亨廷顿：《变动社会的政治秩序》，周琪译，上海译文出版社，1989，第195页。

德里斯国王从上台之初就将其君权仅限定在国家的东部地区，对另两个地区几乎不管不问。但当他面对激荡澎湃的民族主义和现代化激流时他并没有调整战略，而是试图强行扩大君主权威。他亲西方的政策又与阿拉伯民族主义主导的伊斯兰世界的意识形态背道而驰。英国学者弗哈利迪认为，革命是一些落后国家的另一种现代化选择。[①] 在这样的国内背景下，卡扎菲受到当时中东多国风起云涌般的以革命方式争取民族独立的浪潮的影响，因此其执政后，试图用"革命民族主义"改造并治理国家。

2. 主要特点

革命民族主义是塑造利比亚民族国家的一种极具影响力的政治力量，使利比亚实现了真正的独立。主要有如下特点。

（1）形成于"分裂型"的现代化。这种现代化一般是在专制政权崩溃后发展起来的，得益于寡头或专制政权失去了控制现代化进程的能力。伊德里斯王朝时期，利比亚社会实质上处于国王及其所属家族部落的专制统治下，整体内聚力孱弱。卡扎菲领导的"自由军官组织"发动政变，推翻了君主制政权，国家的分裂特性显现出来。

（2）以反抗前政权为新政权的基础。新政权的成员形成了倾向于现代化并较有内聚力的精英团体，他们一旦占据优势，就会强制性地推行自己的制度模式与变迁取向。伊德里斯国王统治时期，利比亚中西部和南部地区的发展受到压制，民众因遭受不公平待遇而对国王的统治严重不满。来自中西部地区的卡扎菲和他的自由军官同伴们构成新国家的精英群体，在夺取政权后他们用所持有的观念和意识重塑国家。

（3）现代化的精英群体具有更强的内倾性和较弱的外向性。在意识形态和价值观领域，民族主义精英的目标在于构建一种具有弹性结构的象征

---

① 〔英〕弗哈利迪：《革命与世界政治》，张帆译，世界知识出版社，2006，第25页。

与集体认同，即建立广泛而统一的行政机构和占支配地位的中央官僚组织约束与容纳各层次的意志与利益。卡扎菲执政之初，致力于阿拉伯伊斯兰世界的团结，对一些西方国家怀有敌意，并在国内建立起一种包含每个地区及全体民众的全新的政治体制。

（二）革命初期的社会形态

"九一"革命成功后，卡扎菲主张在利比亚建立一个尊重和实现阿拉伯统一的革命性的社会主义和伊斯兰社会。他首先宣布成立由12人组成的革命指挥委员会，又于同年12月公布了具有临时宪法性质的《宪法性宣言》，其中明确规定：革命指挥委员会的职能是制定国家的总政策、维护国家安全、批准条约、颁布法律、选择政府组成人员。革命指挥委员会成为实际上掌握利比亚国家最高权力的机关。担任革命指挥委员会主席并兼任武装力量总司令的卡扎菲也就成了国家最高领导人。

政治上，卡扎菲通过以下方式加强了对政府的控制：摧毁君主制度下的社会制度和政治制度，取消一些大部落过去曾拥有的行政特权；对原有的官僚机构和军队重组或"革命化"，并另行建立起以革命指挥委员会为核心的"革命的"机构，以动员全社会的力量，同时保证他个人的安全和行使权力。革命指挥委员会成立后不久，其成员就在新国家的性质、类型以及建国道路等重大问题上产生严重的意见分歧，并分裂成两派。卡扎菲所代表的一派认为，革命的首要目标是实现阿拉伯的统一，即严格追随纳赛尔的思想；另一派则强调实现国家的现代化和建立民主制度。二者之间的一些观点是完全对立的。1969年12月，卡扎菲粉碎了一起不同政见者试图推翻他统治的政治阴谋，这为他扫除政治上的对手提供了机会，也使他感到必须进一步加强他的个人权力才能实现他的革命理想。20世纪70年代以后，卡扎菲通过参与多方面的活动逐步树立起他作为新政权核心人物的权威，他在革命指挥委员会的地位逐渐提高，主张维护政治制度民主化原则的势力遭到削弱。

经济上，卡扎菲推行国有化政策，强化国家在经济发展和收入分配中的地位和作用。卡扎菲认为，私有经济存在雇佣关系和剥削以及贫富分化，但社会主义制度不存在这些问题。[①] 因此，他采取经济国有化政策：利比亚的制造业、零售业、进出口贸易、金融业都被国有化；外国石油公司被收归国有，意大利移民和犹太人的土地被没收，制订新的经济发展计划；私有制被完全消灭，国家控制了整个经济部门。同时，政府加大了对住房、医疗、教育和社会保障等公共领域的支持力度，提高工人的最低工资，赠予农民土地，为农民提供住房和农具补贴等。伊德里斯王朝时期严重的贫富分化问题得以缓解，利比亚民众的生活水平大幅提高。据统计，1969 年，利比亚人均年收入为 2200 美元，1979 年猛增至 1 万美元。[②] 政府规定，利比亚公民都可获得免费医疗和教育，拥有自己的汽车和住房。[③]

意识形态方面，卡扎菲政府削弱伊斯兰主义势力的地位，加强国家对宗教的控制。伊德里斯王朝源于萨努西教团，伊斯兰主义势力是其统治的支柱力量。卡扎菲着力铲除王朝的残余势力，加强对宗教的控制，如削弱圣训的地位，提倡创制，将宗教地产收归国有，解除乌莱玛（伊斯兰教的宗教学者）解释伊斯兰教的权力，认为个体可以和真主直接对话等。[④] 乌莱玛在教育、司法和经济方面的特权被剥夺殆尽，支持伊德里斯王朝的宗教势力遭到镇压。这些举措使国家成功地控制了宗教。此外，卡扎菲还用伊斯兰教解释革命民族主义，认为利比亚的革命民族主义是"伊斯兰教、社

---

① 〔利〕穆阿迈尔·卡扎菲：《绿皮书》，世界知识出版社，1996，第 63 页。

② Dirk Vandewalle, *A History of Modern Libya*, New York: Cambridge University Press, 2006, p. 192.

③ Saskia van Genugten, "Libya after Gadhafi," *Survival*, 53 (3), 2011, p. 64.

④ Lisa Anderson, "Religious and State in Libya: The Politics of Identity," *Annals of the American Academy of Political and Social Science*, 483, 1986, pp. 69 – 71.

会主义和自由三者的统一",但这并没有改变利比亚世俗国家的特征。[①]

民族认同构建方面,卡扎菲自上台之初就不遗余力地推动阿拉伯民族的统一,先后与埃及、突尼斯、阿尔及利亚、苏丹等国签订合并协议,并一度将国旗改为象征阿拉伯统一的红白黑三色横条旗。随着20世纪70年代末阿拉伯世界的分裂,泛阿拉伯主义日薄西山,卡扎菲的阿拉伯统一理想最终没有实现。

二 民众国形态与超越民族主义(1977~2011)

卡扎菲的阿拉伯统一理想遭到挫败后,其将关注的焦点回归至利比亚国内,将革命形态与国内的具体情况相结合,创制出利比亚的"人民革命"理论。在此基础上,卡扎菲经过多年的具体实践,在利比亚创立了民众国体制,从此利比亚进入"民众国"时代。

(一)利比亚的民众国形态

1. 民众国体制的酝酿过程

卡扎菲为了进一步动员群众实现他的"人民革命"理想,在20世纪70年代初效仿纳赛尔的做法在利比亚组建了阿拉伯社会主义联盟,进行制度创新的尝试。[②] 但是,卡扎菲这一革命理想并没有被群众广泛接受,他也没能组建起一支用他的理论武装起来的干部队伍,致使该联盟不能充分发挥作用,并于1975年解散。

与此同时,卡扎菲又根据"人民革命"理论建立起人民大会和人民委员会,成为其扩大个人权力过程中的重要步骤,也为此后实行民众国制度

[①] John Davis, *Libya Politics: Tribe and Revolution: An Account of Zuwaya and Their Government*, University of California Press, 1987, p. 44.

[②] Dirk Vandewalle, *Libya since Independence: Oil and State - Building*, Ithaca, NY: Cornell University Press, 1998, p. 72.

做铺垫。卡扎菲的理想是由群众直接掌握和行使权力，而不是通过代议机构之类的中介。事实上，卡扎菲因感到在政治上受到挑战而选择了强化自己的地位和同过去支持他的知识分子和民族资产阶级决裂的道路。此后，利比亚中央集权的进程明显加快。

1973 年，利比亚颁布关于由人民委员会行使行政权的法律。其中规定：在全国各地区都由人民委员会行使革命的行政权；由人民委员会内的各级领导担任国家行政部门的各级行政首长；在公有企业内部，由人民委员会行使管理委员会的职权。① 这次改革是卡扎菲决心进一步调动国家机构的力量来实施其革命纲领，进一步排斥政府机关中反对者的重要步骤。

2. 民众国时代的主要内容和特征

1977 年，卡扎菲发表《人民权力宣言》，宣布利比亚进入"人民直接掌握政权的民众国时代"，并据此对国家的政治体制进行重大改革。传统的政府和议会由各级人民大会和人民委员会取代，总理、部长等各级官员的职务名称也相应改变。利比亚驻国外的外交机构改称"人民办事处"。国名由阿拉伯利比亚共和国改为阿拉伯利比亚人民社会主义民众国。根据卡扎菲的解释，"人民直接行使权力是民众国政治制度的基础"。民众国制度建立后，卡扎菲辞去全部公职，全力从事指导革命和掌控国家机关的活动。自1980 年起，卡扎菲正式被定为"利比亚革命领导人"，1990 年更名为"利比亚最高领袖"。② 直至 2011 年利比亚战争爆发前，利比亚一直处于卡扎菲领导下的民众国形态。

这一时期，利比亚最大的转变，或者说最大的特点就是民族认同构建由泛阿拉伯主义向利比亚民族性转变。卡扎菲将构建利比亚的民族性置于

---

① Omar I. El Fathaly and Monte Palmer, *Political Development and Social Change in Libya*, Lexington, MA: Lexington Books, 1980, p. 72.

② 潘蓓英编著《利比亚》，社会科学文献出版社，2007，第 78~79 页。

优先地位。他认为，共同的起源和共同的命运是民族构建的两个历史基础，民族意识的形成最终要取决于后者。民族认同和民族主义是影响民族国家构建的最重要的因素，而非宗教、军事和经济因素。[①] 在国家机构设置方面，除各级人民大会和人民委员会外，卡扎菲还在各级政权、军队、工厂和学校中建立革命委员会，负责动员民众参与政治、巩固国家政权、监督各级政权等，并对他们实行垂直管理和直接领导，不同的革命委员会之间无隶属关系。[②] 利比亚"行政权"和"革命权"由此分离，这大大加强了卡扎菲对国家的控制。

（二）利比亚的超越民族主义

1. 产生背景

卡扎菲夺取政权后，利比亚实现了由君主制向共和制的转变。卡扎菲对利比亚社会进行了自上而下的改造，尤其体现在意识形态方面。但这种改造具有明显的理想化色彩，与其国家现实相脱离，再加上缺乏适宜的内外环境，卡扎菲在利比亚推行的现代化实践大都成为空洞的政治宣传，无法实现既定的发展目标。这一时期，利比亚在国际政治舞台上也陷入备受孤立的窘境。伊拉克战争后，面对复杂多变的国际形势和美国日益强硬的外交政策，利比亚开始由以前挑战国际秩序向附和国际秩序的方向转变。

2. 利比亚民族主义转型的原因

从内在结构看，民族主义主要由三个层面构成：政治权力、社会政治运动和意识形态。与之相对应的民族主义的主要政治功能表现为：政治动

---

① 〔利〕穆阿迈尔·卡扎菲：《绿皮书》，世界知识出版社，1996，第107页。
② Dirk Vandewalle eds. , *Qadhafi's Libya*, *1969 - 1994*, New York: St. Martin's Press, 1995, p. 92.

员、国家整合和文化认同。根据上述观点分析利比亚民族主义转型的原因可做出如下判断。

首先，革命民族主义与政治权力相结合形成的领导人的个人权力使利比亚的发展受到一定程度的局限。卡扎菲执政后确立的个人权威及其专制的统治方式使他在国内外皆受诟病。在国内，他对军队实施恐怖清洗，对商人和社会各阶层进行强制性改造，将越来越多的利比亚人推到他的对立面。在国外，他支持恐怖主义，被西方称为"恐怖集团的老板"①，受到西方大国和国际社会的制裁。在国际社会多年的制裁下，利比亚社会经济发展和民主化进程严重受阻。

其次，革命民族主义不符合国家经济发展的需要。革命民族主义所承担的政治动员和国家整合使命随着利比亚的独立已经基本完成，此后它的任务将转变为推动经济发展，实现富国强民。但利比亚的革命民族主义长期关注在意识形态方面对国家的社会改造，并将其置于政治需要的前提下，而没有给予经济发展问题充分的考量。这一指导思想与利比亚的客观经济形势并不相符，也不能顺应未来经济发展的潮流和路径，造成利比亚的经济发展与政治进程间的矛盾日益凸显，阻碍国家的全面发展。

最后，革命民族主义所包含的文化认同严重滞后于时代潮流。随着时代的变迁，利比亚国内外的环境都发生了重大变化。其革命民族主义由于缺乏系统、稳定且被国民普遍认同的价值体系、社会制度与行为规范而逐渐由一种具有进步意义的革命力量转变为偏狭、落伍的保守政治理念。卡扎菲的政治魅力及革命民族主义的诉求在新一代年轻人中得不到认同，后者思想开放，对利比亚保守的意识形态和社会结构渐生不满。在内外交困的形势下，卡扎菲被迫在反思中寻求新的出路与突破。

---

① Ronald Bruce St John, *Libya and the United States*: *Two Centuries of Strife*, Philadelphia: University of Pennsylvania Press, 2002, p.110.

3. 利比亚超越民族主义的内容

利比亚超越民族主义是一套涵盖政治、经济、外交等全方面的系统工程，主要包括以下内容：①加速对外贸易，吸引外国投资。②经济发展模式从公有化到私有化的转型。③改革派成为利比亚现代化的主导力量。

利比亚社会形态及民族主义类型的转变，从历史发展的大方向来说，是大势所趋；从客观结果来说，使利比亚重新融入国际社会，加速其国内经济发展。但是这一转变与利比亚业已存在的客观国情形成"悖论"，其转变经历了一个曲折迂回的历史进程。

第二节　卡扎菲执政时期的部落影响

卡扎菲 1969 年执政后，将部落制看作与过去君主制相关联的落后制度，试图使利比亚摆脱部落制度。国家的政治统一必须以社会统一为基础，国家只有建立在一个由具有共同意志和归属感的民众所组成的更广大的民族共同体之上才能成为真正的民族国家。因此，执政之初卡扎菲将民族国家建设，即实现民族一体化置于国家政治发展的首要位置。而在利比亚实现民族一体化的首要任务是增强民众的统一国家意识，也就是使国家的居民在任何时间、任何地点和任何情况下都意识到自己首先是国民，然后才是"部落民"。但鉴于利比亚国家构成的复合族体结构，加之其民族共同体发展水平尚处于由部落社会向民族社会过渡的进程中这一客观现实，卡扎菲在强化国家统一意识、淡化部落意识的道路上举步维艰。

此后，卡扎菲逐渐意识到，在利比亚社会中部落的力量异常强大，无法绕过它实现对国家的领导。他遂改变策略，转而开始依靠部落统治，操纵部落系统。卡扎菲"完美演绎"了传统的部落政治轮回，以完全相反的形式延续了旧王朝分而治之的部落政策，将旧王朝的"扶东压西"改变为"扶西压东"，同样埋下了东西部部落冲突的种子。从总体看，卡扎菲执政时期对部落的态度和做法分为两个阶段，分别是"去部落化"阶段和重回部落统治阶段，每个阶段的部落状况随之发生变化。

一　卡扎菲执政前期的"去部落化"

执政之初，卡扎菲将部落制视为落后制度，试图通过逐步削弱部落影响最终实现"去部落化"。他致力于构建一种新的政治认同和分配模式，以使利比亚摆脱民族国家构建所面临的国家与社会（部落）的矛盾[①]，从而克服伊德里斯王朝时期利比亚存在的缺陷，即"部落等级制"和虚弱的民族认同。

（一）卡扎菲"去部落化"的做法

卡扎菲执政初期致力于使利比亚民众淡化部落意识，增强统一国家意识，分别在统治方式和意识形态建设上采取了相关做法。

1. 在国家设置和权力分配方面

利比亚王朝时期，地方行政区划和部落边界重合，部落首领往往成为地方的统治者。卡扎菲执政之初就打破了这种局面，重新划定地方边界，规定每一个地方政府必须下辖不同的部落，负责管理所辖地域并执行中央政府的政策。[②] 在卡扎菲后来创立的政治体制中，权力集中在人民大会和人民委员会，而那些旧时代的政治精英——部落长老的权力则被削弱。原来的地方政府首脑也陆续被清退，取而代之的是那些与卡扎菲具有共同的价

---

① Philip Shukry Khoury, Joseph Kostiner, *Tribes and State Formation in the Middle East*, University of California Press, 1990, p. 300.

② Dirk Vandewalleeds, *Qadhafi's Libya*, *1969 - 1994*, New York: St. Martin's Press, 1995, p. 160.

值取向且与地方部落没有利益联系的受过教育者。在分配制度上，卡扎菲改变了以地域和部落为单位的分配模式，将分配权收归中央政府。① 这些举措在一定程度上打破了"部落等级制"，削弱了部落的影响力，并为利比亚的进一步改革奠定了基础。然而，卡扎菲自身对于"部落意识"也存在矛盾。一方面，他认为"民众因部落意识而削弱了对国家的忠诚"②，因此反对王朝时期奉行的以部落意识为基础的地方民族主义；另一方面，他又承认部落在社会保障和公民教育等方面有积极的作用，并将民族形容为一个大部落。③ 这决定了卡扎菲对部落的打击是不彻底的。

2. 在民族意识构建方面

卡扎菲执政之初，深受阿拉伯民族主义思想的影响，对内反对包括部落归属在内的利比亚旧有的政治、社会结构。他上台仅十天，就宣布建立由与他共同发动革命的 12 名军官组成的革命指挥委员会，其成员的共同点为受过教育且非出身显赫的部落。该委员会将部落领袖视为革命的首要威胁，其第一项工作就是革除原有的精英阶层——多为大部落的首领或亲属的职务。卡扎菲政权将他们视为资产阶级分子和新的社会主义社会的敌人，试图用新的意识形态忠诚取代旧有的部落认同。对外，卡扎菲着眼于整个阿拉伯民族的前途命运，致力于构建以利比亚为中心的阿拉伯民族的统一。直至 20 世纪 70 年代末，阿拉伯世界出现分裂，卡扎菲又将目光重新聚焦于利比亚国内，着力构建利比亚的民族意识。

卡扎菲将利比亚反抗意大利殖民统治的历史作为提升利比亚民族认同的重要资源。1978 年，卡扎菲建立了"利比亚研究中心"，重点研究利比亚

---

① Omar I. El Fathaly, Monte Palmer, *Political Development and Social Change in Libya*, Lexington Books, 1980, p. 58.

② Philip Shukry Khoury, Joseph Kostiner, *Tribes and State Formation in the Middle East*, University of California Press, p. 299.

③ 〔利〕穆阿迈尔·卡扎菲：《绿皮书》，世界知识出版社，1996，第 99 页。

反抗意大利殖民统治的历史，并且以革命民族主义为意识形态重新撰写利比亚的历史，"将利比亚社会描述为一个具有内聚力的、民族主义者的、反帝国主义的政治实体"①。卡扎菲政权还赞扬反抗意大利殖民统治的英雄穆赫塔尔，并筹拍反映后者事迹的历史剧《沙漠雄狮》，以追忆殖民者的残暴统治，激发民族情感。

卡扎菲还废弃了象征阿拉伯统一的原国旗，改为象征"绿色革命"、利比亚的伊斯兰性以及的黎波里塔尼亚地区特性的纯绿色国旗，普及标准阿拉伯语，规定所有广告和护照只能用阿拉伯语书写等。此外，卡扎菲创建的直接民主的政治体制、公有制和平均主义分配制，以及多方面的治国理念满足了当时民众直接管理国家和受到公平待遇的心理需求。以上做法增加了利比亚民众的民族认同感。

（二）卡扎菲执政前期部落的状况

这个时期内，国家政权在政治、经济、社会等各方面的能力都得到了加强，部落、家族等地方传统社会组织对于社会的垄断权力受到削弱，民众的国家认同感有所提升。但是，这一时期利比亚的权力结构只是从王朝时期"同心圆式"的"部落等级制"转变为具有平等色彩的"金字塔形"，而福利社会和"革命激情"是维系"金字塔"中不同社会阶层和部落的必要纽带。换言之，利比亚的民族国家建构不是建立在高度制度化和民主化的基础之上，而是建立在能源富足的经济基础和具有理想主义色彩的奇里斯玛式强人政治基础之上。从长期看，它的基础是不牢固的。从本质上讲，这与利比亚历史上长期存在的部落和地区的自治传统并无二致。且卡扎菲个人专政的新政权建设和带有自治性质的部落体制间客观存在着实质性的矛盾冲突，具体体现为：卡扎菲执政初期对整个国家的整合是试图将众部落整合为

---

① 〔美〕罗纳德·布鲁斯·圣约翰：《利比亚史》，韩志斌译，东方出版中心，2011，第146页。

一个大部落联盟来统治，他将自己置于部落联盟长老的地位，根深蒂固的部落意识使利比亚民众习惯于唯部落首领马首是瞻，以此稳定统治。

因此，这一时期内，利比亚的部落意识受到一定程度的削弱，但并没有被彻底根除，部落认同仍然是利比亚社会基本的和重要的认同单元。根据当时的民调结果，20世纪90年代末，96%的利比亚人仍存在部落认同，其中90%为城市人口。[①]

二 卡扎菲对部落态度转变的原因

20世纪80年代末，利比亚民族国家存在的问题已初步显现，涉及国家发展的多方面。其中植根于东部地区的伊斯兰主义作为一种反政府力量日益强大，其成员甚至多次试图刺杀卡扎菲。卡扎菲不得不对此前的民族国家构建方案进行调整，最终还是选择回归"部落等级制"。卡扎菲对部落态度转变的主要原因有如下方面。

1. 经济原因

利比亚是世界上的能源富国，拥有丰富、优质的油气能源，且占据重要的战略地理位置，能源产业潜力巨大。利比亚石油和天然气的出口收入在国家经济中占很大的比例，其中，国家财政收入的80%来自石油出口，天然气产业是石油产业的有力补充，二者共同构成利比亚的能源财富。可以说，谁掌握了利比亚的油气资源，谁就掌控了利比亚的经济命脉。

卡扎菲执政后，通过国有化政策，掌握了能源工业的主导权，从而掌握了利比亚的经济命脉。执政之初，为了避免伊德里斯王朝倒台的悲剧重演，获得民众对其反西方立场的支持，卡扎菲凭借巨额的石油收入大幅增加对国家基础设施和国民公共事业的投入，在当时有效地赢得了民心。但

---

① Amal Obeidi, *Political Culture in Libya*, Richmond, Surrey: Curzon, 2001, pp. 121 – 125.

卡扎菲并没有着力推动国家经济的多元化，不关心水资源、牧场这些稀缺资源的管理与可持续发展，致使农业与石油以外的其他工业并未得到充分发展。直至2006年，利比亚仍然被世界银行视为世界上经济多元化程度最低的产油国之一。① 结果，一旦遇到油价下跌和外部制裁、禁运等情况，利比亚的石油收入就无法支撑慷慨馈赠式的"社会主义"分配政策，民众运动就会从内部瓦解卡扎菲政权的基础。

自20世纪80年代起，由于国际油价下跌，卡扎菲的石油武器在一定程度上失去了最初的"魔力"。此后的十余年，卡扎菲与西方大国关系交恶，严重依赖于石油外汇的利比亚经济也随着"经济制裁"和"外交孤立"而日渐衰败，加之油田设施老化，石油产量起伏不定，石油收入大不如前。为促进利比亚经济多样化发展，卡扎菲采取了一系列改革措施，但这些措施并没有从根本上改变利比亚经济结构单一、严重依赖能源出口这一根本性状况。经济支撑作用的弱化使卡扎菲不得不寻求新的支持力量，于是转向部落支持。

2. 政治原因

卡扎菲执政中后期，利比亚发生的几次意欲推翻其政权的事件令卡扎菲产生了严重的危机感，因此加大了对部落的操纵力度。1975年，革命指挥委员会的两名军官发动政变未遂。1980年，昔兰尼加的图卜鲁格地区爆发反卡扎菲起义。1993年，利比亚人口最多的瓦法拉部落在军队中发动政变。虽然历次政变最终都被卡扎菲挫败，却带给他深重的危机感，从而影响了他的执政理念。自20世纪90年代起，利比亚的外交政策转向温和，这实为其对国内危机的无奈回应。2006年，瓦法拉部落再次挑战了卡扎菲政权。以上事件使卡扎菲进一步集中资源扶植支持自己的部落，削弱潜在的

---

① 〔美〕罗纳德·布鲁斯·圣约翰：《利比亚史》，韩志斌译，东方出版中心，2011，第209页。

敌对势力，导致部落矛盾进一步激化。

此外，卡扎菲与曾与他共同发动革命的高级官员们的决裂使他将自身置于拥有至尊权威的利比亚最高领袖地位，依靠家族部落实施专政。1973年4月，卡扎菲在祖瓦拉发表演说时首次指责利比亚当时的高官们是他的政治对手，并表示他将依靠人民同政治对手战斗。此次演说之后，国内数百名反对卡扎菲政权政策的共产主义者、阿拉伯复兴社会党人和穆斯林兄弟会成员被捕入狱。[①] 1975年4~8月，革命指挥委员会内的一些人指责卡扎菲撇开革命指挥委员会，个人垄断权力，而且缺乏治国能力，企图罢免卡扎菲并改变他的政治路线，但没有成功。[②] 事后，卡扎菲加大了对反对派的打压力度，甚至将其设为假想敌，对革命指挥委员会失去信任和依赖，转而实行部落支持下的个人专政。

3. 社会原因

卡扎菲执政风格的特立独行、政策制定和国家机构设置的随意善变引发国内民众的不满情绪日益高涨。1973年3月5日，卡扎菲和革命指挥委员会的其他成员在班加西会见大学生。大学生们在会上公开抱怨大学里缺乏自由，说他们的表达自由和结社自由受到侵犯，要求卡扎菲维护他们的自由权利。学生们还要求卡扎菲对解聘几位被怀疑是反对派的教授一事做出解释等。[③] 这次会见进一步促使卡扎菲下决心扶植和依靠支持自己的部落力量。

利比亚与其他发展中国家一样，也经历了迅速的城市化。城市化是一

① Hanspeter Matar, "The Rise and Fall of the Revolutionary Committee," in *Qadhafi's Libya*, *1969 - 1994*, ed. Dirk Vandewalle, New York: St. Martin's Press, 1995, p. 90.

② Hanspeter Matar, "The Rise and Fall of the Revolutionary Committee," in *Qadhafi's Libya*, *1969 - 1994*, ed. Dirk Vandewalle, New York: St. Martin's Press, 1995, p. 91.

③ Hanspeter Matar, "The Rise and Fall of the Revolutionary Committee," in *Qadhafi's Libya*, *1969 - 1994*, ed. Dirk Vandewalle, New York: St. Martin's Press, 1995, p. 89.

个产业结构、价值观念、社会结构、生活方式等逐渐转变的过程，并伴随人口的迅速集中。1970 年，利比亚的城市化率为 50%，2010 年已增至 77%。[1] 但城市化并没有改变利比亚传统的社会结构，部落仍然是基本的社会单元。大部分利比亚人仍然认同自己所属的部落，一些学者将这种独特的现象称为城市的"乡村化"[2]，主要原因为利比亚的城市化源于农村的家族和部落向城市的整体性迁徙。[3] 正如一位利比亚学者所言，利比亚"大多数城市街区的开发是农民迁徙的结果，而非源于人口的自然增长"，[4] 因此没有带来社会结构的严重分化和家族、部落组织的解体。来自同一部落的人往往居住在相同或相近的街区，他们在安全和就业等方面相互帮助，邻里关系只是部落关系的延伸。在一些城市的基层人民大会的选举中，部落认同仍然对选举结果起着决定性的作用。[5] 卡扎菲政权事实上放弃了对部落体制的打压。

三　卡扎菲执政后期回归"部落等级制"

卡扎菲出生在利比亚中部沙漠中的一个小镇，他的家庭是一个传统的游牧部族家庭，属于贝都因人的卡达法部落。艰辛的游牧生活方式和根深蒂固的部落意识对他的影响很大，部落的生活习惯和性格特征都在他身上打下深深的烙印。在他的观念中，利比亚就是一个大部落，他就是部落首领。而且卡扎菲出身的卡达法部落以圣门后裔自居，该部落自称其在利比

① Wolfram Lacher, "Families, Tribes and Cities in the Libyan Revolution," *Middle East Policy*, 18 (4), 2011, p. 145.

② Youssef Mohammad Sawani, "Post-Qadhafi Libya: Interactive Dynamics and the Political Future," *Contemporary Arab Affairs*, 5 (1), 2012, pp. 3 – 4.

③ Wolfram Lacher, "Families, Tribes and Cities in the Libyan Revolution," *Middle East Policy*, 18 (4), 2011, p. 146.

④ Youssef Mohammad Sawani, "Post-Qadhafi Libya: Interactive Dynamics and the Political Future," *Contemporary Arab Affairs*, 5 (1), 2012, p. 4.

⑤ John Davis, *Libyan Politics: Tribe and the Revolution*, London: I. B. Tauris, 1987, pp. 137 – 187.

亚的祖先是一位埋葬在盖尔扬地区的名为 Sidi Qaddafaddam 的圣门后裔。该部落民众自称有高贵的出身，因此非常重视部落身份。卡扎菲深重的部落意识在他回归部落统治后体现在其治国理政的各个方面。

（一）卡扎菲实行"部落等级制"的做法

1. 政治上"打一派拉一派"

1993 年，卡扎菲建立了由部落领袖组成的"人民社会领袖委员会"[1]，该委员会负责维护国内的稳定和分配财富，自此开始了事实上的依靠部落维护统治。其中，卡扎菲家族、其所属的卡达法部落，以及由西部和南部的瓦法拉和麦格拉哈两个利比亚规模最大的部落组成的联盟成为维护卡扎菲统治的三个同心圆。这些部落把控利比亚政府的主要机构和安全部门，在国家财富的分配上占据主导地位。[2]

卡扎菲将本部落成员提拔到关键的安全岗位和决策岗位，将本部落首领置于政府要害部门的高层。阿拉伯 - 柏柏尔谱系的瓦法拉部落原本是以米苏拉塔为中心分布的中等规模的部落，因其在 1969 年政变中对卡扎菲的支持而得到卡扎菲的扶植，后发展成利比亚最大的部落。卡扎菲还引入了大批南部非洲国家的难民和移民，将其培植为自己的支持力量。

卡扎菲在拉拢支持力量的同时，打压反对力量。20 世纪 70 年代，卡扎菲在统治圈内革除了代表昔兰尼加地区部落势力和费赞地区部落望族的几名成员。[3] 他还通过定期改组政府使潜在的政治对手失去支持基础。原本势

---

① Dirk Vandewalle eds. , *Libya since 1969：Qadhafi's Revolution Revisited*, Palgrave Macmillan, 2008, p. 71.

② Dirk Vandewalle eds. , *Libya since 1969：Qadhafi's Revolution Revisited*, Palgrave Macmillan, 2008, p. 72.

③ 吴冰冰：《利比亚：国家之上还有部落》，《生活报》2011 年 3 月 27 日。

力最大的昔兰尼加地区的部落在政治上受到打压，势力已大不如前。一些少数民族部落因没有明确表达出对卡扎菲的支持态度而被剥夺部分权益。[①] 1997 年 3 月，利比亚人民大会通过了一项名为"荣誉事项"的规定，根据该规定，对反抗政权的部落和家族实施集体性惩罚，具体做法为：任何人若有反对政权的行为，其所在的家族，甚至部落整体被剥夺享受政府服务的权利。

2. 经济上"胡萝卜加大棒"

利比亚拥有丰富的能源储备，自 20 世纪 50 年代后期能源得到开发和利用后，利比亚变为一个非洲富国。如果统治者能够合理利用资源，相对公平地分配财富，利比亚是不易发生抗议事件的。这一点是利比亚与也门、索马里等中东非洲国家的不同之处。然而，卡扎菲在其执政期间，尤其是中后期，采取了有失公允的分配方式，引起民众的不满，当不满累加至一定程度，就演化为暴力抗议。众所周知，利比亚财政收入的主体——石油财富多出自东部地区，但卡扎菲对东部地区的发展却极少关注。利比亚政府对第二大城市班加西的投入比中西部地区少得多，致使班加西市政设施年久失修。2008 年，国际油价大跌和经济危机导致利比亚在石油出口方面的损失高达 40%。在承担损失的问题上，卡扎菲的做法有失公允，将大部分损失强加给东部石油储量丰富地区的部落，自此卡扎菲与昔兰尼加地区部落间的关系进一步恶化。

卡扎菲在经济上也注重扶植支持力量。卡达法部落的发展壮大完全有赖于其与卡扎菲个人的从属关系。该部落在卡扎菲执政前是一个只有几万人口的小部落，曾长期流落于资源匮乏、土地贫瘠的地域，而后在卡扎菲

---

① "Libyan Minority Rights at a Crossroads," *UN Integrated Regional Information Network*, June 2, 2012.

的极力扶植下成为利比亚三大部落之一。卡达法部落的发迹最初缘于卡扎菲对其在经济上的扶植。卡扎菲在其执政中期，将卡达法部落从贫瘠地区迁至西北部沿海的苏尔特省，该省石油储量丰富，又位于班加西和的黎波里中间的地理要冲，这引发了其他部落对卡达法部落的嫉恨。此外，他还用富裕的能源财富吸引和拉拢一些可能会支持他的部落。瓦法拉部落的发展和壮大就是由于其对卡扎菲政权的支持而得到扶植。

3. 军事上亲疏分别

通过军事政变上台执政的卡扎菲担心自己也面临同样的威胁，所以对军队尤其是陆军有着强烈的警惕性。军方并未成为卡扎菲政权的支柱，反而多次密谋发动政变推翻其政权。1993 年，利比亚爆发了卡扎菲执政时期内最严重的军事政变。这场政变最终被卡扎菲镇压，但从此加重了他对国家军队的不信任。这也是卡扎菲执政期间一直未正式设立国防部的主要原因。卡扎菲对军队的控制主要依靠如下方式。

其一，通过重用本部落成员加强对国家的军事控制。一方面，他主要从本部落中任命军队中的高层职位，加强对军队的控制。另一方面，利比亚的安全机构、特种部队、空军等多由其部落成员组成。卡扎菲建立了许多正式和非正式的安全机构，如情报机构、革命卫队、人民卫队、清洗委员会等[1]，以维护其统治。这些安全机构既相互重叠，相互制约，又分别直接受控于卡扎菲，从而形成了广阔而又密集的安全网络。曾有美国媒体称，"利比亚的军队组织如同利比亚政府的结构一样奇怪"。[2]

其二，着力增强本部落和家族的军力。负责保护卡扎菲家族的革命卫队拥有利比亚国内最先进的武器，卡扎菲的第七子哈米斯率领的 32 旅，即

---

① Amal Obeidi, *Political Culture in Libya*, Richmond, Surrey: Curzon, 2001, p. 103.
② 王猛：《部落因素：利比亚变局的背后》，《世界知识》2011 年 5 月 30 日。

所谓的"哈米斯旅"就是革命卫队中的精锐部分。卡扎菲的第三子萨阿迪拥有单独的部队，控制西部多个城市。第四子穆塔西姆2008年提出"也想有自己的军队"，于是获得了280亿美元的资金支持。① 另外，支持卡扎菲的空军和其他军种也受到相对的优待。

其三，通过挑拨其他部落间的矛盾，巩固自身权力。卡扎菲刻意偏袒武装部队中某些部落的成员，从而挑起不同部落间的矛盾，使之相互削弱。这样既加强了他对军队的控制，也转移了矛盾的焦点。卡扎菲还与那些占据优越地理位置的部落结盟，确保他们对自己的支持，在此基础上从中招募安全人员。这样做的结果是：一方面，卡扎菲依靠其部落武装有能力控制反对势力和背叛者，解决国内地区间的争端；另一方面，其他部落的力量相对分散，对其政权不足以构成威胁。这种军力的分配为部落间的权力斗争埋下了隐患。

卡扎菲的部落统治做法更多地体现了威权政治对国家发展的负面影响：在短期内确保其政权能够经受住各种挑战，但从长期看却给国家和社会的发展埋下了深层的对立和冲突的种子。国家建设上的歧视性布局，致使东西部分裂的风险不断累积。权力分配上的厚此薄彼和家族化倾向，又让深感不公的部落心生怨恨。

（二）卡扎菲执政后期的部落状况

卡扎菲具有明显部落政治特征的统治方式将利比亚几乎变成了现代主权下的部落联盟，他本人则是整个大部落联盟的首领。整个国家充斥着个人崇拜，几乎看不到政治现代化进程对利比亚的影响。国家权力逐渐集中在卡扎菲及其支持者的部落中，反对他的部落受到打压和报复，部落矛盾

---

① 柳洪杰：《卡扎菲八个子女心思各不同，有人欲"反"有人"坚守"》，《解放日报》2011年4月7日。

不断加剧。

卡扎菲执政时期，利比亚依然维持部落社会形态。支持卡扎菲的主要部落有瓦法拉部落、麦格拉哈部落、卡达法部落以及西部地区一些小部落，这些部落因对卡扎菲的支持而得到扶植和发展。反对卡扎菲的部落主要集中在东部地区，也有南部地区的一些少数民族部落，他们在卡扎菲执政时期受到不同程度的打击和压制。在部落的发展演变进程中，一些规模相近、利害一致的小部落渐渐组成部落联盟，互相之间开展各种合作。然而，由于利比亚部落数量众多，势力分散，各方利益很难协调，矛盾冲突终究难以避免。

当国内政局稳定时，卡扎菲对于国内部落的控制能力还是相当强的，这主要得益于其强大的情报系统和安全部门。但局面一旦失控，部落首领的作用和部落离心现象就凸显了。利比亚战前，卡扎菲对各部落的掌控已不如先前那般牢固。各部落首领往往由本地区的政治精英和宗教领袖担任，拥有极高的声望。按照利比亚的传统，部落成员对本部落的效忠，或者说对部落首领的效忠，远远大于对国家、军队的效忠，因此，部落首领对卡扎菲的态度决定了整个部落的态度。卡扎菲偏颇的部落政策、政府的腐败、分配不公等都不断加深了被其边缘化、受其打压的部落的怨恨。

小　结

卡扎菲执政之初，对内试图摒弃落后的"部落等级制"，强化国家统一意识，对外争取与一些阿拉伯国家和非洲国家联合，与西方大国对抗。然而，自 20 世纪 70 年代后期起，上述理想都以失败告终，且利比亚面临严重的内忧外患。从国内看，来自政治反对派的挑战日趋严峻。从外部看，经济封锁、外交孤立等制裁措施严重制约了利比亚的发展。卡扎菲意识到利比亚人口结构高度的同质性——95% 以上的国民属于同一民族，信仰同一宗教的同一教派，说同一种语言，使其难于在平衡、稳定的政治结构中保持威权统治。于是，卡扎菲重回部落统治方式：扶植支持者，打压异己，拉拢中间派。同时，为了保持对国家权力的掌控，他刻意保持国家的各种制度、政策和机构短暂而多变，并在部落间制造矛盾，使国家处于国民不团结、机构不稳定的状态。国家权力以及国民福祉都牢牢地掌控在卡扎菲的家族部落手中。由此，部落归属成为利比亚民众获取政治地位和经济利益的重要途径。卡扎菲利用部落体制维持其政治统治，致使其执政利比亚的几十年间民众的部落认同得到强化。然而，不可否认的是，卡扎菲执政的几十年间，随着国家现代化建设的推进、全国范围内的新城市建设，以及新的教育体制的引入，人们逐渐淡化部落忠诚和鲜有展示他们的部落归属。这些将导致传统部落建构日趋不稳定。

第五章 利比亚战争及过渡政治
时期的部落影响

爆发于 2011 年的利比亚战争使利比亚发生了政权更迭，其前任领导人卡扎菲在维持了 42 年的统治后战败身亡。部落因素既是此次战争爆发的一个重要原因，也是战争进程中的重要影响因素。

第一节 利比亚战争评述

2011 年 2 月，利比亚第二大城市班加西爆发反政府的抗议活动，几日后抗议浪潮席卷利比亚全境，暴力冲突不断升级，最终演变为其前政权的支持者与反对者之间的国内战争。在一些西方大国的军事干涉下，利比亚战争最终以其前领导人卡扎菲战败身亡、国家政权更迭告终。

一 战争起因

利比亚战争的爆发有多方面原因，既受到地区局势的影响，又有内部动荡的因素；既是历史积弊的爆发，也是现实困境的反映。

1. 地区局势的影响

2010 年 12 月，利比亚的邻国突尼斯境内一名小贩自焚触发大规模街头示威游行及争取民主的反政府活动，最终导致时任突尼斯总统本·阿里政权倒台。从 2011 年 1 月 25 日开始，利比亚的另一个邻国埃及多个城市内发生民众大规模集会，表达对物价上涨、失业率高和政府腐败等问题的不满，并要求时任总统穆巴拉克下台，集会也以政权更迭告终。利比亚也面临着与上述两国类似的情况，在地区动荡局势的影响下，利比亚也爆发了多种形式的抗议活动。

2. 历史积弊的爆发

一方面，被卡扎菲推翻的利比亚前朝后裔始终怀有颠覆现政权之心。1969 年 9 月 1 日，卡扎菲以政变的方式推翻伊德里斯国王的统治，王室的后裔对此始终怀恨在心。他们中的一些人长期旅居国外，但持续关注利比亚国内局势，伺机颠覆现政权。另一方面，卡扎菲的专政招致民众的强烈不满。卡扎菲执政期间尤其是中后期，对国家实行个人专政，国富民穷，民众对此强烈不满，埋下积怨。

3. 现实困境的反映

利比亚战争爆发前的利比亚已是危机四伏。政治上，腐败严重。卡扎菲的家族成员和部落亲信把持着国家关键领域的高官要职，裙带关系比比皆是，贪腐现象十分严重。经济上，分配不公。国家高额的石油收入不能惠及于民，而是被统治者牢牢把控。民众生活水平不高，青年失业率居高不下。文化上，自由缺失。在政府的高压之下，民众的言论、出版等方面的自由都受到严苛的限制。多方面的现实困境致使民众希望改变现状。

此外，西方大国的军事干涉使利比亚战争升级。利比亚战争最初仅是国内对立两派间的矛盾和冲突。以美国、英国、法国为代表的一些西方大国早已对卡扎菲心怀厌恶，甚至憎恨，对利比亚独特而落后的政治体制严重不满，且觊觎其丰富的能源储备。利比亚内战爆发后，他们打着"联合国"的旗号，对利比亚实施军事打击，成为其最终实现政权更迭的关键性因素。

二 战争进程

利比亚战争自 2011 年 2 月 16 日其东部城市爆发抗议活动起，至同年 10 月 20 日反对派占领卡扎菲势力的最后一个据点苏尔特，卡扎菲被俘身亡止，历时 8 月余，可分为三个阶段。

1. 国内战争阶段：2011 年 2 月 16 日至 3 月 18 日

利比亚多地发生抗议活动，卡扎菲实施武力镇压，国家陷入全面内战。反对派在东部城市班加西成立"全国过渡委员会"，与卡扎菲政权分庭抗礼。联合国安理会先后通过第 1970 号、第 1973 号决议，对利比亚实施制裁，并授权在利设立"禁飞区"。

2. 外部干涉阶段：2011 年 3 月 19 日至 8 月 20 日

法国率先对利比亚发动空袭，随后美、英等北约多国也对利比亚境内的卡扎菲势力实施了多轮空袭。利比亚国内两派间持续激烈交火，其间非洲领导人代表团、联合国利比亚联络小组等组织赴利比亚斡旋，都以失败告终。反对派武装攻入首都的黎波里，标志着卡扎菲政权败局已定。

3. 战争收尾阶段：2011 年 8 月 21 日至 10 月 20 日

利比亚执政当局"全国过渡委员会"对卡扎菲残余势力所在的苏尔特和拜尼沃利德发起总攻，卡扎菲战败身亡，执政当局武装控制了利比亚全境。

三 战争结果

利比亚前政权被推翻，前领导人卡扎菲身亡。其家庭成员和支持者有的在战争中身亡，有的进入邻国避难或隐匿，有的被捕入狱，还有的被持续追剿。利比亚进入后卡扎菲时代。战时成立的"全国过渡委员会"成为利比亚的执政当局，于 2011 年 8 月公布了后卡扎菲时代的政治过渡时间表，规定自 2011 年 9 月起的 20 个月为利比亚政权过渡期，其中前 8 个月由"全国过渡委员会"管理，其间组建负责起草新宪法的国民议会，此后的 12 个月由新选举出的国民议会监管，并在此期间选出新任国家领导人。然而，后卡扎菲时代的利比亚群雄割据，各种地方势力崛起，伺机在这片刚刚平息战乱的土地上圈地示威，从而导致利比亚的政治过渡没能实现预期目标，国家重建陷入僵局，国家陷入混战乱局。

第二节　利比亚战争的重要影响因素

自 2011 年起，发生在包括利比亚在内的多个阿拉伯国家的民众抗议、社会动荡的根源首先是在国内。2011 年 2 月 17 日，利比亚爆发大规模抗议示威活动，为整合反对卡扎菲的势力提供了契机。事实上，抗议者提出的民主化改革要求只是一个口号，民众对现状的不满是根本原因，尤其是长期受压制的部落对卡扎菲偏颇的部落统治的不满。

此次利比亚内战是部落矛盾的爆发，各团体、民众在战争中的立场、表现也源于其部落背景带来的恩怨情仇而非民主诉求。《纽约时报》专栏作家托马斯·弗里德曼指出，利比亚从表面看似乎具备了现代国家的形态，但其民族情绪仍是以部落传统为基础的。[1]《全球化：全球化世界如何消解于流体战争》一书的作者佩普·埃斯科巴在书中这样表述："尽管这场动乱

---

[1]　托马斯·弗里德曼：《部落政治左右利比亚局势　酋长式管理随意性强》，《世界新闻报》2011 年 3 月 7 日。

（利比亚战争）的参与者混合着各种各样的普通利比亚人、失业的受过教育的年轻人、城市中产阶级以及军队与安全系统中的叛离者，但他们背后的力量都是部落。"[1] 根深蒂固的部落意识是此次利比亚战争中各种表象背后的原因和动力。

一 部落矛盾是利比亚战争爆发的深层次原因

2011 年 2 月，利比亚爆发大规模反政府运动，很快演化成国内战争，在西方大国主导的联合国介入后，卡扎菲战败身死。此次利比亚战争的爆发以及卡扎菲的毙命，虽然有地区他国动乱的影响因素，但是最主要的原因还在其国内。经济上，国家财富分配不公；政治上，统治者实施专政。社会内部矛盾重重，外部宿敌积怨长期难解。以上方面都贯穿部落因素，部落因素是利比亚战争爆发的深层原因。

1. 经济方面

卡扎菲执政时期，高额的能源出口收入使利比亚成为非洲和阿拉伯世界的富国。政府负责能源收益的分配，合理分配和利用能源收益可以促进经济在良性循环中稳定增长；分配不公则会产生矛盾，甚至引发国家的动荡冲突。卡扎菲多次提出要将国家的能源出口所得平均分配给每个国民，而实际上却没有真正实施。从分配方式看，利比亚战前的经济分配完全按照部落内部的分配方式，即一个部落总收入的一半以上归部落首领，其余部分在部落民众中再分配。利比亚能源收入中的一半以上归政府所有，其中大部分被卡扎菲的家族成员及其他一些政府高官据为私有，一小部分作为政府公共基金用于民生，以地区、部落为单位，依据与卡扎菲关系的亲

---

① 《卡扎菲执政利比亚 42 年：曾被视为反美领袖》，http://www.sina.com.cn，2011 年 3 月 4 日。

疏进行再分配。

从分配的结果看，利比亚贫富分化、贪污腐败严重。卡扎菲将石油收入主要用于扶植自己的家族部落、支持他的部落以及其势力所在区域。他的子女及支持者们过着奢靡的生活。他的家乡苏尔特经过他多年来的精心打造，直至利比亚战前已由一个落后的小村庄发展成为有能力承办大型国际会议的大都市。卡扎菲的支持力量所在的整个西部地区都发展较快。与此形成鲜明对比的是，政府对东部地区较少关注和投入，尤其是进入21世纪以来，班加西及其周边城市的一些基础设施出现故障，影响居民的正常生活，政府对此不予过问。东部地区的青年失业率居高不下，政府未能解决。卡扎菲对不同部落及区域的区别对待政策已在东部地区民众心中打下不公的烙印。

利比亚战前的总体经济状况是：国家富有但分配不公，大量财富集中在统治者及其支持者手中。普通民众没能充分享受到国家富有的成果，只能维持基本生活，失业率更是高达20%以上。处于被打压地位的东部地区部落坐拥丰富的油气资源却享受不到其所带来的利益，长期处于被边缘化地位。他们积累了对卡扎菲的不满，终于在地区动荡局势的影响下，在几个部落首领的带领之下，打响了反卡扎菲的第一枪。

2. 政治方面

利比亚是一个结构松散的部落国家，却由一位集各种大权于一身的统治者实行个人专政，二者间必然产生尖锐的矛盾。虽然，卡扎菲自执政之日起就试图改变传统松散的部落的状况，但并没有实现。此后，他为了维持统治而实施个人专政，且不公正地对待不同的部落，进一步激化了不同部落间的矛盾。这种统治方式与客观国情相矛盾的情况成为利比亚政权不稳定的隐患。利比亚战争前曾发生过的政治动荡也多源于部落纷争，可以说，部落矛盾是利比亚政治问题的症结所在。

卡扎菲的支持力量主要来自他所在的卡达法部落及其所属的部落联盟，其子女组成了权力体系的核心拱卫圈。反卡势力也是以部落和部落联盟为组织单位，其中主要是东部地区的众部落。东部地区是利比亚王朝时期的王室所在地，卡扎菲通过政变将其推翻后对其长期压制，以萨阿迪部落联盟为首的该地区多数部落对卡扎菲政权心怀不满。自20世纪90年代中期起，这里就成为反叛者的大本营。中央政府和当地部落间的相互敌视状态长期存在，矛盾不断加深，因此，此次利比亚危机始于东部并非巧合。

3. 社会生活方面

此次利比亚战争起源于其国内青年因对政府不满而发起的游行、示威等抗议活动。究其根源，是利益分配不公导致民众的不满。卡扎菲不止一次承诺把国家的能源收入分发给国民[①]，为此他获得了民众的赞誉，他却没有兑现诺言。国家财富的真正受益者只有他的家族部落。卡扎菲还多次号召民众与国家的官僚、权贵做斗争，而实际上他本人是利比亚最大的官僚和权贵。他自称生活简朴，清心寡欲，但实际上他和他的家族成员利用国家的财政收入过着奢华的生活。这些事实曝光后激起了民众强烈的不平衡心理和被欺骗情绪。

在利比亚，几个有权有势的部落垄断着政府和上层社会，钱权交易盛行。普通民众只能依靠出卖劳动力获得基本生活保障，青年失业率居高不下，国家的发展成果不能惠及于民。严重的社会贫富分化最终导致内乱爆发，曾被卡扎菲忽视或压迫的部落趁势奋起反抗，利比亚内战由此爆发。

二 部落因素对利比亚战争的影响

部落因素不仅是此次利比亚战争爆发的深层次原因，也是战争过程中

---

① 《利比亚青年的反叛之路》，《南都周刊》2011年4月13日。

重要的影响因素。它贯穿战争过程的始终，并在一定程度上控制着战争形势。在利比亚战争期间及战后，一些西方学者或媒体曾就部落因素对战争的影响做过相关预测。例如，2011 年 4 月 27 日美国出版的《思想者》杂志曾预测："复杂的部落关系恐是影响利比亚内战走向的关键因素。"① 很多西方媒体曾对陷入僵局的利比亚做出过一种悲观预测："利比亚将成为按部落划分的失败国家。"② 事实上，此次利比亚战争中，政府与反政府武装都在打部落牌。2011 年 2 月 22 日，利比亚内乱爆发后的第七天，东部就有两个大部落首领宣布：如果卡扎菲不停止镇压抗议者，他们将切断本地区的石油出口。4 月下旬，95 个部落"高调"表示继续拥护卡扎菲。4 月 27 日，61 个部落的首领或代表联名要求卡扎菲下台。4 月 30 日，利比亚政府召集420 名忠于卡扎菲的部落代表共商国是，呼吁反对派"回头"，不要让北约的空袭把利比亚领土变成"侵略者的坟墓"。5 月 11 日，"失踪"了数日的卡扎菲以会晤部落代表的方式露面，以打破人们对他"死亡"的猜测。③ 足见部落力量是利比亚两派在战争危局中的"撒手锏"。

1. 众部落在战争中的表现是卡扎菲部落政策的体现

此次利比亚战争中，众部落对卡扎菲政权的态度是不同的，有的奋起反抗，有的坚决支持，有的立场不定，还有的超然世外，这都是卡扎菲部落政策的直接结果。

利比亚规模最大、人口最多的 30 多个部落中的半数分布在西部地区，南部地区有两三个，其他的都分布在东部。由于东部地区曾是被卡扎菲推翻的伊德里斯王朝的大本营，又曾挑战过卡扎菲的权威，卡扎菲政权一直

---

① 《中东部落恩怨加剧混乱局势　世代仇导致纷争难休》，环球网，http://world.huanqiu.com/roll/2011-05/1673848.html，2011 年 5 月 6 日。
② 《中东部落恩怨加剧混乱局势　世代仇导致纷争难休》，环球网，http://world.huanqiu.com/roll/2011-05/1673848.html，2011 年 5 月 6 日。
③ 王金岩：《利比亚乱局中的部落因素》，《亚非纵横》2011 年第 4 期。

对该地区采取打压政策。在此次革命浪潮中，东部民众充当了反卡力量的主力军，推翻卡扎菲的统治是他们坚定的目标。南部和东南部的图阿雷格、图布这两个少数民族部落也在战争中加入了反对派阵营。他们曾在20世纪90年代中期以后遭到卡扎菲政权的歧视，对卡扎菲的恨意由来已久。而位于南部地区的一些小部落由于"天高皇帝远"而素来极少参与政事，此次战火并未大幅燃及该地区，因此大多没有明确表态，处于观望状态。

位于利比亚西部地区的部落大部分原是卡扎菲的支持者，各部落在此次危机中的表现不尽相同。卡扎菲自身所属的卡达法部落始终不渝地对其效忠，是他最坚定的支持者。另有一些多年来一直受到卡扎菲关照的部落在此次战争中以联合武装的方式对他实施保护。瓦法拉部落是利比亚人口最多、具有重大影响力的部落，其成员分布很广。利比亚内乱爆发后的第六天，即2011年2月21日，该部落曾发表声明不再支持卡扎菲，并要求他离开利比亚。他们的大量精英在1993年政变后或被监禁或被处死，此事为该部落的倒戈埋下伏笔。但一个月后，瓦法拉部落态度突然逆转，于3月21日宣布重新支持卡扎菲。因为自3月20日起，北约战机开始对利比亚境内的卡扎菲势力实施空袭。尽管瓦法拉部落与卡扎菲的政治主张不尽相同，但他们表示会一致抵御外来袭击。此外，瓦法拉部落态度的转变也与卡扎菲在危机发生后对该部落成员的竭力拉拢不无关系。卡扎菲政府向该部落一些成员分发了新武器，号召他们保卫国家。西方也有情报显示，卡扎菲还向这些部落提供了大量资金。①

2. 部落因素影响利比亚战争的进程

卡扎菲自执政之初就在国内掀起了一场国家与强人争夺社会控制的斗争，并成为胜利者。在这样的国家形势下，除去掌握着不同游戏规则的领

---

① 《他不是一个人在战斗》，《南方都市报》2011年4月13日。

袖和强人——其实质是碎片化的社会控制模式而非个体的强人——是非常困难的。从这一点来看，利比亚战争前期的实际情况也证明，如果没有北约的参战，利比亚战争的结果是难以预料的。北约的参战注定了此次战争的结果，他们实力强大，目标明确，对击败卡扎菲政权志在必得。但部落因素对战争进程，尤其是对战两派力量的对比仍起到影响作用。

首先，部落因素是利比亚民众在战争期间划分敌我的重要依据。卡扎菲领导的"九一"革命固然有着鲜明的反国主义反殖民主义的时代特色，但其国内含义又是西部受压制民众对东部势力垄断政治权力的反抗。在此后的国家建设过程中，卡扎菲在国家管理上未能摆脱部落政治的窠臼，拉一派打一派，分而治之，其客观结果是强化了民众的部落意识。基于此，东部部落始终抱有恢复其主导地位的希望，而西部部落必不想将政治主导权拱手让出。如同伊拉克提克里特人始终如一地支持萨达姆一样，利比亚部落民众对卡扎菲的判定也是不问对错，只分敌我。受其恩惠的部落民众依然将其奉为"民族英雄"和"革命领袖"，而受其打压的部落民众则斥他为"疯狗"和"暴君"。部落因素是利比亚民众在战争期间政治立场选择的重要依据。

其次，大部落的态度是战争中对战双方力量的重要影响因素。利比亚内乱最初只是民众以游行示威的方式表达对卡扎菲统治的不满，没有达到革命的程度。大部落的表态及态度的转变使局势升级。抗议行动爆发六天后，全国最大的瓦法拉部落宣布不再支持卡扎菲。其部落首领 Akramal – Warfelli 发表公开讲话称："我们要告诉卡扎菲，他不再是我们的兄弟，我们请他离开国家。"[1] 第二大部落麦格拉哈部落随后也宣布反对卡扎菲继续统治利比亚。自此，原本只发生在东部地区的抗议活动扩大至全国范围，

---

[1] Mansouria Mokhefi, "Gaddafi's Regime in Relation to the Libyan Tribes," http：//www. aljazeera. net, 2011 – 3 – 20.

抗议行为也因政府的武力镇压而升级为国内战争。这两个部落对卡扎菲态度的转变正是部落意识使然。卡扎菲在执政后期，为维护统治的需要与这两大部落交好，大量任用其部落成员，赢得二者对他的支持。战争爆发后，卡扎菲以暴力方式打压抗议者，遭到上述两部落的强烈反对，这两个部落走向卡扎菲的对立面。二者态度的转向对当时卡扎菲政权与反对派力量的对比产生了决定性作用，前者力量锐减，后者力量反超。当时大量高官变节也因为此。虽然在西方大国对利比亚开始军事干涉后上述两部落的态度再度发生转变，重新支持卡扎菲，一致对外，但西方战机对卡扎菲势力的打击是致命性的，决定了战争的结果。

最后，卡扎菲所属的卡达法部落是其忠实的依靠力量。如果说利比亚战争中反对派的最终胜利依靠的是北约的帮助，那么卡扎菲坚持抵抗和维持统治的依靠力量就是他所属的和支持他的部落。2011 年 8 月，利比亚首都的黎波里被战时反对派成立的"全国过渡委员会"军队攻陷后，卡扎菲宣布"迁都"至老家苏尔特，这座城市成了卡扎菲势力的最后据点、利比亚战事的终极角斗场。卡扎菲本人、他的一个儿子穆塔西姆·卡扎菲，以及利比亚前政权的国防部长阿布·伯克尔·尤尼斯最后的日子都在这里度过，受到部落的庇护。卡扎菲的次子赛义夫是其子女中最具影响力的一个，利比亚战前曾有传言他将是卡扎菲政权的继承人，他最终在利比亚南部城市塞卜哈附近的沙漠城镇奥巴里与他的两名助手一同被捕。塞卜哈也是卡达法部落所在地，赛义夫被捕前逃亡的日子都得到其部落的庇护。可以说，部落的庇护延长了卡扎菲势力存续的时间。

此外，部落纷争也为利比亚战后各种势力间的争夺埋下了重大隐患。战争激发了利比亚民众深重的部落意识，并将其外化和放大。卡扎菲战败身死，但部落冲突并未随之停止，而是继续存在，甚至不断产生新情况。直至国家总体实现稳定，新政权找到平衡部落利益、化解社会矛盾的解决方案后，民众的部落意识才能逐渐淡化或被其他的归属感取代。这在后卡扎菲时代的利比亚将要经过一个漫长的博弈过程。

利比亚战后，原来的专政统治终结，以部落、家族、地域和意识形态分野的暴力组织或人员大量涌出，以暴力方式争权夺利。部落因素对利比亚过渡政府的组成、施政方面的作用也由此显现。

第三节　利比亚过渡政治时期的部落因素

根据利比亚执政当局在战争结束后的规定，自 2011 年 9 月起的 20 个月内为利比亚过渡政治阶段。这一时期内，利比亚的政治和社会状况在很大程度上依赖部落首领们的特权和社会控制能力，他们有直接和民众接触的渠道，并能有效地动员民众。当前，部落首领们依靠国家资源维持其对社会的控制，同时运用这些资源，对抗国家的法律和规则。导致这种情况出现的直接原因是整个国家碎片化的社会控制和业已形成的冲突环境。如何正确对待部落因素，加强国家对社会的控制是利比亚过渡政府面临的重大挑战。换言之，部落因素将存在于利比亚过渡政府统治的整个时期和各个方面。

一　利比亚过渡政治阶段国内的情况

现代民主政治体制一般要经历三个发展阶段：传统专制主义阶段、过渡政治阶段和现代民主政治阶段。传统专制主义阶段主要指处于封建专制统治的时期，包括殖民主义占领、实行专制主义统治的时期，以及开始向现代民主政治阶段过渡之前的政治发展阶段。现代民主政治阶段主要指政治经济高度发展之后，建立了现代政治民主的阶段。过渡政治阶段主要指革除传统专制主义政治体制之后，即摆脱了传统专制主义向现代民主政治转变的阶段。

政治的发展和转变不会孤立地完成，必然与相应的经济基础、文化形态等方面相互协调，相互影响，共同发展。表5-1列出了政治发展三个阶段中的相关对应因素。①

表 5-1　中东国家政治发展阶段与模式

政治发展阶段 对应因素	传统专制主义阶段	过渡政治阶段	现代民主政治阶段
政治体制	专制主义体制	（多元化）发展中政治	分权式民主政治体制
经济基础	自然经济	发展中的商品经济	成熟的商品经济
文化形态	大一统传统文化	信仰与道德危机	文化现代化与多元化
政治合法性	传统、神授、征服	民族主义、形式上的议会和选举制度	民主、民授权力、现代法律体系
最高权威代表	君主、教首或其他领袖	君主立宪、奇里斯玛式领袖或其他首脑	宪法、民选轮换制领袖
政党状况	无党派	一党或多党	多党制

对照表5-1可分析得出，利比亚当前正处于过渡政治阶段。

（一）利比亚过渡政治阶段的特征

从政治体制来看，利比亚刚刚摆脱卡扎菲统治下的专制体制，处于发展中的政治阶段。2011年3月，反对派建立"全国过渡委员会"作为战时的最高统治机构。2012年8月，以全民公投的方式选举产生利比亚国民议会，负责过渡阶段的政治统治。未来，国民议会将组建一个由60人组成的制宪委员会起草宪法。宪法生效后，利比亚将举行新的议会选举，向分权式民主政治体制迈进。

从经济基础来看，当前利比亚只有极少数人仍然生活在沙漠中，以游牧为生，保持自然经济。大部分地区的民众早已摆脱自然经济进入商品经

---

① 王京烈主编《面向21世纪的中东》，社会科学文献出版社，1999，第8页。

济，但卡扎菲统治的 42 年间，宣称利比亚在经济上依据自然法，即建立在经济生产各要素平等基础上的自然社会主义，从而实现人们在自然生产中亨有大致相等的消费。① 显然，这个理念是落后且不切实际的，对利比亚的经济发展造成了消极影响，起到了阻滞作用。当前，利比亚的经济基础只处于商品经济的初始阶段。

从文化形态来看，利比亚战后，临时政府实力屡弱，多股势力争权夺利，国家缺乏凝聚力。部落社会结构和部落意识使民众缺乏统一国家归属感。

从政治合法性来看，战后已首次选举产生出国民议会作为利比亚过渡时期的最高政权。但无论是选举过程，还是国民议会的组成，民众的接受程度尚有限，国民议会仍面临合法性的问题。只有制宪委员会成立后制定新宪法，并依据新宪法组建正式的议会，国家才真正拥有现代法律体系和民主、民授权力。

从最高权威代表来看，利比亚独立后经历了两种最高权威代表，分别是存在 18 年的君主立宪制和持续 42 年的专政统治。战后过渡政治时期内，国家分别处于临时政府和过渡政府的统治下。

从政党状况来看，利比亚自独立后第二年至战争爆发前一直禁止组建政党。战后党禁放开，涌现出许多政党。这些政党大多仓促组建，既不成熟也不完备，仅以为本组织争取权力为目标。

爆发于 2011 年的利比亚战争正是利比亚从传统专制主义阶段向过渡政治阶段转变的导火索。由于利比亚的部落社会现实，国家各方面的转型与发展都离不开部落因素的影响，二者相互影响。落后的政治、经济、社会发展的状况使部落意识长期盛行于利比亚，后者为国家的全面发展增加了难度，延缓了国家现代性的构建，甚至对国家的稳定与统一

① 〔利〕穆阿迈尔·卡扎菲：《绿皮书》，世界知识出版社，1996，第 65 页。

构成威胁。

(二) 利比亚过渡政治阶段部落的状况

利比亚战后部落冲突频发,部落力量发生变化。

1. 战后利比亚部落冲突频发

在西部,利比亚战争的爆发使得当地阿拉伯部落与柏柏尔部落及少数民族部落间存在已久的矛盾全面爆发。祖瓦拉镇的居民主要是柏柏尔人,长期对卡扎菲的统治不满。其邻近的朱迈勒地区主要分布着阿拉伯部落,他们是卡扎菲的支持者。2012 年 3 月,祖瓦拉镇的几名猎人在打猎时误将一名朱迈勒的居民击毙,朱迈勒的部落将这些猎人关押起来并粗暴对待,由此引发两个部落间持久、激烈的武装冲突,双方甚至在冲突中使用了反坦克机枪和防空机枪等重型武器。冲突导致近百人死伤,政府的介入也没能在短时间内将其制止。[①] 2012 年 5 月,西部边境城镇古达米斯一所学校内发生纠纷,引发当地居民与周边的图阿雷格部落武装发生冲突,造成十余名图阿雷格部落武装人员死伤,双方在冲突中均使用了重型武器。自 2011 年 10 月利比亚全国过渡委员会宣布全国解放后,曾长期支持卡扎菲政权的图阿雷格部落被驱逐出古达米斯镇,被迫迁至周边区域,自此与当地居民间摩擦不断。[②]

南部各种形式的部落冲突此起彼伏,地区整体碎片化。一些小部落受到大部落的排挤;一些部落因对前政权态度的不同而发生冲突;也有一些部落认为新政府对他们的生命财产安全保护不够而产生独立倾向。2012 年 3

---

① 《境内部落冲突此起彼伏 利比亚或面临分裂风险》,http://www.china.com.cn,2012 年 4 月 6 日。
② 《利比亚部落冲突致多人伤亡》,http://news.xinhuanet.com/world/2012 - 05/17/c_111973104.htm,2012 年 5 月 17 日。

月，塞卜哈镇的民兵和百姓与临近的图布部落武装发生冲突，造成150余人死亡，逾400人受伤。此次冲突的起因是布西夫村的一名图布部落青年因被疑盗窃车辆而被塞卜哈镇民兵扣留，几日后被枪杀。双方都在冲突中使用了重型武器。塞卜哈部落与图布部落之间长期存在严重的部落矛盾。在推翻卡扎菲政权的运动中，图布部落组成了"拯救利比亚图布阵线"，在"倒卡"运动中扮演重要角色。而塞卜哈人一直是卡扎菲政权的坚定支持者。冲突发生后，图布部落首领曼苏尔对媒体宣称，图布部落正计划脱离利比亚，寻求独立，在遭到过渡政府拒绝后，该部落欲寻求联合国的支持。①

东部部落间时而发生武装冲突，要求自治的呼声不断挑战中央政权。2012年2月，东南部城市库夫拉接连发生暴力冲突，根源在于当地两个部落对资源的争夺，最终通过两个部落首领的和谈才得以解决，其间造成数十人死亡。② 班加西及周边地区城市委员会（相当于市政府）于2012年3月宣布昔兰尼加地区实行自治，并呼吁利比亚恢复实行伊德里斯王朝时期的联邦制。自治后该地区将拥有独立的议会、警察部队和司法机构，但在外交和国防上仍听命于中央政府。③ 昔兰尼加地区的部落在卡扎菲执政期间在政治和社会经济方面都被边缘化，与其在王朝时期的历史角色和在抗击意大利殖民者中所发挥的作用完全逆转。他们在后卡扎菲时期呼吁实行联邦制和要求自治的实质是争取尽可能多的特权，既包括在制度建设方面，也包括在石油收益的分配方面。

利比亚战后，境内的部落武装冲突此起彼伏。总体特征是：冲突的主要原因为部落民个体间摩擦扩大化、对资源的争夺，或两个部落对前政权态度的不同；冲突的烈度强，死伤严重，多使用重型武器；政府平息冲突

① 《利比亚发生部落冲突》，《汕头日报》2012年3月31日。
② 《利比亚地方部落为争地盘爆发冲突　政府派兵镇压》，http：//www.chinanews.com/gj/2012/02-19/3679708.shtml，2012年2月19日。
③ 《利比亚东部地区宣布自治》，http：//news.xinhuanet.com/2012-03/07/c_122799525.htm，2012年3月7日。

的能力不强，也不够及时，多是在冲突已造成严重后果后，政府才出手镇压；一些部落有自治或独立诉求。

2. 战后利比亚部落力量发生变化

利比亚战后，政权易手，一些部落原本的地位、力量等随之发生变化。首先是卡达法部落的衰落。卡扎菲的战败身亡令该部落民众遭到不同形式的打击报复。他们的家乡苏尔特市曾是战争的主战场，遭到严重损毁。当前，他们大多流落他乡；也有少部分人仍留居故里，但生活窘困，甚至面临生存危机。另有一些曾坚定支持卡扎菲的部落民众与卡达法部落残余武装依然以联合武装的形式在以拜尼沃利德为中心，以苏尔特和塞卜哈为基地的范围内制造矛盾冲突，武力挑衅现政权，以此表达不满与不甘。

政权的颠覆也使东部部落取代西部部落掌握国家的主导权。另有一些卡扎菲曾经的"盟友"部落在利比亚战争中或战后转变立场，如战时反对派军事最高指挥官尤尼斯所属的奥贝迪部落等。战争期间，这些部落中出现多名高官变节，战后他们立场鲜明地支持新政府，以免遭报复同时意图在新政权中谋求自身地位。此外，当前南部的大部落有的为在战争中立下功劳而争取权利和地位，有的也因曾经支持卡扎菲而遭到报复。

总之，利比亚战后，部落力量正在重新组合。西部、南部和中部的部落不希望东部的部落，尤其是班加西的前伊德里斯王朝的后裔们决定他们的命运；阿拉伯部落也不希望被柏柏尔部落夺走或削弱主导权；原本受压迫的部落希望以此为契机提升地位。利比亚国民议会于 2013 年 5 月 5 日投票通过了"政治隔离法"，规定曾在卡扎菲政权任职的高官不能在现政府继续任职。① 此法清晰体现出战后利比亚各方势力的地位，其中包括部落力量

---

① 《利比亚立法禁止卡扎菲政权高官入现政府总理或被废》，《每日电讯报》2013 年 5 月 6 日，第 3 版。

的逆变。

二　过渡政府统治中的部落因素

利比亚"全国过渡委员会"（以下简称"过渡委"）军方发言人巴尼曾于 2011 年 9 月 21 日表示，未来的利比亚政府将不会有部落特征。他说："部落时代已经结束了，我们的国家将是民主的、法制的。"他认为，利比亚部落也许还将发挥一些社会作用，但已不具备政治意义。[①] 虽然事实证明利比亚的部落时代尚未结束，民主时代的到来尚需很长时间的艰苦努力，但此番表态表明了过渡政权对部落的态度。

（一）过渡政府面临的挑战

部落问题是利比亚过渡政府面临的一项重大挑战。2011 年 9 月，拥有40 万人的奥贝迪部落因不满"过渡委"迟迟未公布其部落成员尤尼斯遇害的相关调查结果而通过媒体对"过渡委"表示质疑，称如果国家的法律和正义不能保护部落成员，"部落就会自行解决"。[②] 该部落在班加西有较大影响力，"过渡委"能否给出满意的答复将决定该部落对新政府的立场。利比亚战后频发的部落冲突以及一些部落提出的自治或独立要求，凸显了其国内严峻的政治和社会问题，后卡扎菲时代的利比亚正面临着国家分裂的风险，过渡政府的执政面临部落挑战。

利比亚至今仍是一个披着独立国家"外衣"的松散的部落联合体。人民最重视自己的部族身份，习惯效忠对象仍是各部落的首领，而非中央政府。利比亚战后，众部落各有诉求：有的希望颠覆现政权，恢复前朝；有的希望摆脱在前政权时期受压迫与歧视的窘境，争取更多权利；有的希望

---

① 焦翔：《利比亚新政府将弱化部落特征》，《人民日报》2011 年 9 月 23 日，第 2 版。
② 焦翔：《利比亚新政府将弱化部落特征》，《人民日报》2011 年 9 月 23 日，第 2 版。

在新政府中执掌大权；还有的希望改行联邦制，甚至独立建国。因此，新政权要稳固统治就必须加强对部落的管控能力。然而，自利比亚战后部落冲突不断爆发以来，政府的管控既不够及时，也不够奏效。利比亚武装部队由各地民兵武装（实际上是部落武装）组成，他们只听命于各自的指挥官，无视中央政府的统一调度，这导致政府的管控能力极其低下，也反映出利比亚政府的"软弱无力"。

从利比亚战后局势来看，国内尚未实现全面稳定，武装冲突、权力纷争未曾间断，其中大部分起因并存于部落之间，这一点在东、西、南三地的部落间皆有体现。部落问题仍是利比亚过渡政府面临的严峻挑战，具体体现在以下两个方面。

（1）部落自治和独立诉求可能导致部落国家化。卡扎菲政权倒台后，利比亚东部、西部和南部的一些部落均曾表达出自治意愿。东部的部落首领和军事、政治领导人曾于 2012 年 3 月 6 日联合宣布，昔兰尼加地区"自治"，同时呼吁在利比亚实行联邦制。当月 28 日，南部的图布部落也提出独立要求。图布部落与其周边部落经常发生流血冲突，因此指责过渡政府未提供有力保护，宣称为避免种族灭绝，该部落要求独立。这些独立和自治要求严重威胁到利比亚的统一。利比亚战后，过渡政府统治乏力，安全局势持续恶化，激发了部落分离主义情绪。因此，整个国家面临部落国家化的风险。

（2）部落离心可能导致国家"空心化"。利比亚被殖民化的结果导致其现代意义的国家先于民族生成。利比亚在独立后虽然有了"国家"的外壳，有了国际法概念上的、对外具符号和象征意义的国家以及被共同"国籍"联系在一起的国民，但在国民的心目中，部落意识的重要性并没有随着殖民主义的结束和国家的建立而降低。家庭、家族、部落仍是利比亚社会的基本单元，大部分人仍以部落归属界定其身份。卡扎菲执政时期，在增强国家统一意识方面进展不大，民众的部落意识依然根深蒂固。当其个人专政坍塌后，不仅部落冲突容易发生，而且这种冲突容易对脆弱的国家形成巨大的冲击，造成国家政权的瘫痪和无政府状态，国家"空心化"，仅剩下地理学意义上的一个标志。

（二）过渡政府组阁中的部落因素

从过渡政府的组阁过程来看，战后伊始的前两任政府总理都因没能处理好部落关系而组阁失败。第三任总理阿里·扎伊丹由于较好地平衡了众部落的权益而成功组阁。组阁之难足见利比亚战后部落力量之大、之复杂。

1. 政党组成中的部落力量分配

2012 年 7 月，利比亚举行了六十年来首次国民议会选举，在此前的六十年间利比亚一直实行禁党制。在本次选举中，党派候选人和独立候选人角逐总计 200 个国民议会席位，其中党派人士 80 席，独立人士 120 席。最终选举结果显示，在党派候选人席位中，全国力量联盟获得 39 席，占党派候选人席位的 48.8%，大幅领先位列第二的穆斯林兄弟会的公正与建设党的 17 席。全国阵线党位列第三，获得 3 席。发展与民主联盟、全国联合党和国家中部党三个政党各获得 2 席，此外，还有 15 个政党各获得 1 席（见表 5 - 2）。通过分析各党派得票数及分布，可清晰看出其背后的部落因素。

表 5 - 2 利比亚战后首次大选中全部党派的选票统计

党派名称 \ 选区	图卜鲁格	贝达	班加西	艾季达比亚	苏尔特和库夫拉	塞卜哈与海岸区	奥巴里与木祖克	米苏拉塔	胡姆斯	的黎波里	阿齐齐亚	扎维耶	总计
全国力量联盟	4	3	7	1	1	2	1	3	2	9	2	4	39
公正与建设党	1	1	2	0	1	2	0	2	1	4	0	2	17
全国阵线党	0	0	1	1	0	0	0	1	0	0	0	0	3

续表

党派名称 \ 票数 选区	图卜鲁格	贝达	班加西	艾季达比亚	苏尔特和库夫拉	塞卜哈与海岸区	奥巴里与木祖克	米苏拉塔	胡姆斯	的黎波里	阿齐齐亚	扎维耶	总计
发展与民主联盟	0	0	0	0	0	0	2	0	0	0	0	0	2
全国联合党	0	0	0	0	0	0	0	1	0	0	1	0	2
国家中部党	0	1	0	0	0	0	0	0	0	1	0	0	2
祖国党	0	0	0	0	0	1	0	0	0	0	0	0	1
使命党	0	0	1	0	0	0	0	0	0	0	0	0	1
支柱党	0	0	0	0	0	1	0	0	0	0	0	0	1
全国发展与安全党	0	0	0	0	1	0	0	0	0	0	0	0	1
祖国与发展党	0	0	0	0	0	1	0	0	0	0	0	0	1
正统与创新联盟	0	0	0	0	0	0	0	0	0	1	0	0	1
正统与进步联盟	0	0	0	0	0	0	0	0	0	1	0	0	1
中部民族联盟	0	0	0	0	0	0	1	0	0	0	0	0	1
全国拉比克联盟	0	0	0	0	0	1	0	0	0	0	0	0	1
全国海岸谷地联盟	0	0	0	0	0	1	0	0	0	0	0	0	1
中部青年集团	0	0	0	0	1	0	0	0	0	0	0	0	1
自由与发展党	0	0	0	0	0	0	1	0	0	0	0	0	1
全国党派联盟	0	0	0	0	0	0	1	0	0	0	0	0	1
希望党	0	0	0	0	0	0	0	0	0	0	0	1	1
智慧党	0	0	0	1	0	0	0	0	0	0	0	0	1
席位总计	5	5	11	3	4	9	7	7	3	16	3	7	80

由数十个党派组成的党派联盟全国力量联盟之所以能够胜出有多方面原因。其领导人马哈茂德·贾布里勒来自全国人口最多的瓦法拉部落，这为该党派争取到不少选民。此外，该党派是一个世俗化自由主义政党，成员分布广泛，内部构成复杂，但其领导人在所包含的众地区和部落间合理分权，使该党派在全国各主要地区和城市都收获了选票，也使该党派定下温和的基调和倾向，以赢得民心。

从全部选票的分布看，各个政党的得票数与其势力所在地区和部落的关系密切。其中，得票数排在第二位的公正与建设党是利比亚的一个伊斯兰主义政党，由穆斯林兄弟会成员于 2012 年 3 月在的黎波里创建。在此次选举中公正与建设党获得的选票来自全国多地的伊斯兰势力。该党领袖穆罕默德·沙旺来自位于米苏拉塔的部落，因此该党得票以西部地区居多。全国阵线党成立于 2012 年 5 月，其前身为 1981 年成立的反抗卡扎菲统治的抵抗组织——拯救利比亚全国阵线。该组织的创始人就是当时反对卡扎菲统治的东部部落首领，当前的主要成员由他们的后裔组成，一直活跃于利比亚东部地区，其所得 3 票中的 2 票来自利比亚东部地区，另外 1 票来自米苏拉塔，后者是战后倒戈的部落所在地。其他政党的情况与此类似，其得票地区就是所属部落分布的地区。

2. 过渡政府组成中的部落因素

利比亚过渡政治时期执政时间最长的总理阿里·扎伊丹的内阁成员包括 1 名总理、2 名副总理和 30 名部长。从利比亚官方公布的内阁成员信息来看，他们的个人信息中主要强调了教育背景、专业领域和年龄[①]，几乎没有显示出他们的部落归属，从这一点可以看出新总理致力于淡化各方对部落意识的关注和重视。当然，在当前形势下，完全不考虑部落归属的组阁也是不可能成功的。扎伊丹总理的成功组阁主要源于他较好地平衡了各部落的权力分配，他还引入大量独立派人士及其他团体代表，以达到各方利益的平衡。深入了解每位内阁成员的部落归属后我们发现，首先，他们多来自不同的部落，只有东部的拜尔阿绥部落和西部的菲图里部落各有两名内阁成员，其他部落最多只有一名内阁成员。其次，内阁成员所属部落涵盖了利比亚国内三个地区的大部落，既包括阿拉伯谱系也包括柏柏尔谱系。

---

① http：//www. libya－al－mostakbal. org/news/clicked/27497.

此外，原卡扎菲所属的卡达法部落及其忠诚的盟友部落都没有内阁成员。

在竭力平衡部落力量的同时，新总理还致力于将各方的关注目光转向内阁成员的教育背景、专业领域和年龄上。新内阁组成人员都是各自任职领域的专家，其中一半以上获得硕士或博士学位，三分之二以上有过海外留学经历，且留学国家既包括美国、英国、加拿大等西方大国，也包括埃及、摩洛哥、阿联酋等中东北非国家，还包括巴基斯坦、西班牙等国家。从他们的年龄来看，他们的平均年龄 56 岁，其中最年轻的通信部长仅 42 岁，最年长的国防部长 71 岁，是唯一一位 70 岁以上的内阁成员。以上诸因素皆体现出利比亚过渡政权不再依据部落归属，而是任人唯贤，并希望利用他们先进的思想和开放的眼界服务于国家的发展，摒弃落后的意识和体制。

（三）利比亚过渡政府对部落的做法

毋庸置疑，利比亚过渡政府对待部落的态度是淡化部落意识，强化统一国家观念。需要特别指出的是，这里的淡化部落意识并非否认民众的部落身份和属性，而是淡化部落因素在民族建构及国家发展中的影响。

利比亚当前处于强社会、弱国家的现实下，持续的冲突环境导致国家内部部落之间、过渡政府与国家机构之间形成特殊的、病态的关系。新政权要实现对国家人力、物力资源的动员、调配和利用，必须首先协调与掌控好与众部落首领的关系，利用他们的社会动员能力来显示自身的优势，此后才能逐步提高打破传统部落制度的能力。

利比亚过渡政府面临的一个重大问题是协调政府与部落之间的关系，削弱狭隘的部落意识对国家发展的负面影响，加强民族团结。当前形势下，过渡政府要提高社会动员能力要求的不只是训词、领袖气质或者抽象的意识形态，更重要的是具体的行为及受众的感知，即创造一个环境，使民众感到新政策对他们的福利至关重要，并为他们提供表达意图的制度化渠道。

对此，政府已采取以下措施：①扩大教育和公共服务以及健全各级行政机构；②逐渐改善山区部落的生活条件，提高那里的部落民众各方面的素养；③大力发展国家和地方经济，满足地方要求；④提高人民的生活水平和法制观念；⑤采取各种方式收缴战争中大量流入民间的武器，提供一个相对安全的生存环境，在此前提下逐步解除部落武装。同时，过渡政府还将制定切实可行的奖惩机制，将国家服务和惩罚纳入一个一致的国家体系中。

三　过渡政治时期的部落发展态势

当前，部落社会结构仍然是利比亚的重要国情，部落传统和部落观念依然存在。利比亚战后，原本以部落文明为基础的国家在专政统治倒台后难以形成凝聚力，上百个大小不等的武装组织间频繁爆发冲突，部落间利益纠葛十分复杂。随着利比亚民主化进程的加快，部落体制的影响必将渐趋弱化，不可能出现一个家族或部落垄断国家权力的局面。但部落制在利比亚由来已久，其影响根深蒂固，既涉及利比亚国家建设的方方面面，也深入民众的心理和现实生活中，因此不会在短时期内自行消亡。

（一）部落体制转变的必然性和必要性

1. 必然性

部落意识的淡化和部落体制的改变有其必然性。首先，现代社会的城市化进程在瓦解部落的力量。利比亚传统部落民众的活动地带以村落和沙漠绿洲为主。随着城市化进程的加快，越来越多的部落民众迁至城市工作和生活，不再群居在一个区域。在新的环境里，人们开始建立起新的社会关系，这在一定程度上弱化了同一部落民众间的联系。其次，利比亚战争对国家的基础设施造成严重破坏，对民众的生命财产造成重大损失。迫于战争影响，一些民众不得不移居他处，这必然淡化原本的部落联系。此外，过渡政权及新任领导人将淡化部落意识、加强民族国家统一意识作为施政目标。最后，也是最基本的一点，部落本身就具有较大的不稳定性。部落这种松散的组织形式不断分化、重组。上述方面决定了部落力量的强弱不是恒定不变的。随着利比亚现代化进程的加快，部落体制的政治功能将趋于弱化。

利比亚战争爆发后，班加西加里尤里斯大学研究和咨询中心研究员马萨马·阿尔桂力曾对前去采访的新华社记者说："利比亚现在的年轻人更多地倾向于自己的社会属性，如果你我属于一个部族，而你和我的一个好朋友发生了冲突，也许我会站在我好朋友一边，而不会支持你。"在班加西一处民兵训练营工作的大学英语教师穆斯塔法·塔胡尼对记者表示，他属于西部城市米苏拉塔的一个大部落，但是他家已经有两代人定居在班加西了，所以他与原部落的联系已经很少。他说："人们现在更多的是因为共同的信仰走到一起，而不是因为同属于一个部落。"利比亚反对派政府"全国过渡委员会"副主席兼新闻发言人库卡曾在战争期间接受记者采访时表示，部落对于利比亚局势的决定能力被外界夸大了。他说："在当前的利比亚，部落就代表着一个人的姓氏，在利比亚的社会生活里具有一定意义，但是在政治上不会发挥太大作用。"[1]

2. 必要性

国家统一意识与国家认同是支撑一个国家生存、发展和稳定的基础，也是一种持久发挥作用的国家文化体系。从政治学角度来看，国家意味着在此版图内生活的人们对于自己的国家有基本的归属感，对于本国的历史、传统、文化、国家利益有源自内心的认同、尊重和维护意识。国之为国，

---

[1] 李远、王跃华：《利比亚部落没想象中强大》，http://news.xinhuanet.com/world/2011-05/09/c_121393322.htm，2011 年 5 月 9 日。

不仅是地理概念上的，更是观念上的、精神文化上的。但是，国家观念与国家情感的形成、发展和转移都将经历一个漫长的过程。对于利比亚，其认同基础先天不足，而且后天缺失，要摆脱这一困境，首先要从淡化部落意识、增强国家统一认同开始。

（二）部落形式的转化

部落问题的解决将是利比亚重建中的关键一步。部落矛盾解决不好，国家不稳定，一切就无从谈起。国家与部落的关系处理不好，新政权根基就不牢，发展进程中将面临各种问题。部落问题的有效解决有赖于利比亚统治者对国家客观情况的深入了解和科学分析，并对部落特性加以利用，二者结合，采取科学方法，方可实现国家重建。

1. 民众归属感的转化

利比亚战争客观上对其部落体制造成了破坏。战争导致国家基础设施遭损毁、人民生命财产受损失。战争中及战后，为数不少的民众为生存需要移居他地，国家的人口分布发生了一定的变化。例如，苏尔特城原本拥有 20 万居民，它是此次战争的主战场之一，基础设施严重损毁，居民死伤惨重。战后，幸存的人多搬离该地，有的为了摆脱这里艰难的生存环境，有的为了远离这个曾经的伤心地。2013 年，这里的居民仅剩三四个家庭。①由此，同一个部落的民众可能散居多处，加之工作环境、教育情况等方面的原因，民众的归属感将逐渐从部落转移至行政区域。然而，归属感转移的重要保障因素是新政权对国家规划的稳定性。

卡扎菲统治时期，民众的部落归属感强于地域归属感，一个主要原因是行政区划的不稳定。卡扎菲为分化反对势力，防止潜在政敌对其政权构

---

① 张梦旭：《革命两年，利比亚人怕谈未来》，《环球时报》2013 年 3 月 28 日。

成威胁，频繁改变行政区划。1963～1973 年，全国被划分为 10 个省。20 世纪 80 年代初期，全国被划分为 24 个大区。1982 年，全国被划分为 44 个大区。一年后，国家又被划分为 25 个大区。1988 年，全国分为 13 个省，省下设县、区，共 185 个。1990 年，全国行政区又重划为 7 个省，下设 42 个区。1995 年，全国被划分为 13 个省。1998 年，全国又分成 26 个区。2002 年至 2004 年底，全国共设 25 个区。① 此后直至利比亚战争爆发期间未再改变。频繁变化的行政区设置不仅为国家的统一管理带来困难，更使民众没有稳定的行政区域归属感，从而强化了他们的部落属性。

2. 部落区域化

现阶段，在利比亚部落集中分布的地区，可使行政区划与部落边界相重合。领导者利用部落自身的凝聚力实现对整个区域的有效管理，重视对部落首领的安抚和管理，将部落民众对其首领的效忠转移和深化至对国家政权的效忠。未来，在国家发展过程中，逐步弱化部落意识，加强统一国家意识，从而提升国家的凝聚力。部落发展的客观趋势即从血缘联系向地域联系转化。当前的利比亚部落多依赖地域联系，而政府对民众实施统一管理也是以地域为单位，久而久之，稳定的区域归属感使民众逐渐忽视部落边界，部落意识随之淡化。

许多民族志材料表明，族群之间的密切接触和交错分布，往往使族群间相互影响，加速融合。边界论强调从民族生存和生活的空间边界上来认知自己，特别注重从民族领土边界的变化来表现自身，注重这一领土边界变化过程中自我与他者的互动，以及他者对自我的感知和作用。② 因此，稳定的领土和边界有助于确立并稳固民众的归属感。

---

① 潘蓓英编著《利比亚》，社会科学文献出版社，2007，第 5～6 页。
② 王军主编《民族主义与国际关系》，浙江人民出版社，2009，第 11 页。

3. 部落政党化

根据研究民族和民族主义的著名英国学者安东尼·史密斯的定义，"部落"不过是一个具有同一名称、共同祖先和传说、共有的记忆和文化因素的人群，一种与历史的领土或家园有关的联系，一个团结的度量。[1] 从本质上看，它本应是一种文化和社会的实体，而不是一种政治意义上的政治共同体。政党则是某个阶级、阶层或政治集团在国家政治生活中的集中代表，是阶级社会不可或缺的政治组织，具有很强的政治性。但在利比亚，社会结构及分层的特点不是以阶级和阶层为基础的"横向划分"，而呈现以部落或地域为基础的"纵向断裂"。一方面是阶级分野不甚明确，民族国家尚未完全形成；另一方面则是部落的广泛存在。因此，政党往往需依托某个或某几个部落方能存在和活动。

利比亚战后，党禁放开，大量党派涌现，其中多数是在短时间内仓促组建的，甚至在几天之内就有十几个甚至几十个政党注册成立。这些临时组建的政党根本没有足够的时间、精力和能力来形成和提出一套作为一个政党所必需的、较完整的章程和纲领。在既无意识形态又无纲领的情况下，这些政党要想在尽可能短的时间内赢得支持并将自身区分于别的政党，就只能是在部落上做文章。于是，部落政党化便是利比亚不可避免的现象。但由于阶级、阶层或政治集团一般是超民族的政治概念，政党自然还应拥有跨民族的族际性。政党都是超部落、超地区的全国性政党，因此政党的组建和活动将成为部落融合的途径。利比亚国民议会选举结果就清晰显示出这一点，任何一个政党都不是对应一个部落，而是得到两个以上部落的支持。

---

[1]　Anthony D. Smith, *The Ethnic Sources of Nationalism*, *Ethnic Conflict and International Security*, Princeton University Press, 1993, p. 28.

　　当前，利比亚的一些政党实际上只代表或偏向某部落、某地区的要求和利益，这使得原本属于文化和社会实体范畴的部落被赋予了浓重的政治含义，政治斗争变成了部落较量。在当前的利比亚，部落政党化对于部落体制的消除是把"双刃剑"，但从长远来看，政党的跨民族性将带来利大于弊的结果。

　　从对利比亚部落的全面分析中可以看到，实现在文化整合基础上的民族一体化进程是当前政府面临的严峻而迫切的任务，这不仅关系到社会的团结、国家的统一、政局的稳定和经济的发展等诸多建立民族国家所必须具备的条件，而且也是其实现政治现代化的要求。在此大背景下，淡化部落意识，转化部落形式是大势所趋。

小　结

　　部落作为利比亚根深蒂固的基本社会形态，在国家的发展和人民的生活中都蕴含着巨大的社会能量，在利比亚战争和战后过渡时期也发挥了重要的作用。部落及部落忠诚在利比亚内乱的双方博弈中扮演了重要的角色，也在战后过渡政治期间国家各方面的恢复与发展中发挥了重要的影响作用。尤其值得一提的是，利比亚民众在卡扎菲统治的40余年间已习惯于威权政府是国家事务的决策者和民众生活的保障者。

　　然而，利比亚战后的过渡政府和临时政府既没有执政经验，又缺乏强有力的经济和军事支撑，难以有力地应对国家战后乱局和发展的需要，加之新的政治体制与民众的惯有思维方式存在较大差异，使得国家的战后重建未能顺利推进，战后政治过渡时间表未能按期完成。利比亚战后至今已6年余，依然没能实现政权统一、经济发展和社会安定，国家各方面的重建都面临着重重困难和挑战。

下编　利比亚战后发展中的部落因素

第六章　部落因素与利比亚战后政治重建

"国家重建"通常指一个国家在获得独立或者经历了战争、内乱、外国干涉和政治动荡后其国家的发展和建设，尤其是国家机器的重新建立或国家政权的巩固。[①] 2011 年 8 月，随着卡扎菲个人专政统治的终结，利比亚国家重建随即被提上日程。利比亚重建既包括基础设施、民生工程等物质领域的恢复和建设，也包括国家政权的重构和各项制度的创设。其中，政治重建是整个重建进程中的关键步骤，是开启国家全面重建的前提和基础。从整体看，利比亚政治重建的目标是实现国家向民主制转型，该目标源自外来移植，实际上其国内条件尚不成熟。战后 6 年多来，利比亚的政治重建进程艰难曲折：既没有建立起足以服众的政治权威，也没有构建起广为接受的政治制度。利比亚的部落体制具有的分散性、碎片化的特点与国家的整体性、集中化是一对难以调和的矛盾，也与其民主化目标是一对悖论，对利比亚的政治重建构成重要影响。

第一节　利比亚战后政治重建的基本情况

利比亚战后，政治重建进展不顺，政治暴力事件频发，一个主要原因

---

① 江涛：《后冲突时代的秩序重塑：美国在海外的国家重建行动研究》，世界知识出版社，2009，第 12 页。

是卡扎菲执政期间长期的制度缺失造成利比亚公民社会的孱弱。战后的政治脆弱和权威真空致使各派别间的武力争权难以平息。德国国际事务与安全研究所的副教授沃尔夫勒姆·拉切尔（Wolfram Lacher）认为，地区主义、部落主义是利比亚政治蓝图的显著特点。他在战争即将结束时已指出："地区利益和国家利益屈服于地区领导者和部落首领的要求将成为未来利比亚政治的主要特征。这些冲突链条将阻滞利比亚的政治进程，人种间、地区间、部落间的权力分配将成为利比亚政治进程的重点和难点。"[1]

一 利比亚战后政治重建的总体进程

2012 年 7 月，利比亚举行了战后首次全国大选，产生了由 200 名议员组成的国民议会接管国家权力。从表面上看，利比亚在战后不到一年的时间内迅速建立起新的国家权力机构。但是，此后临时政府的组阁和执政却波折不断。截至 2014 年初，利比亚过渡政权已历经包括"全国过渡委员会"执行委员会主席马哈茂德·贾布里勒在内的 5 位总理。

2014 年 2 月 7 日，国民议会以未完成任务为由，在宗教势力的主导下自行将任期延长至年底。此举在利国内遭到强烈反对。3 月中旬，国民议会迫于政治压力决定重新举行大选，选举出国民代表大会以移交权力，但迟迟未确定具体的选举日期。5 月 18 日，利比亚退役将领、世俗派代表人物哈里发哈夫塔尔命令津坦民兵武装攻打国民议会。当晚，与哈夫塔尔关系密切的军方将领宣布解散国民议会，但国民议会并未就此真正解散。6 月 25 日，利比亚举行了第二次全国大选，产生了国民代表大会。然而，国民议会并未履行移交权力的承诺，而是将国民代表大会逐出首都的黎波里，迫使其落户在东部小城德尔纳。自 8 月起，利比亚处于两个议会、两个政府并

---

① Wolfram Lacher, "Families, Tribes and Cities in the Libyan Revolution," *Middle East Policy*, 18 (4), Winter 2011.

立对峙的局面。

自 2014 年 9 月起，联合国利比亚问题特别代表①在两个并立政府之间展开斡旋，力图促成和解。双方经过多轮对话后终于在 2015 年 12 月 17 日在摩洛哥海滨城市斯希拉特签署《利比亚政治协议》，同意结束分裂局面，共同组建民族团结政府。从政治对话中产生的 9 人总理委员会暂时承担政府工作，负责拟定新政府名单。2016 年 1 月 19 日，利比亚总理委员会宣布，正式组建民族团结政府，并公布新政府的总理和 32 名部长的名单。出于对利比亚国内乱局所带来的安全隐患考虑，利比亚总理委员会和民族团结政府都暂时在邻国突尼斯办公，直至 3 月 30 日才回到的黎波里。然而，由于利比亚国内局势依旧错综复杂，民族团结政府的执政将面临多方面挑战，前景并不乐观。正如曾任联合国利比亚问题特别代表、联合国利比亚支助特派团负责人马丁·科布勒所言："我们不能忘记，这（签署《利比亚政治协议》）只是（利比亚政治过渡）艰难行程的开端。"②

早在利比亚战争期间，就有多家西方媒体预测：利比亚战后将成为按部落划分的失败的国家。在战后至今的 6 年多时间里，利比亚确实没有实现预期的政治目标——实现民主政治，而是陷入政治权威碎裂化，政治斗争长期化的僵局，从而导致国家失序，社会动荡和经济衰退，并造成严重的安全、社会和民生危机。曾有法国学者说，当前，国家的建设者（包括重建者）都采纳了自由民主和市场经济原则，此原则确实好过旧式的反阶层化，但一些国家建设或重建的案例显示，迅速的自由化会加剧社会碎裂和

---

①　2011 年利比亚战争期间，继联合国大会决定接受利比亚全国过渡委员会在联合国代表利比亚之后，安理会应利比亚全国过渡委员会的请求于 2011 年 9 月 16 日通过决议，授权建立联合国利比亚支助特派团，初步任期为 3 个月，联合国利比亚支助特派团代表国际社会支持利比亚主导的过渡和重建进程，以便建立一个民主、独立和统一的利比亚。此后，由于利比亚局势持续动荡，联合国利比亚支助特派团被数度延期。联合国利比亚问题特别代表即联合国利比亚支助特派团的团长。

②　《综述：利比亚政治过渡重新开篇》，新华网，http://www.xinhuanet.com/world/2015-12/18/c_1117503109.htm。

安全危机，与其采取因合法性问题而有缺陷的民主，不如先实现国家的制度化，再实现自由化。利比亚战后政治重建即属于这种情况，因此民主化的目标并未达到，国家却陷入乱局。

二 利比亚战后政治重建的核心议题

利比亚战后，权力分散，制度残缺，首先面临的是选择政治发展模式的紧迫问题，其核心就是建立适合本国国情的政治制度，并依靠稳定、高效的政府为国家的发展创造制度基础、文化基础、民族基础和心理基础。当前，利比亚国内各派别、各政党及其所代表的各方势力就国家政治重建问题展开激烈的争论，核心议题在于国家组织形式、政权组织形式和发展道路的选择三个方面。

（一）关于国家组织形式的选择

1. 利比亚国内对战后国家组织形式的选择存在争议

利比亚领土由三个区块组成：以班加西为中心的东部昔兰尼加地区、以的黎波里为中心的西部的黎波里塔尼亚地区和南部费赞地区。三地间无论是自然环境还是人文氛围都有很大的差异，且相互间缺乏紧密联系，难以接受统一管理。卡扎菲执政时期，国家的统一是在领导人的个人专政下形成的，而卡扎菲长期采取多项不公平的政策措施进一步导致三地发展失衡，民众难以同心。因此，三个地区的民众对于利比亚战后新国家的组织形式意见不一。

2011年8月，当时的利比亚全国过渡委员会宣布，把革命的总部由班加西迁至的黎波里，后者继续作为战后新国家的首都。对此，西部地区民众表示满意，并支持单一制国家形式；东部民众表示不满，要求改行联邦制，并已成立自治政府管理地区事务，自治政府仅在外交和国防上听命于中央政府；南部的一些部落不满于国家对其保护不力，谋求独立。可见，利比亚国内对战后国家的组织形式存在争议：单一制、联邦制、国家分裂。此后，国家政权几经易主，但不同地区和组织的民众对国家组织形式的争议始终存在。

2. 利比亚国家组织形式的可能模式

虽然利比亚的国家凝聚力不强，但在独立后的 60 多年里已形成了某种程度的国家认同，其国内已具备同质性。无论是依据战后的现实民意，还是从国家发展全局的需要考虑，单一制国家形式可能更适合战后利比亚的重建与发展。

从利比亚的现实民意看，战后民调显示，占利比亚人口总数一半以上的西部地区一致支持国家统一。东部地区人口占国家总人口的30%，且拥有丰富的能源储藏和受过良好教育的精英人才。这里虽然已经实行自治，但支持统一的国家形式。拥有 20 万人口的利比亚东部阿古里部落长老在战后曾公开表示："只有一个利比亚，我们所有人都不会接受国家的分裂。"[1] 南部费赞地区人口只占全国总人口的5%，虽然其中不乏要求独立的声音，但只局限于一两个部落，占总人口比重很小，且战后历届政府都宣称会不惜一切代价维护国家的完整统一，使该地区独立要求不能实现。显然，单一制国家形式是当前利比亚的主体民心所向。

从国家发展的角度看，单一制形式更符合利比亚国情，既有利于增强国家凝聚力，也有利于从整体上调配资源以助于发展经济。以其经济支柱石油产业为例，一些油田、管道、港口跨区分布，国内能源的储备、开采、运输等都需要地区间的协调与配合才能实现利益最大化。

综上，单一制国家形式既有利于利比亚国家的重建与发展，也是主体

---

① Kamel Abdallah, "Tribes and Abductions," *Al - Ahram*, No. 1183, 6 February, 2014.

民心所向。但不可否认的是，当前利比亚政局不稳、动荡不安，尤其是恐怖势力在其境内的发展壮大使其依然面临分裂风险。

（二）关于政权组织形式的选择

卡扎菲执政时的利比亚是一个松散的部落联盟，没有政党、议会等现代政权机构，其战后政治重建必然面临对政权组织形式的重新选择。更为严重的是，卡扎菲执政期间依靠部落统治在国内遗留下深重的部落观念和部落意识，对战后利比亚政权组织形式的选择起到一定程度的负面作用。利比亚战后，个人专政统治崩塌，各股势力如一盘散沙，各自为政，难以调和，且都致力于对国家统治权的争夺，遂出现国内各派势力对国家政权组织形式的激烈争论和博弈。

首先，部落博弈。利比亚国内有大大小小上千个部落，较大规模的有30多个。各部落自成一体，都竭力争取在战后新国家获得最大的利益和对国家的领导权。但从当前情况看，没有一个部落能够成为全国人民共同服从的领导部落，部落制也不可能成为战后利比亚的政权组织形式。这既不符合利比亚当前的国情，又不利于国家的整体发展，且与当代世界上通行的主流政权组织形式相违背。其次，政党争权。利比亚战后党禁的开放使众多政党如雨后春笋般涌现，政党成立的背景和目的多为具备资格参与党派角逐以争夺对战后新国家的领导权。从政党力量看，它们多为战后仓促组建，既无严密组织，也不具备完善的施政纲领和统一的发展目标，更谈不上执政经验。可以说，当前没有一个党派或组织有能力独立领导整个国家。最后，利比亚战后国内多种势力并存。有最先举起"倒卡"大旗的伊德里斯王室后裔，有战争中倒戈的前政权高官，有前政权残余势力，有割据一方的民兵组织，也有伊斯兰势力，甚至还有趁乱混入的恐怖势力，各种势力以各种方式对利比亚新政权展开激烈争夺。利比亚战后6年多来的国内乱局已充分说明，各派争权夺利的结果就是相互间混战厮杀，这使战后"大伤元气"的利比亚受到进一步削弱和消耗，国家重建的难度增加，时间延长。

通常情况下，国家组织形式影响政权组织形式的选择，但后者也有相对独立性。纵观利比亚战后政治重建进程，纵览当代世界政权组织形式的主体潮流，利比亚将采取政党政治方式，而非其原有的个人专政以及部落等级制度。依据其现实情况判断，在当前乱局下的利比亚，一党制不具可行性，只能组成多党联合政府，共同领导国家建设。而各派间的协商与妥协，以及政府执政能力的提升都尚需时日。

（三）关于国家发展道路的选择

利比亚战后，政党林立，派别繁多，为选择统一的发展道路增加了难度，在这方面争论的焦点集中于世俗化与伊斯兰道路间的调和与选择。一方面，利比亚战后伊斯兰势力提升。在推翻卡扎菲政权过程中，伊斯兰势力发挥了重要作用。战争中的"反对派"武装中约30%来自伊斯兰组织，且最先攻入的黎波里。[1] 在2012年的战后首次大选中，穆斯林兄弟会领导的公正与建设党赢得80个政党席位中的17席，居候选政党中的第二位，仅次于具有世俗主义倾向的党派联盟全国力量联盟（39席）。伊斯兰势力将是利比亚未来发展中一支不可小觑的力量。但是伊斯兰政治派别在利比亚的根基较弱，穆斯林兄弟会长期流亡海外，在利比亚境内没有坚实的组织基础和群众基础，此后又受到埃及政治"变天"的消极影响，且利比亚的伊斯兰组织内部众派别间也存在矛盾分歧。因此，伊斯兰主义对战后利比亚的影响力尚有限，但是其力量不容忽视。[2]

另一方面，曾长期受宗教统治压制的利比亚民众向往世俗化民主。卡扎菲笃信伊斯兰教，甚至认为人类面临的一切问题都能在《古兰经》中找

[1]　EIU, *Country Report*：*Libya*，October 2012，p. 21.
[2]　王金岩：《利比亚，仍然需要耐心》，《世界知识》2013年第2期，第40页。

到答案。他执政利比亚的 40 余年，以宗教法令和民主审议的方式治理国家。然而，这种方式存在明显的弊端，如宗教法令不可能涵盖社会生活各领域问题的解决方法，导致一些方面法律法规的缺失带来管理的盲点；又如民主审议的方式缺乏现实应用性。受伊斯兰教法统治 40 余年的利比亚民众渴望追赶并融入世俗化的世界主流和趋势。

从总体看，利比亚的伊斯兰组织和世俗派别在政治发展方向上并无本质分歧，二者都强调伊斯兰教法的地位，支持温和的伊斯兰主义，并反对恐怖主义。利比亚正走上一条介于伊斯兰主义和世俗主义之间的中间道路。但是，由于利比亚当前的安全形势持续恶化，政府统治乏力，伊斯兰极端势力趁乱潜入，趁机作乱。客观看待利比亚的伊斯兰势力要将伊斯兰派别与极端恐怖组织区别开。

当前利比亚国内关于国家战后政治重建的争论主要围绕以上三个方面。此外，外部因素也将对利比亚的政治重建产生一定的影响。毕竟，利比亚战争的胜利是在北约战机的帮助下才得以实现，甚至可以说后者对利比亚战争的结果起到决定性的作用，因此，利比亚战后重建必然会受到西方国家的制约。美、法等西方大国出于国际压力、国内实力等方面的考虑，没有直接参与利比亚战后的政治重建，但它们积极参与其他方面的重建，甚至从战争尚未全面结束时已着力抢占利比亚重建这一潜力巨大的市场。这一举动主要体现在帮助利比亚组建军队和培训军人，投资并承接利比亚基础设施建设项目，尤其是能源领域的重大项目等，以此既收获巨大的经济利益，又对利比亚其他方面的重建施加一定的影响。2014 年下半年以来，"伊斯兰国"等极端组织在利比亚扩势，尤以利比亚境内的西方人士和机构为袭击目标。出于对自身安全的保护，西方大国将机构和人员从利比亚全面撤出。尽管如此，西方大国对利比亚政治重建的影响依然不可小觑。安全方面，利比亚安全危局的解决需要西方大国的军事援助；政治方面，利比亚民族团结政府的成立和运作都离不开西方大国的支持；经济方面，利比亚经济的恢复与发展离不开与西方大国的合作，后者是其传统经济和贸易合作伙伴。显然，战后利比亚各方面的重建与发展都将受到西方大国的影响，甚至受制于它们的意志，此乃西方新干涉主义的外溢效应。

三　利比亚战后政治重建的突出特点

2011 年 10 月，利比亚全国过渡委员会宣布，此后的 20 个月为新政权的过渡期，并列出政治过渡时间表。但既定计划在此后的实施过程中多次被推迟，一些步骤数次反复，直至今天仍未实现政治稳定。利比亚政治重建的实质为通过建立起稳定的国家权力机构和制宪使国家逐渐步入政治、经济、社会发展的正常轨道。当前利比亚国内的现实情况为：国家尚未摆脱软政府乱社会的状况，预期民主未能实现，民怨越积越深，境内充满武装恐怖分子的威胁。一言以蔽之，利比亚正在遭受以激进方式推动政权更迭留下的后遗症的折磨，政治重建进程举步维艰。

解读利比亚政治重建的特点必然离不开对其客观国情的了解。政治上，利比亚战前 40 余年都采取形式大于实质的人民大会制度和世界上独一无二的权力架构体系，没有宪法、议会等现代政治要素。战后无论是机构设置还是制度创设都始于零起点。经济上，以能源出口收入为支柱的单一经济体制带来国家经济的脆弱性，对外受到国际油价和外交关系的制约，对内受到国内政治、安全局势的深刻影响。此外，国家凝聚力不强、部落属性犹存等社会特质不容忽视，这直接导致其在统治者的专政统治终结后强社会弱国家的状况。通观 6 年多来利比亚的政治重建进程，主要呈现如下特点。

1. 主导力量分散

战后的利比亚虽然存在分裂的呼声，但如前所述，绝大多数民众已在过去几十年中形成了稳定的国家认同,统一的国家形式没有改变。但是,国家权威的运行却呈现碎片化。当前利比亚社会堪称一个社会组织的大杂烩:地区间争夺主导权和经济利益,民兵武装混战,部落冲突不断,且与政党政治达成了一定程度的结合,在不同于国家所提倡的规则下运作。在这种情况下,不服从并非只是个人的失范、犯罪或腐败,而是一个更为根本的冲突,即应由哪个组织制定规则,这在利比亚战后重建中体现为重建主导力量的分散。

利比亚战后,曾在战争中团结一致、齐力"倒卡"的反对派分崩离析,且都以国家的功臣自居,希望获得对新国家统治的主导权,遂出现国内各派势力对国家政治重建主导权的激烈争夺。他们中既有老王朝后裔,也有倒戈的卡扎菲政权高官,还有各地民兵组织及众部落力量。由于出身和经历的不同,他们自身的素质和能力参差不齐,政治目标也各自不同,更为严重的是,他们都以实现本集团利益为目的,为此甚至不惜牺牲国家整体利益。由以上各类人群的代表组成的利比亚战后政权作为利比亚政治重建的主导力量显然缺乏向心力,他们主导下的利比亚政治重建必然目标分散,分歧丛生,难以齐心协力。

2. 目标模糊不清

利比亚战前采取的是世界上独一无二的民众国体制,实质上是处于强人及其家族的霸权统治之下,无论是国家机构设置、政治制度,还是外交政策,无不显示出卡扎菲的特立独行和高压统治。当强人霸权崩塌,国家面临政治重建时,必然会出现如下问题:首先,利比亚的政治"变天"源于国内对其前政权统治的不满而将其推翻,且其原有的政治制度及统治方式不具进步性,也不能与时俱进,因此新政权不可能延续前朝统治,而必须选定新的政治目标。其次,战后利比亚派别众多,各为一己之私争斗不休。重建主导力量分散必然造成目标的不一致。伊斯兰政党要求明确国家的伊斯兰属性，遵循宗教法令治理国家；"海归"派领导者推崇宪政民主道路；始料未及的政治"变天"使得其"本土"官员仍处于政治迷茫中，尚未明确国家政治道路的方向；甚至有官员表示希望恢复王国体制。[①] 此外，利比亚战后数次反复、艰难推进的政权重建和制宪进程也充分证实其重建目标之模糊。

3. 过渡政权更迭频繁

利比亚的政权重建起始于过渡政府组阁。2011年10月底利比亚正式进入政治过渡期，由战时反对派代表组成的"全国过渡委员会"代理国家权力，一个月后成立过渡政府，原"全国过渡委员会"执行局主席阿卜杜勒·凯卜担任过渡政府总理。2012年7月，选举产生出由200名议员组成的国民议会接管国家权力。至此，在战后不到一年时间内顺利地建立起新的国家权力机构。但是，此后历届政府的组阁和执政却波折不断，至今尚未稳定。

利比亚过渡政权历经5位领导人，即：全国过渡委员会执行委员会主席马哈茂德·贾布里勒、首任过渡政府总理阿卜杜勒·凯卜、两度组阁失败而被迫下台的穆斯塔法·阿布·沙古尔、执政近一年半后被不信任案弹劾的阿里·扎伊丹和执政不足一周就递交辞呈的阿卜杜拉·萨尼。除了总理频繁更换外，组阁也异常艰难，内阁缺乏稳定性。一方面，利比亚国内派别众多，众口难调，组阁艰难；另一方面，由于政治目标的不同和利益纷争不断，内阁成员辞职现象时有发生，以此表达对当前政局的不满。例如，2013年5月"政治隔离法"草案通过后，利比亚前国民议会主席穆罕默德·马贾里亚夫以及多名部长及驻外大使辞职；又如，2014年1月，利比

---

① 《利比亚外长：我将致力于恢复王国体制》，http://www.alarabiya.net/ar/north-africa/liby-a/2014/04/06/.html，2014年4月6日。

亚穆兄会政党中 5 名部长级成员集体辞职，以抗议扎伊丹执政。

2014 年下半年以来，利比亚政治分裂加剧，一度呈现东西两地两个政府并立对峙的局面，"伊斯兰国"极端组织控制利比亚的苏尔特和德尔纳期间甚至三个政府共存。经过联合国利比亚支助特派团的斡旋，2016 年初利比亚民族团结政府成立，利比亚实现了政权形式上的统一。"伊斯兰国"极端组织也在民族团结政府与西方大国军事力量的合力打击下被逐出利比亚。然而，政权统一的形式大于实质，民族团结政府仍十分脆弱，极端组织仍不时以各种形式制造事端，扰乱社会安全。至今，利比亚的政治统治仍未稳定，各种形式的政权更迭仍可能发生。

4. 制宪进程步履维艰

制宪指统治阶级依照一定的原则和程序创制宪法，其实质是统治阶级将自身意志转化为国家意志并反映到宪法之中。通常情况下，制宪指一种阶级力量夺取政权上升为统治阶级后创制第一部宪法的活动。宪法将确立国家发展的方向和轨迹，既是统治者执政的依据，也是国民行为的规范和国家政治生活的基石。

早在 2011 年 8 月，利比亚"全国过渡委员会"就公布了"宪法宣言"，其中明确规定了制宪进程，即在此后的一年内完成宪法制定和总统选举。但这个时间表却由于国内复杂多变的政治经济形势和动荡的安全局势而被一再拖延。两年后，临时政府再次将制宪提上日程。2013 年 7 月 20 日，利比亚国民议会通过制宪委员会选举法，该委员会将负责后卡扎菲时代利比亚首部宪法的起草，并规定制宪委员会将有 60 个席位，西部、东部和南部三个地区各分配 20 个席位，委员会中有 6 个席位将给予女性。2014 年 2 月 20 日，利比亚举行制宪委员会选举，由于受到安全局势及部族势力抵制的影响，选举结果未达预期。一方面，投票率低。在利比亚 340 万选民中只有 110 万人注册登记选举，最终只有 36 万人投出选票。另一方面，未产生出足额席位。制宪委员会本应有 60 个席位，选举只产生出 47 个席位。① 本次制宪先天不足，后又因利比亚陷入更为严重的政治乱局而告终。利比亚民族团结政府总理萨拉杰于 2017 年 9 月表示，将在 2018 年春天举行新的议会选举，但无论是利比亚国内舆论，还是相关观察家和分析家都不对此持乐观态度。

纵观利比亚政治重建进程，从总体看，战后第一年内政权基本实现平稳过渡，政权机构顺利建立，而此后的制宪进程却从波折不断到陷于停滞，未来前景仍不乐观。国内局势更加复杂，民众因基本生活得不到保障而对参政议政的热情越来越低。利比亚制宪进程任重而道远。

四　利比亚战后政治重建的制约因素

战后利比亚并未像突尼斯和埃及那样经历线性政治转型轨迹，而是直接由武装革命转型为精英主导的政府。利比亚并不具备成功转型的民主制国家的条件，即有凝聚力的领导阶层、活跃的公民社会以及一致的民族身份认同，因此，战后利比亚长期政治分裂，社会秩序混乱。在利比亚政治重建的 6 年多时间里，从总体进程看，政治过渡时间表没能按期完成；从政权构建情况看，领导人更迭频繁，现政府依然充满各种不稳定性；其制宪进程也一再拖延和反复。究其原因，主要有如下几个方面。

（一）政治发展基础薄弱

利比亚战前政治制度落后，体制残缺，使得其战后政治重建起点很低。独立前，由于复杂的地势、多荒漠的自然环境以及长期受到不同殖民者的统治等原因，所辖三地自成一体，各自为政，相互间缺乏联系。利比亚国

---

① 宋雨菲：《利比亚制宪委员会选举——"现代国家"眷顾利比亚?》，《人民日报》（海外版）2014 年 2 月 25 日，第 6 版。

家的形成也不是民族进程发展到一定阶段的产物，而是在特定历史背景下，在殖民列强划定的政治疆域内，被人为、强制地从外部设定并形成的。这使得利比亚现代民族国家的基本要素是殖民统治的产物，对其独立后的发展必然产生多种影响。而利比亚独立后的几十年间，无论是领导人的主观努力，还是国内外的客观条件，都没能使其步入真正意义上的民主进程。

利比亚在王朝时期是一个由三个具有半自治地位的地区行省组成的联邦君主制国家。其统一只是外在形式上的，内部的分裂状态未从根本上改变。从国家内部看，这一时期内三地之间的差异没有减小；民众依然缺乏统一国家归属感；伊德里斯国王的消极治国和禁党令致使利比亚的政治建设裹足不前。从外部看，利比亚脱离意大利的殖民统治后，并未获得真正意义上的独立，而是受到多个西方大国的觊觎。伊德里斯国王为获得它们的支持而默许给它们在利比亚拥有各自的势力范围。因此，20 世纪 50 年代，联邦政府多次试图改行单一共和制，但都没有实现。最终，石油开发的需要促成利比亚由联邦制向单一制的转变。[①]

1969 年，卡扎菲领导自由军官组织兵不血刃地推翻了伊德里斯王朝，从此卡扎菲执政利比亚 40 余年。他所实施的民众国体制在世界上绝无仅有，利比亚没有宪法和议会，且禁止组建政党，这与当代世界上通行的政治统治方式严重脱节。卡扎菲在执政后期，为摆脱内外交困的窘境，回归王朝时期所采取的部落统治，依赖其所属的和支持他的大部落打压异己。整个国家充斥着个人崇拜和恩怨情仇，政治现代化进程几乎没有对利比亚产生影响。可以说，卡扎菲对利比亚的统治实质是领导者的个人专政。

战后，利比亚强人专政崩塌，国家权威碎裂，须完全重新建制和从头开启制宪进程，而利比亚没有任何的前期积累和经验可循。不仅如此，战前的政治统治弊端和不良社会遗风的影响依然存在，政治重建须边破边立，

---

① 韩志斌：《利比亚早期现代化的两条道路之争》，《世界历史》2008 年第 2 期，第 105 页。

起点极低。

（二）政治清算显现负面效应

利比亚战后无休止的政治清算，迟滞了政治重建进程。

一国政治"变天"后的首要任务通常是对前政权的政治清算，然后创设新的政治制度和政权机构，利比亚也是如此，自战后利比亚过渡政府就开始对卡扎菲政权残余势力进行追缴。利比亚战争使卡扎菲家破人亡，其本人及三个儿子死于战争中，其妻子及另几名子女或至他国避难，或被捕入狱。除家庭成员外，其家族、部落成员、卫队成员以及支持者也都遭到不同程度和方式的清算。卡扎菲政权的忠诚支持者在战争期间及战后多被杀或被捕，其中包括被称为"卡扎菲的黑匣子"的利比亚前情报部长塞努西、卡扎菲政权的总理马哈茂迪等。战后利比亚政府还曾要求埃及相关方面移交生活在埃及境内的卡扎菲时代的 36 名高级官员。[1] 此外，战后至今，利比亚境内不断发生针对卡扎菲政权官员的暗杀事件，仅安全部门就有数十名官员遭到暗杀。卡扎菲卫队的成员在战后也难逃清算，少部分幸存者隐姓埋名，开始新生活。

利比亚的政治清算并未以对部分卡扎菲亲属和支持者身体上的消灭而告终。2013 年 5 月 5 日，利比亚国民议会以绝大多数票赞成通过"政治隔离法"草案，规定在 1969 年"九一"革命至 2011 年 2 月 17 日期间在利比亚政府工作过的高官应被隔离出当前的政治领域，不得担任要职。该法案的通过和执行可以看作对前政权的再次政治清算，既显现出临时政府的软弱与无奈，也为本就艰难的政治重建进程再添变数。"政治隔离法"引发的内阁和军队的"大换血"必然导致政府当前工作效率和执政能力的下降，

---

① 《埃及外交部证实与利比亚当局就移交前政权高官取得联系》，利比亚国家通讯社，ht-tp：//www.lana-news.ly，2013 年 10 月 21 日。

也使利比亚国内面临新一轮的政治分化和权力重新分配。此法的实施对象
是曾在卡扎菲执政时期长期任职的高官，他们多出自西部地区，这必然使
得西部力量受到打压，东部势力大幅上升，从而使本已有自治倾向的东部
地区加快自治步伐。昔兰尼加地区自治政府的成立及其利用"石油武器"
牵掣国家经济发展就是有力的佐证。此外，"政治隔离法"的持续发酵所
引发的政局动荡对利比亚国内安全局势和经济重建都带来了严重的负面
影响。

从利比亚的政治基础和现实情况看，"斩草除根"式的政治清算在战后
利比亚难以实现。卡扎菲以其独特的专政方式统治国家40余年，致使利比
亚的统治制度相较于当代主流统治制度显现出明显的差异和缺陷。战后，
国家濒临分裂，社会陷于混乱。当前既没有成熟的体制，也没有强大的党
派或领导者能够担起领导国家重建的大任。除曾任职于前政权的官员外，
战后新产生的组织及领导者皆无执政经验，无法独立执政。因此，无论是
国家机构，还是政府官员都不可能实现彻底"换血"，这就决定了利比亚战
后的政治清算必然是不彻底的。"政治隔离法"带来的负面效应也证明了这
一点。

当前利比亚陷入彻底政治清算的不现实性与新政府希望"纯洁队伍"
的矛盾中，因此频生事端，龃龉不断。事实上，民主最需要的政治远见是
放弃清算，同心为国，但这一点在利比亚难以实现。

（三）国家凝聚力弱化

利比亚所辖三地间差异很大，且国内部落众多，民众的部落意识、地
区归属感强。利比亚在战前呈现的是专政下稳定统一的表象。战后，其强
社会弱国家的特性显露无遗，国家的凝聚力进一步弱化。利比亚战后的真
实政治是，新的国家领导者取得国家强势地位的努力并未获得成功，国家
对社会的控制水平较低。从地区因素看，利比亚三地间差异较大，民众的

地区归属感大于国家统一意识。从部落因素看，利比亚民众的部落意识深重，部落冲突破坏社会稳定，部落特性干扰民主政治的实现。利比亚的部落因素与其政治重建之间存在一定程度的矛盾，具体体现在前者的分裂性与离散性和后者要求的统一性与集权性之间的矛盾。

综上所述，地区差异和部落意识导致的国家凝聚力的弱化是利比亚政治重建中的一个阻滞因素。战后政治重建工作的开展要求政府必须认清国内形势，并致力于摒弃狭隘的部落意识和地区意识，培养国家统一意识，增强国家凝聚力。此外，本书下面两章将详细论述利比亚战后安全环境的恶化和经济重建的艰难与其政治重建形成三者相互掣肘，相互阻碍的僵局。

第二节　利比亚战后政治重建中的部落因素

利比亚战后至今已6年多，国家政权尚未统一，政治局势依然动荡，其实现政治民主化的目标依然前路漫长。在"阿拉伯之春"爆发后不久，美刊有文章分析阿拉伯世界遭遇"民主缺失"困境时指出，历史习惯是民主的一大敌人。部落体制这一"历史习惯"确实对利比亚的政治重建产生重大影响，体现在多个方面。

一　部落因素迟滞利比亚民主化进程

进入20世纪90年代后，全球化浪潮为非洲国家政治发展带来民主化指向。此前，卡扎菲在利比亚建立的民众国制度和人民政权已从制度上实现了人民当家作主。但是，民主制度的建立并不意味着就能建立起稳固、有效的民主运行机制，更不等于政治民主化的实现，因为民主制度的实施与巩固是有条件的，而且对条件的要求往往比民主制度的确立本身更苛刻。

如果条件不充分，民主制度无法真正实现，而只是形式上的存在，卡扎菲执政时期在利比亚推行的人民民主制度就是如此。影响和制约国家政治民主化进程的因素是多方面的，其中，部落的影响和制约作用主要表现在以下几个层面。

1. 部落冲突破坏民主化实现的前提

民主化的实现必须以和平的社会环境和稳定的政局为前提，但利比亚的部落矛盾冲突对后者产生负面影响，从而制约前者的实现。利比亚由于社会结构的多元异质性、民族共同体发展水平较低，以及国家内部的政治单位多以部落或地区为依托，社会和平与政局稳定对政治发展尤为重要，并构成了民主政治的重要前提条件。

长期以来，部落间的隔阂、敌视和冲突一直是影响利比亚社会和平、政局稳定的破坏性因素。在卡扎菲执政的中央集权制时期，政府对族际关系尚难驾驭，部落冲突时有发生，部落反对派甚至曾挑战国家政权。利比亚战后，随着党禁的开放，部落矛盾和积怨同党派斗争交织在一起，遂更加肆无忌惮地暴露和宣泄出来。代表不同部落或地方利益的各个政党对政治权力的争夺也进一步强化了部落的自我意识。以部落为依托的各个政党多从本位主义出发，力图控制中央政权或在新的国家权力机构中为本部落谋取更多的利益，部落矛盾因此表面化和公开化。因部落矛盾引发的社会骚乱和政局动荡贯穿于战后利比亚的立法选举和组阁进程，选举结果也可能成为引发新的或加剧旧有的部落冲突的导火索。可见，社会和平与政局稳定是民主政体赖以存续和巩固的重要基础，部落矛盾因此间接地制约了利比亚的民主化进程。

2. 部落特性干扰民主化实现的手段

多数裁定原则是实现民主化的重要手段，部落对内团结、对外排他的特性使多数裁定原则无法有效实施，从而制约了民主化进程。多数裁定原则是民主政治特别是民主决策习用的手段，也是民主体制政治合法性的基础。但是，多数裁定原则的实施必须建立在社会团结的基础上。只有在民族国家的范围内，多数与少数构成一个整体，多数裁定原则才能真正得以实施，否则就会产生政治合法性危机。

在利比亚，人民大会和人民委员会是卡扎菲创立的所谓"人民直接行使政治权力"的机构。根据卡扎菲的构想，年满16岁的利比亚国民不论居住在何处都应该登记参加基层人民大会，具有其他阿拉伯国家血统的外国人也可以成为基层人民大会的成员。基层人民大会通过特定程序产生出由秘书、助理秘书及若干名成员组成的秘书处。各基层人民大会的秘书和助理秘书组成市镇人民大会。基层人民大会和市镇人民大会的秘书和其他组织的代表组成总人民大会。与各级人民大会平行的是各级人民委员会，后者是人民自行行使管理职能的行政机关。基层人民委员会从基层人民大会的群众中推选产生，市镇人民委员会的成员由总人民委员会的专门委员会指定。总人民委员会即利比亚政府。[①]

从表面看，卡扎菲执政时期的人民大会是经人民选举产生的，并且是建立在少数服从多数即多数裁定的民主原则基础上的。然而"多数"的质量和内涵却存在差别。根据民主政治的理论和实践，作为民主要素和标准定义的多数裁定原则至少可划分出三个量级：其一是合格多数，一般定在2/3以上；其二是简单多数，即绝对多数，定在1/2以上；其三是相对多数，即不过半数的多数。[②] 由于利比亚是部落体制国家，部落的自成一体及部落首领的绝对权力使民主手段在利比亚产生了反民主的变异。

利比亚的现实情况是部落首领的意志就是全体部落民众的共同意志，

---

① 潘蓓英编著《利比亚》，社会科学文献出版社，2007，第82页。
② 〔美〕阿伦·利法特：《多数裁定原则的理论和实践：不完善范例的顽强性》，吴展译，《国际社会科学杂志》（中文版）1992年第3期，第15页。

由于各部落人口数量差别很大，一人一票制的结果产生的不是真正的和公正的相对多数，而是"成问题的多数"。在选举中，群众在投票表决时很少考虑候选人的意识形态属性或政治纲领，而是依据其部落属性，只把票投给代表本部落利益的候选人。这样，在一人一票的平等原则下，选票往往带有浓重的部落主义烙印。结果，在中央一级的民主选举中，那些来自大部落的候选人总能在选举中获胜，从而在政府中处于支配地位。而那些代表小部落利益的候选人除非联合起来，否则将注定被排斥在国家的核心权力之外，即使能够挤入，也只能处于从属地位。利比亚的部落体制使其新生的民主政权难以摆脱部落政治的窠臼。

3. 部落弊端干扰民主化进程

首先，利比亚部落首领拥有极高的声望，卡扎菲执政时期地区的政治精英和宗教领袖往往都由部落首领担任。民众将部落首领视作唯一的效忠对象，这种意识在民众中根深蒂固，难以在短时间内转移或转变。这种部族体制下的组织方式和思想观念是实现现代国家民主的障碍，体现在民主进程中的诸多方面。其次，卡扎菲执政时期，人民大会和人民委员会制度下的政治效忠往往是以部落为基础。战后，集权统治下隐蔽着的带有部落或地区背景的不同派系之间的争斗演化为公开的代表不同部落利益的各个组织机构之间的角力。利比亚战前的所谓民主政治实则是部落体制下的民主，而非现代国家意义的民主政治。最后，在部落首领行使权力方面，在部落政治之下，一些部落首领为了获得权力，不是致力于制定和提出合理的政治纲领、发展计划和治国安邦之良策，而是按照部落主义的逻辑行事，极力煽动部落情绪。即使一些具有民族主义思想的领导者，出于争夺权力的考虑也不得不"入乡随俗"，改变初衷，转而采取实用主义的态度。以上部落弊端干扰了利比亚的民主化进程，必然影响民主政治的实现。

二　部落因素影响利比亚的政治模式取向

曾有西方学者说过，非洲政治在某种程度上就是部族政治。[①] 利比亚作为非洲国家的一分子，也面临同样的问题，即部落对政治模式取向的消极影响。政治模式包括国体和政体。国体，即国家的性质，具体说，就是社会各阶级在国家中所处的地位。统治阶级的性质决定着国家的性质。政体，即国家政权的组织形式，指统治阶级采取何种形式来组织本国人民反对敌人和保护自己的政权机关。多数情况下，政体是与国体相适应的。利比亚无论是在历史上还是在现实中的政治模式取向都受到其部落因素的影响。

利比亚政治发展进程中面临的一个严峻挑战，也是实现国家稳定、经济增长、社会安定的基本前提，是如何克服部落社会结构和民众部落意识的弊端，推进现代主权国家的统一建构与民族一体化融合。利比亚战前的两任领导人在国家建构与民族融合方面做法失当，追求对自身及本部落利益的满足，而忽视国内其他群体的利益，没有从国家整体利益出发，因而引发了持续的部落冲突，这从内部侵蚀着利比亚的稳定与政府的权威。战后利比亚需要更有效地培植民族国家的认同感与归属感，培养政党领袖与普通民众的爱国情感及为国家利益而奋斗的现代精神，从而逐渐消除存在已久的、落后的、狭隘的地方意识、部落意识、宗派意识带来的各种隔阂，使国家成为唯一的权力源泉和国民效忠的唯一对象。

部落因素对政权重构的影响主要体现在前者的分裂性与离散性和后者要求的统一性与集权性之间的矛盾。长期的部落矛盾冲突引发的政治动荡造成利比亚缺乏坚实有力的国家核心理念与核心价值体系，难以建构起维系和动员全体国民的国家整体利益观念。在国家认同感薄弱的情况下，国内各部落间的关系是竞争性的甚至是对抗性的，无法共同制定国家的长期

---

① 李安山：《非洲民族主义研究》，中国国际广播出版社，2004，第214页。

战略与发展目标。战后利比亚的政权重构包括国家组织形式和政权统治形式的选择，二者都离不开对部落因素的考量。

1. 单一制国家形式

从利比亚政治发展历程可以看出，战前国家政治体制演变的基本趋势是权力日益集中。集权制政治体制的确立，不仅是通过政治方式或强制手段取缔或兼并反对党的直接结果，而且也是利比亚社会、政治、经济、文化、历史和意识形态等各种因素综合作用的结果。利比亚社会具有以下特性：在国家的民族构成上，利比亚属复合族体国家；在民族共同体的发育水平上，利比亚尚处于从部落社会向现代民族国家发展的进程中。虽然，国家的民族结构与其政体形式并不存在直接或必然的联系，但前者总会以各种方式或渠道对后者产生一定的影响。在统一的民族国家，民族认同与国籍认同是相吻合的。而在利比亚这样的部落体制国家，部落因素必然对其政治生活产生影响，这一点是任何意识形态的政权都无法回避的。政治统治者不仅要权衡部落利益与国家利益的关系，还要处理部落之间的族际关系。从总体看，单一制国家形式更加符合战后利比亚的发展要求。

（1）从部落特性看，利比亚的部落特性包括团结性、排他性和继承性。在国内，民众都有各自的部落归属，团结一致捍卫本部落的利益，对抗外来侵略是他们神圣的职责。部落间发生的矛盾、纷争，甚至冲突都源于此。虽然从国内情况看，部落特性在一定程度上淡化了利比亚民众的统一国家意识，但对外时，民众又将利比亚视为一个大部落联盟，团结一致，共同应对外敌。在利比亚战争中，反对派决意推翻卡扎菲政权，但后者已存在40余年，将其推翻绝非易事。尽管如此，在是否借助外部力量的问题上，反对派内部意见不一。本土的反对派大多持反对态度，不愿外部力量介入利比亚的内政。最终北约的参战是反对派领导者的决议，他们几乎都有在西方受教育的背景或长期的生活经历。此外，利比亚在独立至今的半个多世纪里，已经形成了稳定的国家认同。部落的继承性使绝大多数民众不愿改变现有国家的形式。因此，部落特性使利比亚民众希望继续保持单一制国家形式。

（2）从民众的部落意识看，利比亚战后的一次民意调查结果显示，尽管东部地区有自治呼声，南部有部落甚至提出独立要求，但绝大多数民众希望保持原有的统一国家形式。他们认为，利比亚就是一个大部落，虽然其内部存在一些矛盾和问题，但这是其内部事务，不接受外来干涉，不允许国家分裂和被肢解。

（3）从国家意识的构建看，单一制国家形式更有利于利比亚新政权在战后重拾民心，加强民众的统一国家意识。利比亚政治现代化进程中的一个重要方面就是促使狭隘的部落忠诚转化为广泛的国家和民族忠诚，后者是民族国家建构的必备条件，在国家建构的初始阶段尤为重要。早在1959年刚果"自治共和国"成立周年之际，F. 尤卢总理就曾警示道：对于刚果人，乃至所有非洲人来说，"首要的任务是抛开部落和政党的分歧而实现全民团结"。① 为此，急需一种能胜任这项任务的政治聚合力量。在当前的利比亚，只有单一制国家形式才能举全国之力建设国家，并在这个过程中采取得当的统治措施增强国家凝聚力。

（4）从部落因素与统一国家形式的关系看，这种关系是双方面的。一方面，部落因素是实行统一国家形式的原因。统一的国家形式是解决利比亚战后初期各种问题，诸如民族意识危机、政治合法性危机、经济不发达和文化落后等的最有效的方式，是当前利比亚政治、经济、文化发展的客观需要和最佳选择，带有历史的必然性。在部落体制国家中，只有采取统一国家形式才可解决其自身的分散性的问题。部落因素是利比亚实行统一

---

① 〔法〕让·米歇尔·瓦格雷：《刚果共和国（布）：历史、政治、社会》，商务印书馆，1973，第160页。

国家形式的深层次原因。

另一方面，部落因素与单一制国家形式是一对矛盾选项。在部落体制国家中，政治效忠往往是建立在对本部落文化认同的基础上，而不存在强烈的国家认同。建立单一制国家形式须通过政治方式或强制手段取缔或兼并反对势力。而这种单一制只是形式上的，反对势力只是被强势压下，并未彻底清除，一旦条件具备，必然揭竿而起。利比亚独立后的历史已经数次证明了这一点。因此，利比亚的政治重建应致力于加强三地间的联系，增强统一国家意识，而不仅仅采取形式上的统一，这样才能最终实现真正、彻底的统一。

2. 议会制政权组织形式

国家形式影响政权组织形式的选择，但后者也有相对的独立性。具体到战后利比亚，无论从理论层面分析，还是依据现实情况判断，都不适合采用一党制，而只能组成多党联合政府，共同领导国家建设。

（1）从理论层面分析，一党制与部落因素是一种悖论。固然，实行一党制可以把全体人民团结在一个政治核心周围并使之成为整个国家利益的代表，以此调和族际关系，缓解部落局部利益与国家整体利益之间的矛盾冲突。但是，一党制与部落因素本身是一种悖论。

科特迪瓦政治社会学家 L. 西拉在分析和揭示这两者的关系时指出，这种悖论由双重矛盾构成：一方面，部落因素是促成实行一党制的重要原因，但是部落的存在及其作用的结果又使一党制徒有虚名；另一方面，实行一党制虽旨在消除部落因素的弊端，但是党的领导人为强化其统治地位又往往利用部落因素。① 在一党制下，国家领导人对待国内部落问题的态度大致可分为两种，一种是口惠而实不至，以反部落之名行部落制度之实，即实

---

① 张宏明：《多维视野中的非洲政治发展》，社会科学文献出版社，2007，第40页。

行"反部落因素的部落制度",对不同部落厚此薄彼,特别体现在干部的任用上,不是唯才是举,而是根据部落属性任人唯亲、排斥异己。另一种是在确保自身统治地位的前提下,奉行部落平衡政策,在政府、议会、政党、军队等机构的干部配备上以部落为单位分配代表比例,尽量维持部落间利益的平衡,从而维护自身的统治。卡扎菲政权就属于前者,这种执政方式最终导致部落矛盾尖锐,受压制的部落揭竿而起。后者也只能在短时间内起到缓和部落矛盾的作用,而无助于建设真正的民族国家。因为部落平衡政策本身就是部落因素使然,尽管它能够在一定程度上调和族际关系,但与此同时它又强化了各个部落的自我意识。一国部落间在一定时期内的和平共处并不等于真正实现了民族一体化。

(2)根据现实情况判断,利比亚当前不适合采用一党制。利比亚境内并存着成百上千个不同规模的部落,最大的部落有近百万民众,而小部落只包括几户家庭。但无论大小,每个部落都自成一体,没有任何一个部落能够成为全民共同承认的领导部落。

利比亚半个多世纪以来的禁党制使得民众只承认部落归属,只服从于部落首领,战后涌现出的各个党派水平参差不齐,民众尚未对它们全面了解,何谈接受和服从。在这种情况下,只有兼顾各方利益的多党制联合政府才能存在于并领导当前乱局中的利比亚,符合利比亚当前的实际情况。

小　结

利比亚政治重建进程从本质上看就是战后国家的统一与发展问题,关键是建立一个民主制度下的多元民族国家。多元意味着在政治、经济等方面的观点和目标的选择自由;意味着生活方式和价值观的选择自由;也意味着具有不同观点、不同宗教、种族或族体特性的人应该享有同样的权利和机会，应该受到同样的尊重。^① 而多元社会的建立必须满足一定的前提条件，既建立在为大多数人所接受的行为规范和原则的基础之上，同时还必须拥有共同的核心价值观。利比亚的新统治者必须从国家的客观国情出发，正确认识当前重建的特点，积极应对，才能建立一种利比亚人的特性，这种特性既符合阿拉伯人的特性，又符合柏柏尔人的特性，且兼容三个地区民众的特性，以此作为全国人民整合的基础，实现多元并存。利比亚政治重建6年多来的坎坷历程证实，成王败寇的丛林法则可以用于革命推翻旧政权，但不适用于国家的政治重建和实现国家的长治久安。

当前，利比亚依据《利比亚政治协议》已成立起一个民族团结政府，然而多个组织并立对峙的局面尚未结束，利比亚实现全面和平与发展依然前途未卜。在这个过程中，部落首领担当起调和矛盾、促成和谈的重任，民众的部落意识也是利比亚政治重建的一个阻滞因素。总之，部落因素是利比亚战后政治重建中的一个不容小觑的关键性因素。

---

① 〔美〕菲利克斯·格罗斯：《公民与国家——民族、部族和族属身份》，王建娥、魏强译，新华出版社，2003，第225页。

第七章　部落因素与利比亚战后经济发展

利比亚在战争爆发前是一个典型的"地租型"国家，国家的日常运作和经济发展严重依赖石油出口收入。战争期间，包括石油港口、输油管道等在内的国家基础设施遭到严重损毁。战后，历届过渡政府都以恢复和发展能源产业为首要任务，并启动全面的经济重建。然而，由于战后政治和安全局势持续动荡，多派别间的暴力冲突频发，各种经济设施遭到进一步损毁。利比亚的经济重建非但未能有效推进，反而呈现更严重的倒退之势。国家经济几近崩溃，民生艰难。部落因素是利比亚战后经济重建中的重要影响因素。

第一节　利比亚的经济状况

20世纪50年代以后，利比亚丰富的石油资源陆续被发现。自此，这个曾以农牧业为主的贫穷国家摇身变为非洲最富国。然而，利比亚独立后的两任统治者没有致力于经济多元化的发展，而使利比亚成为一个"地租型"经济国家。当其能源产业发展受阻时，国家经济受到致命性打击。

一　利比亚属"地租型"经济国家

利比亚是一个典型的"地租型"经济国家（rentier state），其政府收入的 80% 以上都来自能源出口所得。"地租型"经济的特点为：经济上完全依赖外部世界，国内产业结构单一，政府成为经济运行的中心；政治参与度低，国家的社会职能只限于财富的分配，国家与社会间的权利和义务关系被割裂，国家可以通过石油财富镇压和收买政治反对派。"地租型"经济的性质使中央政府对地方的依赖较小，同时也严重制约着地方经济的自主性。

石油地租带来的丰厚收入使利比亚政府不必像其他国家政府那样迫切地发展国内经济，并向国民征税。且利比亚能源领域外的其他经济领域发展落后，其收入在国内生产总值中仅占较小份额。政府对地方经济和税收的依赖较小，牢牢掌控对国家财富的分配大权。在政府经济职能中，分配、再分配能源财富的意义远远大于指导国家的生产活动。即使政府对经济部门的发展投资，主要来源也是能源收入。在这种情况下，国家对生产部门的投资不是以经济发展为目的，而是一种财富分配和个人消费的手段。①

"地租型"经济导致国家经济发展的不稳定性和政治上的威权主义，即所谓"石油的诅咒"。在利比亚，经济往往从属于政治，经济政策由政治目标而非发展目标决定，生产得不到重视，能源作为一种武器被运用到政治斗争中，能源收入的分配带有明显的政治目的或意愿。这些特征在很大程度上阻碍了利比亚的民族国家构建，在战后能源领域遭受重创后的经济恢复与发展中弊端更加凸显。

二 利比亚的能源状况

利比亚是能源强国，拥有丰富的油气资源，主要有如下特点：其一，

---

① Maja Naur, *Political Mobilization and Industry in Libya*, Denmark: Akademisk Forlag, 1986, p. 178.

储量大，已探明石油储量为 450 亿~500 亿桶，估计总储量可达 1000 亿桶；已探明天然气储量为 46.4 万亿立方英尺（约 1.3 万亿立方米），据专家估计，总储量可能达到 70 万亿~100 万亿立方英尺（1.9 万亿~2.8 万亿立方米），其中大部分尚未开发，甚至尚未进行勘探。其二，质量高，利比亚的原油质量轻，含硫量低，燃烧时更清洁和易于炼化。其三，易开采，能源分布区域地势平坦，油层埋藏较浅。其四，运输便利，其石油港口与有大量能源需求的欧洲距离较近，不需要经过第三国可直接运达。

（一）能源分布情况

1. 石油的分布情况

利比亚在卡扎菲执政时期颁布的《石油法》划分出四个石油储量集中的地区，分别是：西部的的黎波里、西山、扎维耶、胡姆斯与米苏拉塔地区；东部的班加西、绿山与德尔纳地区；南部的库夫拉地区以及塞卜哈和奥巴里沙漠地区。尤其值得一提的是位于中东部的苏尔特盆地产油区，这里分布着 14 个大油田，其中 12 个储量超 10 亿桶，目前已勘探出可开采石油储量约 71 亿吨，占利比亚已探明石油总储量的 90%，是利比亚能源储备最为集中的地区。此外，西南部的木祖克、西部的古达米斯和西北部的佩拉杰都是利比亚主要的石油产地。

2. 天然气分布情况

利比亚的天然气田主要分布在古达米斯、布里和苏尔特盆地。其中，苏尔特盆地已探明天然气储量约 1.14 万亿立方米，占利比亚已探明天然气总储量的 70%。

除了陆地的油气资源外，据专家估计，利比亚从苏尔特湾向西延伸到突尼斯加贝斯湾的狭窄的大陆架下也储藏着丰富的石油和天然气，其可勘探能源的潜力依然很大。

（二）能源相关设施分布情况

1. 油田

利比亚的主要油田有萨里尔油田（Sarir）、沙拉拉油田（El Sharara）、大象油田（Elephant/El Feel）和瓦哈油田（Waha）等（见表7－1）。萨里尔油田是利比亚最大的油田，位于中东部的苏尔特盆地内，储量约为120亿桶，约占全国总储量的1/4，战前产量为19万桶/日。该油田既供应本地的炼油厂，也有剩余原油经输油管道运往图卜鲁格。沙拉拉油田位于西南部的木祖克盆地，是利比亚与法国、西班牙等国合资开发的，战前产量为27.8万桶/日，接近全国总产量的1/6。该油田的原油主要通过输油管道运往扎维耶港。大象油田位于木祖克盆地，由意大利埃及石油公司开发，其产量占全国的7%左右。这里开采出的原油经过输油管道首先运往沙拉拉油田，再运往美丽塔，在那里与来自瓦哈油田的原油和凝析油进行混合后出口。瓦哈油田是由贾洛、瓦哈、萨马赫和达赫拉等油田组成的一处油田群，是利比亚最早开发的一批油田，由利比亚与美国合资的瓦哈石油公司负责开发。该油田群在战前的产量为32.9万桶/日，占全国总产量的18.4%，可经输油管道运往锡德拉港。[①]

利比亚的油田通过输油管道网络连接至地中海的港口。国家石油公司所有的主要石油管道有：萨里尔—图卜鲁格、马斯拉—拉斯拉努夫、瓦哈—锡德拉、哈姆马达·哈姆拉—扎维耶、阿马尔—拉斯拉努夫、伊提萨尔—祖韦提奈、纳赛尔—图卜鲁格。国家石油公司还有6个石油储备基地，即：马尔沙·哈雷格、图卜鲁格、祖韦提奈、拉斯拉努夫、锡德拉和扎维耶。

---

① 畅红：《利比亚石油经济和部落关系》，中国社会科学院西亚非洲研究所博士后研究工作报告。

表 7 - 1　利比亚的重要油田

单位：万桶/日,%

名称	所在地区	产量	全国占比	经由输油管	管道终点
萨里尔	东　部	19	11.1	萨里尔—图卜鲁格	图卜鲁格
瓦哈油田群	东　部	32.9	18.4	贾洛—瓦哈—萨马赫—达赫拉—锡德拉	锡德拉
沙拉拉	西南部	27.8	15.5	沙拉拉—扎维耶	扎维耶
大象	西南部	12.5	7	大象—沙拉拉—美丽塔	美丽塔
布阿提菲尔	东　部	9.9	5.5	布阿提菲尔—伊提萨尔—祖韦提奈	祖韦提奈

2. 油港

利比亚的油港多与油田配套而建，也是主要分布在中东部地区，共有 9 个，战前总出口能力为 160 万桶/日（见表 7 - 2）。其中最大的油港是锡德拉港，出口能力为 34 万桶/日；其次是扎维耶港，出口能力是 23 万桶/日；再次为拉斯拉努夫港，出口能力为 22 万桶/日；此外还有布雷加港、祖韦提奈港、图卜鲁格港、博瑞港、朱尔夫港和美丽塔港。这些油港主要集中在两个区域：一个在锡德拉湾海滨，西起锡德拉，东到祖韦提奈，在 200 多公里的海岸线上集中了 4 个油港，总出口能力约 69 万桶/日，占全国出口总量的 54%，这些油港通过输油管道与利比亚最大的产油区苏尔特盆地相连；另一个在的黎波里附近，这里也集中分布了 4 个油港，总出口能力约 47.5 万桶/日，占全国出口总量的 37%，主要出口佩拉杰盆地、木祖克盆地和古达米斯盆地产出的原油。此外，图卜鲁格油港是所有油港中最东边的一个，其出口能力为 11 万桶/日，通过输油管道与多个油田直接相连。①

---

① 数据来源：Country Analysis Brief：Libya，U. S. Energy Information Administration，2015 - 11 - 19，http：//www. eia. gov/beta/international/analysis_includes/countries_oong/Libya/libya. pdf。

表 7 - 2　利比亚的主要油港

单位：万桶/日

名　称	所在地区	出口能力	作业公司
图卜鲁格	东　部	11	阿拉伯湾石油公司
锡德拉	中东部	34	瓦哈石油公司、马布鲁克石油公司
拉斯拉努夫	中东部	22	阿拉伯湾石油公司、温特沙尔石油公司
祖韦提奈	中东部	7	美丽塔、温特沙尔和祖韦提奈石油公司
布雷加	中东部	6	阿拉伯湾石油公司、苏尔特石油公司
博瑞	西　部	45	美丽塔石油公司
朱尔夫	西　部	4	马布鲁克石油公司
美丽塔	西　部	16	美丽塔石油公司
扎维耶	西　部	23	阿卡库斯石油公司

3. 炼油厂

利比亚有 5 个较大规模的炼油厂（见表 7 - 3），分别为：拉斯拉努夫石油化工联合企业，炼油能力 22 万桶/日；扎维耶炼油厂，炼油能力 12 万桶/日；图卜鲁格炼油厂，炼油能力 2 万桶/日；萨里尔炼油厂，炼油能力为 1 万桶/日；布雷加炼油厂，炼油能力为 0.8 万桶/日。

表 7 - 3　利比亚主要炼油厂

单位：万桶/日

名称	炼油能力	所属公司	投产年份
拉斯拉努夫	22	利比亚 - 阿联酋炼油厂	1984
扎维耶	12	扎维耶炼油厂	1975
图卜鲁格	2	阿拉伯湾石油公司	1986
萨里尔	1	阿拉伯湾石油公司	1988
布雷加	0.8	苏尔特石油公司	1970

数据来源：Energy Information Administration, Libya, October, 10, 2013, http://www.eia.gov/countries/analysisbriefs/Libya/libya.pdf。

4. 天然气管道

从地中海沿岸的布雷加到胡姆斯建有长达 750 公里直径为 34 英寸（约 0.86 米）的输气管，是不仅在利比亚国内，甚至在阿拉伯马格里布联盟都占重要地位的输气管道。除了向国内企业供气外，它还是利比亚天然气输往国外的主要管道。在利比亚东部，输气管现在已经延伸到祖韦提奈和班加西，可以向当地的电站和水泥厂供气。西部沿海已建有俄罗斯援建的从扎维耶到突尼斯边境长达 100 公里的输气管道，国家石油公司在布雷加建造的日生产能力为 14 亿立方英尺（约 0.4 亿立方米）的全国天然气管道配送中心也已投产。

三　利比亚战前经济情况

（一）利比亚王朝时期的经济情况

在王朝时代，利比亚境内首次发现了丰富的石油储藏，因而其经济实现了爆发式增长，从资本赤字国变为资本盈余国。政府依赖西方大国帮助其开采石油，获得高额收入，维持统治。具体做法为：①对外国公司（主要为西方大国的石油公司）实行租让制，即通过发放"特许权协议"和"勘探许可证"准许外国石油公司在利比亚境内从事石油勘探开发。②通过限制性条款确保任何外国石油公司不能在利比亚获得绝对的石油垄断地位，具体做法为将同一区域内的若干区块分给不同的石油公司，并鼓励更多的石油公司进入利比亚投资。③通过对运输便利的近海区的租用条件做出限制的方式鼓励外国公司到沙漠区域进行勘探。④制定严格的特许权申请条件、勘探程序和收益分配标准，并防止外国石油公司获得特许权后不进行勘探。

利比亚在制度的初期建设中形成了一个"碳氢社会"，国家经济严重依赖石油出口收入。国家只是一个石油的分配机构，主导权掌握在部落首领和区域贵族手中。更为糟糕的是，由于利比亚政府的软弱和缺乏经验，其制定的石油政策严重倾斜于外国公司方面。利比亚政府没有直接参与石油的勘探、开发、生产、销售等相关工作中，通过发放勘探许可证和签订特许权协议的方式将绝大部分石油交由外国能源公司打理，致使利比亚石油的开采权、销售权、定价权和经营管理权都操纵在外国公司手中。为了实现利润的最大化，外国石油公司不断压低利比亚石油的标价以及矿区使用费和税金，使利比亚政府长期蒙受巨额的经济损失。

这一时期内，石油收入使利比亚政府财政充盈，国家经济状况得到改善，社会流动性增大。民众的政治诉求和精神诉求增多，对伊德里斯国王依附西方国家的不满情绪日益强烈。新的社会思潮和力量不断冲击着利比亚的传统社会结构。

（二）卡扎菲执政时期的经济情况

卡扎菲执政期间主要采取了如下方面的能源措施：①在与西方大国的关系方面，开启对石油资源的国有化进程，确立国家对能源的绝对控制权。对持合作态度的外国石油公司实行赎买政策，购买其50%以上的股权；对不与其合作的外国石油公司采取强行没收，即全部国有化的措施；并致力于对外石油合作的多元化。②在与地区国家的关系方面，采取减产、提价、禁运等措施，配合阿拉伯国家运用石油武器与以色列以及支持以色列的西方国家作斗争。③在国内的经济制度方面，主张消灭剥削和雇佣制，建立合作制经济关系，实施计划经济，采取"社会主义"制度以实现"自由""平等"和"正义"。④在国内的能源政策方面，采取"限产保值"政策，对石油资源进行保护性开采；通过新的勘探技术发现更多的石油和天然气能源；大力发展石油化工产业，力图改变单一出口原油的结构。

从国家整体看，卡扎菲执政期间依然没有实现国家经济的多元化和管理的社会化，导致国家在经济上严重依赖能源收入，在职能上依然只是提供者和分配者。从短期来看，石油收入确实维系了政府的统治，但由于国家与社会关系的疏离，国家无法通过制度化的手段实现与社会的互动，导致国家的制度化水平低下，阻碍了市场经济的形成和法律体系的建构，同时催生了部落、区域等小团体间权力关系的忠诚网络，强化了人们对部落、地区、城镇等的认同。

第二节　利比亚战后经济重建状况

利比亚战争使国家的基础设施遭损毁，对民众生活造成重大影响。其战后的经济重建和发展是其他领域重建的物质基础。其战前国家的运转很大程度上依赖于能源出口收入，经济基础薄弱，经济结构脆弱。战后的几届政府都致力于开展经济重建，但因国家深陷政治纷争，所以难以从经济的角度来理解政治的本质，没有将发展经济、改善民生放在国家重建的首要位置，而是空谈政治，造成战后冲突频发，使得经济重建陷入困局。这是利比亚面临的一个根本性困境。

一　能源领域的重建

利比亚具有得天独厚的能源经济优势，但其独立后的几十年内，统治者没有充分重视全面的经济发展，而使其沦为一个典型的"地租型"国家。战前，利比亚财政收入的80%以上来自石油出口收入，战争中及战后石油收入的锐减大大削弱了利比亚的经济基础。战后几届政府都以恢复和发展石油产业作为经济重建的第一步和最重要的一步，但能源产业受到其他多方面的制约，目前在国家整体乱局中艰难前行。全面恢复能源产业任重道远，尚待时日，利比亚的能源市场和投资环境还存在诸多不确定因素，未来局势走向不容乐观。

1. 利比亚能源领域重建的两个阶段

利比亚战后能源领域的恢复和发展进程清晰地呈现出两个阶段。战后第一年为第一阶段，特点为迅速恢复。2012 年 9 月，利比亚国家石油公司发布公告称，油田生产、石油终端和炼油厂已基本恢复，石油产能已恢复至 141.7 万桶/日，接近 160 万桶/日的战前水平，其石油工业重建进程超过了业界普遍的预期。利比亚战后石油产量恢复较快的原因主要有三方面。一是新政权快速建立，社会基本稳定，石油重建措施得力，石油公司积极响应，众派别和部落予以配合。二是战乱对油田和石油设施的损毁并不严重。三是主力油田的产能原本就很高，战乱时关井几个月，一旦复产，产量很快恢复。但此后至今的第二阶段内在多重原因的共同作用下能源产业几近停滞，甚至出现倒退。2013 年 11 月，利比亚石油产出量降至不足 30 万桶/日的历史最低点，此后该数值伴随国内局势的动荡多次出现起伏，至今仍未稳定。

2. 利比亚能源产业重建的国内影响因素

从利比亚当前国内局势对能源产业的影响看，主要有如下两方面。

（1）利比亚国内局势对其能源领域的发展构成严重的制约。政治上，权力机构不稳定、制度残缺，使得能源领域制度混乱、管理不力。社会中，各派别、部落为私利而非为国家大计，相互间不能通力合作，而是为争权夺利激烈博弈，甚至破坏对方的能源设施，封锁港口等，直接影响能源产出，能源的开采与输送难以顺利完成。利比亚的油气田及输送管道散布于多个地区，有些跨区分布，因此，石油从开采到实现收入价值需要地区间的配合与协作。一方作梗，整个产业链即崩溃。战后，一些富油区的民众或组织以停止石油生产、阻挠石油运输为要挟，或为国家石油公司进入其区域作业设置先决条件等，以迫使政府满足他们的要求，使石油能源无法得到充分的开发和利用，影响国家的石油收入。安全形势恶劣，暴恐事件频发，成为能源市场发展的强大阻力。利比亚能源领域的恢复与发展与其他方面的重建密切相关，在当前呈现相互掣肘的窘况。

（2）过渡政府难以满足能源领域员工的要求，后者罢工抗议。对此，过渡政府采取"胡萝卜加大棒"的双重措施以期扭转能源市场的颓势。一方面，宣布为石油领域工作人员加薪67%；另一方面，宣称将使用包括军事力量在内的任何方式，逮捕罢工领导者，并严办私自出售石油案件。但是，基于当前国内乱局和国力衰弱的现状，政府的承诺难以落实，其管控措施也难以执行。

3. 利比亚能源产业重建的外部影响因素

（1）西方大国的撤离导致其能源产业的停滞。利比亚的能源量多质高，设施齐备，一直以来吸引世界各地的能源企业对其投资和参与开采，尤其是与其隔海相邻的欧洲和美国的能源企业。近几年来，利比亚安全局势持续恶化，其境内的西方人士和机构成为武装分子袭击的主要对象，加之产能持续低迷，绝大多数外国公司和侨民已撤回祖国，采取观望态度。这使利比亚境内的大量能源产业陷入停滞状态。

（2）国际油价也必然对利比亚的石油收入产生影响。利比亚战后出现的生活物资供应不足、安全形势恶劣等问题降低了外国公司在其石油领域投资的信心；诸多原因导致的石油减产和原油出口的不稳定也带来利比亚原油出口价格的下降。此外，其他产油国的国内动乱以及国际和地区局势的动荡也必然影响国际油价的稳定性，进而影响利比亚的石油收入。

二　其他领域的重建

石油收入的减少和政局的不稳定使利比亚其他方面的经济建设也难以

启动和开展。卡扎菲执政后期，尤其是自西方大国取消对利比亚的制裁后，开始大搞国家建设。整个国家，尤其是卡扎菲的支持势力所在地区的面貌因此改观。利比亚战争使其国内的基础设施和在建项目遭到严重损毁，战后，国家重建任务艰巨。战后伊始，临时政府已将恢复利比亚与外国公司的经贸合作和战争中搁浅的建设项目放在工作的首要位置。一些利比亚驻外使馆的商务处已经开始与当地公司取得联系，将利比亚的建设需求与当地公司的能力对接，为预期的合作打下基础。可以说，利比亚重建的大幕已开启，其国内各类项目大量涌出，包括中国企业在内的多国企业正在与相关机构进行沟通。然而，由于利比亚的政治和安全局势仍不稳定，过渡政权调控能力不强，官员权责未明，其基础设施重建工作仍未有效开启。

此外，近几年，利比亚国内的水、电、粮食等基本生活资料难以保障供应，也因此带来物价飞涨，民生艰难，高失业率问题更是难以解决。这是利比亚政府当前面临的最迫切需要解决的问题。

第三节 利比亚战后经济发展中的部落因素

利比亚战后，石油收入锐减。由于政治和安全局势不稳定，其他方面的经济建设也难以启动，或启动后被迫中止。利比亚的经济重建既受到资金不足的制约，又受到管理混乱的影响。值得一提的是，部落因素也是制约利比亚经济统筹发展的一个重要因素，主要体现在：部落冲突使各部落间难以合作共建，且削弱了各个部落的力量，从而阻碍整体经济的恢复和发展。

一 "地租型"国家中的部落影响

在"地租型"国家社会中，国家对社会的间接控制远不及家族、部落的直接控制的影响大。且由于收入分配以部落为单位，部落制度和意识得到强化。与此同时，部落因素又使利比亚的经济发展受到内外因素的双重制约。从国内看，石油生产需各地区、各部落的协调配合，一旦出现任何形式的局势动荡，经济建设必然受到影响。从国外看，当国际局势动荡或国际油价波动，其后果必将传导至国内，利益分配和损失承担问题可能打破部落间的平衡，导致部落产生矛盾，甚至发生严重的冲突。20 世纪 80 年代后，国际油价下跌和国际社会的制裁引发了利比亚国内的政治、经济危机，导致卡扎菲具有平等主义色彩的福利国家构建方案失败，加剧了其国内不同地区和部落在财富分配和损失承担上的矛盾。利比亚的经济单纯依赖石油出口，而非致力于经济多样化发展的经济模式受到外部环境和国内社会条件的严重制约。

二　能源产业的发展离不开部落间的合作

利比亚战争期间，一些部落以其领域内控制的石油储备、管道或端口为资本提出要求或反抗。2011 年 2 月 20 日，南部扎维耶部落的发言人宣称，如果卡扎菲不停止对平民的武力镇压，就切断该部落域内的石油出口。战后，一些部落依然以所控制的能源设施为筹码谋求权益。例如，曾有南部地区的部落以关闭所在地的油田来威胁政府，表达对政府的不满。也有一些油田分布在两个部落的交界处，当两个部落关系不睦时，各自都力图掌控对该油田的所有权和控制权，双方的冲突使该油田无法得到充分开发和利用，甚至被损毁。这种情况多发生于石油储量丰富的东部和南部地区。部落因素对利比亚经济建设造成的障碍将长期存在，主要体现在能源产出、利益分配和可持续发展三方面。

从能源产出看，只有部落间摒弃私心，致力于共同发展才能实现能源产量的最大化。这需要强有力的政府加强宏观调控，协调各方力量，而不是部落间、地区间相互掣肘。和则俱利，斗则俱损。

从利益分配看，只有达成令各方都满意的分配方式，才能推动能源产业的稳定发展。战后至今，利比亚已发生多起富油区的部落甚至整个地区提出自治要求事件，原因都是对利益分配的不满。通观世界上存在部落体制的富油国政府在石油能源分配上的做法，可归纳为如下三个选项：一是实施国家统筹石油生产与收益；二是放开石油管制，将利益交回给所在地部落；三是在将石油收益交回给部落的同时，对其课以重税，将资金投入民生工程和基础建设中。每个选项各有利弊，根本的方法还是增强统一国家归属感，从而加强宏观调控。

从可持续发展看，石油是不可再生能源，可持续发展问题是利比亚政府制订长期经济发展计划时必然面临的问题。长期以来，利比亚依靠高额投入，依赖他国的先进技术从事能源的开发与经营，显然不具持续性。利比亚只有在加强国家宏观调控和部落间合作配合的基础上致力于能源的多样化发展，才能最大限度地发挥能源的作用，并以能源领域为基础和平台，对内致力于经济多样化发展，对外发展与其他国家的经贸关系与外交关系。只有这样，才能使利比亚对能源的依赖降至最低，使能源产业的风险降至最小。

三 其他经济领域的发展也需要国家的统筹调控

利比亚其他经济领域的重建也如能源领域一样，需要国家的宏观调控，统筹发展，最大限度地发挥利用优厚的资源，而不是部落间、地区间相互掣肘。此外，国家的经济建设成果应及时惠及于民，收入分配相对公平，这样才能赢得民众的信任，收获民心。民心乃一国之本，得民心者得天下。

对于战后的利比亚，经济建设与社会发展才是最大的政治。利比亚需要进行政治改革，但政治改革的出发点和落脚点应该是如何促进经济发展与改善民生，即围绕经济建设能力的提升来进行政治变革。对于利比亚这样的部落体制国家来说，部落关系处理不好、部落冲突屡屡发生，就无法举全国之力大搞经济建设。未来，只有处理好部落关系，协调好部落利益，调动部落力量才能实现经济的发展。

小　结

贫穷与落后是动荡、冲突甚至恐怖主义产生的主要原因之一。任何国家如果不集中精力发展经济，不努力改善民生，不保持一个稳定有效的经济体制，其他方面的构建与发展就无从谈起，政府必不会长久。过去几十年，利比亚无论是王国时期的亲西方政府，还是卡扎菲执政时期的威权主义强势政府，执政者都没能从经济的角度来理解政治的本质，没有将经济发展、改善民生置于国家工作的重要位置，没有充分利用自身的资源使经济获得充分的发展，缺乏推进经济增长的意愿与能力，而是空谈政治，深陷无谓的空头政治纷争之中。战后，经济重建依然是其他方面重建的物质前提。政治重建需要稳定的经济保障，但当前政治进程每前进一步都会引起一些派别的不满，他们诉诸能源武器，导致国家的经济发展受到严重影响。安全局势的恶化也使经济发展缺乏必要的安全环境，从而出现利比亚政治、经济与安全重建相互牵制的局面。

第八章　部落因素与利比亚战后安全治理

利比亚战后，国家陷入严重的安全危局。其国内的安全问题与国家重建相互掣肘，鉴于全球经济、社会、军事等诸方面互动密度①的提升，利比亚的安全危局也为其邻国及所在地区的安全局势带来严重的负面影响，导致地区安全局势持续恶化且错综复杂。值得注意的是，利比亚及地区安全危局的形成与发展都与其部落体制有着密不可分的关系。

第一节　利比亚战后安全局势及部落影响

利比亚战争推翻了卡扎菲已持续40余年的专政统治，国家权威呈现碎裂化，安全问题凸显：政治伊斯兰势力与世俗派别为争夺国家统治权暴力相向；部落间为争权夺利冲突频发；众武装派别各为私利厮杀混战。利比亚战争带来的暴力思维并未随战争的结束而终结，而是一再延续，随着国家重建进程的不断受挫，安全局势日益严峻。自古存在的部落体制是利比亚战后安全问题的重要影响因素。

---

① 〔英〕巴里·布赞、〔丹麦〕琳娜·汉森：《国际安全研究的演化》，余潇枫译，浙江大学出版社，2011，第19页。

一　利比亚战后安全问题透视

（一）利比亚战后安全问题的表现

利比亚战前在独裁者的高压统治下呈现稳定表象，治安事件少有发生。战争对国家造成全面且深度的破坏，将国家拖入乱局。战后，国家迅速进入重建进程，但其政治转型、经济恢复却屡屡受阻。当前，整个国家暴恐事件多发，安全局势恶化，甚至濒临分裂风险。

1. 国家陷入混战乱局

利比亚战后，国内并没有迎来预期的和平与民主，而是陷入混战乱局：前政权残余势力复辟之心犹存，不断以各种方式——武装袭击、自杀性爆炸等为现政权的顺利执政设阻；反对派在战时团结一致，同心应战，但在战后共同执政中却分道扬镳，不同派别的民兵武装各自割据一方，为争权夺利而相互混战厮杀；部落间不断爆发冲突，尤以南部地区为甚；一些极端组织和恐怖组织趁乱潜入，大肆扩势，他们在利比亚境内不断制造暴恐事件，加剧社会动荡。利比亚战后安全问题在普通民众和国家政权层面都有体现。

普通民众层面，多种形式的暴恐事件频繁发生，严重侵害了国家安全和社会稳定。典型事件有：2012 年 3 月，南部塞卜哈镇的民兵与图布部落爆发武装冲突，导致 50 人死亡，100 余人受伤。① 2013 年 7 月 27 日，班加西市一座监狱发生暴乱，1200 多名囚犯越狱。② 2017 年 9 月，利比亚西部

---

① "Scores Killed in Libya Tribal Clashes," March 29, 2012, http://www.aljazeera.com/news/africa/2012/03/201232901547564337.html.
② 《报告：班加西库飞亚监狱发生逾 1200 人越狱事件》，CNN 网站，http://archive.arabic.cnn.com/2013/middle_east/7/28/libya.prison.break/index.html，2013 年 8 月 27 日。

城市塞卜拉泰市内爆发该市军事委员会下属武装团体与反"伊斯兰国"作战部队之间的武装冲突，致 26 人死亡，170 人受伤。①

国家政权层面，首先，一些派别或部落由于对政府不满，以暴力方式破坏重要公共设施，如石油港口、天然气田、政府机关办公场所等，影响其正常运转。其次，一些极端武装分子绑架或暗杀政府官员，向当政者施压。其中影响最大的一次是 2013 年 10 月，时任利比亚临时政府总理阿里·扎伊丹遭本国武装分子绑架数小时，此事震惊世界。再次，利比亚也多次发生武装分子袭击外国驻利比亚使馆及其工作人员以及在利外籍人士的事件，以此抹黑政府的形象并制造更大的国际影响。这类事件中，以 2012 年 9 月利比亚武装分子袭击美国驻班加西领事馆，造成包括美国驻利比亚大使在内的三名使馆工作人员死亡事件影响最大。② 除此之外，中国、俄罗斯、法国、沙特阿拉伯、阿尔及利亚、摩洛哥、苏丹等多国驻利比亚大使馆及使馆工作人员都曾遭遇当地武装分子的袭击，袭击造成人员伤亡或财产损失。鉴于利比亚恶劣的安全局势，多国已关闭驻利使馆，并撤离在利侨民。当前利比亚武器泛滥，暴力肆虐，极端势力壮大，正处于严重的安全危局中，甚至面临二次内战的风险。

2. "伊斯兰国"极端组织一度在利比亚发展壮大

"伊斯兰国"极端组织于 2014 年 6 月宣告成立，最初势力范围包括叙利亚北部阿勒颇省至伊拉克东部迪亚拉省，此后接连在多国开辟据点，吸纳人员，并多次在世界多地发动大规模恐怖袭击。该组织一度成为世界上实力最强、危害最大的恐怖极端组织之一。自 2015 年下半年以来，该组织

---

① 《利比亚西部城市武装冲突致近 200 人伤亡》，http：//news. xinhuanet. com/world/2017 – 09/30/c_1121754382. htm，2017 年 9 月 30 日。

② "What Really Happened in Benghazi?" November, 2012, http：//edition. cnn. com/2012/11/01/opinion/bennett – benghazi – obama/index. html.

在利比亚境内大幅扩势，甚至曾把利比亚打造为其"新中心"。

（1）"伊斯兰国"在利比亚发展状况

"伊斯兰国"极端组织自"建国"后大肆宣传其思想，在正处于混战中的利比亚民兵武装中获得回应和共鸣，将利比亚作为其重要的训练基地。控制德尔纳和苏尔特的民兵武装分别于2014年末和2015年初向该组织宣誓效忠，成为其在利比亚存在最早的力量。此后，利比亚以及周边国家的一些武装分子、失业青年等在其蛊惑和利诱下加入其中。再后，由于该组织在叙利亚和伊拉克境内的力量遭到当地政府军以及一些西方大国的军事围剿，一些成员尤其是北非籍成员转移至利比亚境内。利比亚处于政权真空，混战加剧，一些武装派别为对付对手而与"伊斯兰国"结盟，一些非洲国家的恐怖组织和武装分子也纷纷加盟利比亚境内的"伊斯兰国"组织。因此，"伊斯兰国"在利比亚迅速壮大，一度在利比亚境内共有约7000名武装分子，其中包括从利比亚境内招募的年轻新兵、一些卡扎菲政权时代的军官以及为数不少的来自西亚非洲多国的极端分子。该组织曾牢牢控制利比亚西部重镇苏尔特和东部海滨城市德尔纳，在首都的黎波里、东部中心城市班加西以及南部大片土地上都有其势力存在。"伊斯兰国"在利比亚的分支一度成为其分支中力量最强的一支，也被联合国认定为北非地区"目前最庞大的政治和军事行为体"。面对"伊斯兰国"扩势带来的威胁，西方多国以各种形式帮助利比亚对其实施军事打击。当前，利比亚东、西部地区的"伊斯兰国"势力已被击溃，但在南部沙漠地区仍藏匿着一些极端分子。

（2）"伊斯兰国"在利比亚发展的特点

"伊斯兰国"在利比亚迅速发展壮大，但发展方式和路径与其在叙利亚等其他国家不同，主要有如下特点。

第一，"伊斯兰国"将利比亚作为恐怖分子的招募地。利比亚国内乱局催生出大量武装分子和分属不同派别的武装组织，成为"伊斯兰国"在利比亚的首批成员。利比亚的一些非洲邻国因其国内的发展困境产生了大量无业青年或武装分子，这些青年或武装分子在"伊斯兰国"的蛊惑下利用利比亚乱局导致的边境管辖疏漏进入利比亚境内并加入其中。一些非洲国家的武装组织也向"伊斯兰国"宣誓效忠，与之联动。另有一些地中海沿岸欧洲国家中认同"伊斯兰国"思想的极端分子也入境利比亚加入该组织。利比亚已成为"伊斯兰国"在临近地区的招募地。

第二，"伊斯兰国"将利比亚作为恐怖分子的培训地。利比亚战争期间及战后，武器泛滥，大量武器流入恐怖分子之手，加之利比亚本身就处于多派别的混战乱局之中，且与叙利亚、伊拉克等战乱国家和欧洲国家间交通便捷，因而成为适宜的恐怖分子培训地。"伊斯兰国"将在利比亚接受培训后的恐怖分子送至战乱国家参战，或输入欧洲国家作案。

第三，"伊斯兰国"在利比亚的分支中以非利比亚籍武装分子居多。"伊斯兰国"在利比亚境内招募的恐怖分子数量大幅攀升，然而，利比亚国籍者却并不占多数。利比亚籍的武装分子中只有一小部分为达到自身的目的选择与"伊斯兰国"合作，或投靠"伊斯兰国"以维持生计。其成员主要为来自突尼斯、叙利亚等利比亚的非洲邻国和正处于战乱国家中的极端分子。主要有以下两点原因：其一，利比亚战后涌现的民兵武装主要以争夺权利和扩大领地为目标，并不想祸乱国家。其二，从利比亚民众的部落意识看，他们将国家看作一个大部落，不希望外部势力介入本国。

第四，"伊斯兰国"借助利比亚扩充财力。利比亚拥有量多质优的能源储备、完备的运输设施和大量武器，"伊斯兰国"在利比亚境内抢占能源设施，获取武器，贩卖石油和武器，获得大量收入，以扩充财力。

（3）"伊斯兰国"的扩张对利比亚的影响

"伊斯兰国"在利比亚的存在与扩张成为利比亚政治和解中的障碍，也给利比亚的安全局势带来负面影响。西方大国不堪其扰，或将再次对利比亚实施军事干预。

首先,"伊斯兰国"在利比亚的存在与扩张进一步恶化了利比亚的安全局势,也对其所在的地中海南岸区域以及萨赫勒地区的安全形势造成严重的连带影响。大量来自上述地区国家的非法移民和难民取道利比亚入境欧洲,对一些西方大国的国土安全构成威胁,也为其带去经济和社会负担。美、英、俄等西方大国已经以多种方式向利比亚境内派遣兵力,帮助其打击"伊斯兰国"势力。当然,仍有一些极端分子藏匿在利比亚南部沙漠中。

其次,"伊斯兰国"在利比亚的存在与扩张成为利比亚政治和解的一个阻碍因素。自2015年9月起,利比亚在联合国利比亚支助特派团的主导下开启政治和解进程,经过多轮谈判后已于同年12月17日签署《利比亚政治协议》,并据此于2016年初组建民族团结政府。然而,民族团结政府在执政中仍面临若干难题,各派别仍难以达成一致,可以说,利比亚当前的政治和解难题并未解决。"伊斯兰国"的存在恶化了利比亚安全局势,加剧了派别间的博弈,无疑成为其政治和解的阻碍因素。

再次,"伊斯兰国"在利比亚的存在与扩张阻碍了利比亚经济的恢复与发展。"伊斯兰国"极端组织在利比亚存在期间大肆霸占和贩卖其油气能源满足私欲,并对其经济设施造成严重的损毁。更为严重的是,"伊斯兰国"极端分子大肆袭击在利比亚境内的外国机构和人员,迫使与利比亚开展经济合作的国家纷纷撤侨,导致利比亚的经济陷于停滞。

最后,"伊斯兰国"极端分子的存在使利比亚与西方大国的关系更加复杂。利比亚需要西方大国为其提供军事帮助以打击"伊斯兰国",这必然招致后者对其内政的干涉。且西方国家帮助利比亚反恐又会在客观上加剧利比亚乱局,因为它们的帮助和支持都是为满足私欲而带有偏袒性质的。

(二) 利比亚战后安全问题的特征

利比亚的安全危局始于中东变局大背景下的利比亚战争,呈现如下特征。

1. 多种势力混战

当前的利比亚乱局既非双方对峙，也非多个派别在某一问题上的矛盾和分歧，而是多种势力为不同目标的混战。其一，部落混战。利比亚自古就是一个部落国家，全国90%以上的人口分属数百个部落和部落联盟，部落是利比亚的基本社会单元。不同部落间由于对卡扎菲政权态度的不同，以及为在战后国家建设中争权夺利而冲突不断。其二，民兵混战。利比亚战后，分属不同派别的民兵武装各自割据一方，为争夺在战后新国家的领导权和利益份额而频发争斗。其三，族群之争。利比亚人主要由土著柏柏尔人和公元7世纪迁入并与前者已在一定程度上融合的阿拉伯人组成，后者占人口多数。柏柏尔人在卡扎菲执政时期受到压制，希望在战后新国家中提升地位，这必然遭到阿拉伯人的抵制，双方为此多次爆发激烈冲突。其四，重夺政权之战。支持卡扎菲的部落武装和雇佣兵中的幸存者重夺政权之心不死，仍在境内外寻机作乱，以各种形式袭击现政权。利比亚当前呈现一盘散沙、多股势力混战的乱象。

2. 武器广泛使用

利比亚战争期间，卡扎菲为挽救濒临灭亡的政权而背水一战——将国家武器库中的武器分发给普通民众，以发动全体国民捍卫其统治。此举致使利比亚战后武器泛滥，人人拥武，即使火箭弹、迫击炮等重型武器在民间也不鲜见。战后，利比亚的几届政府都呼吁民众将武器上交国家，并为此采取多种奖惩措施，但收效甚微，政府依然不能实现对武器的管控。由于利比亚安全局势自战后至今不曾有根本性好转，民众没有安全感，不愿交出手中的武器，而武器泛滥又加剧了利比亚的安全危局，尤其体现在冲突的烈度和后果的严重程度两方面，由此形成恶性循环。

3. 冲突程度呈上升趋势

从利比亚战后 6 年多的国内安全形势看，无论是冲突的数量还是烈度，整体呈现上升趋势。战后第一年，即 2011 年 8 月至 2012 年 7 月，利比亚国内以较快的速度恢复了稳定：经济快速恢复，政权顺利过渡，安全形势明显好转。虽然部落间、武装派别间的冲突时有发生，但社会总体趋稳。战后第二年，即 2012 年 8 月至 2013 年 7 月，利比亚经济发展受阻，政治重建不顺，从而导致安全局势恶化，暴恐事件的数量和烈度都明显上升。战后第三年，即 2013 年 8 月至 2014 年 7 月，利比亚乱局进一步加剧：经济倒退，政治进程陷入僵局，暴力事件持续升级。2014 年下半年至今，利比亚的政治权威进一步碎裂和弱化，经济状况不进反退，民生艰难，安全问题层出不穷。纵观利比亚战后 6 年多的安全形势，冲突程度呈上升趋势，且每当有大选、政府组阁、抓捕极端分子等重大政治事件发生时，冲突就会急剧加重。

（三）利比亚战后安全问题的实质

从表象上看，利比亚战争对国家的基础设施、统治方式等有形与无形的多方面造成严重破坏，导致国家今日乱局。深入剖析利比亚仍在持续恶化的安全局势，可洞悉其安全问题的深层实质。

1. 政治生态遭外力强行改变后"水土不服"

利比亚战争起初仅是一场内生性动荡，然而，一些西方大国出于利己目的进行外部干涉，从而改变了战争的性质。事实上，当时利比亚国内双方的交战难以达到政权更迭的结果，其社会结构更不具备民主转型的条件，但一些西方大国以武力强行改变该国的政治进程，却没有在其战后重建中给予必要的支持和援助，致使利比亚由一个经济水平居非洲首位的稳定、富足的国家陷入当今乱局。战后利比亚安全问题凸显是其政治生态遭外力强行改变后"水土不服"的体现。

2. 国家体制积弊外现

利比亚战前，其国内无论是政治制度、统治方式，还是国家结构、社会问题都早已积弊严重，危机四伏，因此才会在 2011 年 2 月爆发大规模抗议暴动并很快发展为全面内战。战后，国家重建进展不顺，且陷入日益严重的安全危局，这也在很大程度上源于其体制积弊。可以说，利比亚战争的爆发及其当前安全问题的凸显是国家体制积弊的外现。

一方面，利比亚的国家结构决定其凝聚力不强。从地区层面看，利比亚由三个地区组成，分别为西部的黎波里塔尼亚地区、东部昔兰尼加地区和南部费赞地区，由于自然地势、历史际遇等原因，三地间联系欠紧密，民众的地区归属感大于国家统一意识。从部落体制看，利比亚民众部落意识浓重，唯部落酋长马首是瞻，卡扎菲执政后期偏颇的部落政策加重了这一点，使各部落如同国中之国，国家统一意识严重缺失。另一方面，利比亚政治制度落后，体制残缺。其在战前已实行了二十余年的民众国体制在世界上绝无仅有，独特的人民代表大会制度名不副实，而成为当权者施行专政的工具。这种国家结构和体制在个人专政统治下尚能维持国家的表面稳定，但其实质脆弱，利比亚内战的爆发以及战后难以平复的安全危局皆源于此。

以上体制积弊的根源在于利比亚国家的形成属于"先国家后民族"的自上而下模式，是外力作用所致而非民族自然演进的结果。殖民者根据自身利益和统治便利对其肆意分割，导致其独立后面临错综复杂的种族、部落等矛盾，国家安全呈现高度的脆弱性。这种类型的国家在国家观念深深植根于人民的思想中之前，不可能得到安全的环境。

二　利比亚战后安全危局中的部落影响

社会稳定是国家重建的安全保障。战后利比亚陷入日益加剧的安全危局，突出表现为地方武装组织割据混战及其与中央政府之间的冲突，其实质是地方武装组织拥兵自重和国家军力的衰弱。利比亚战后至今仍未建立起强大而统一的国家军队，导致政府难以收编地方武装组织和收缴散落在民间的武器。在这方面，部落因素既是利比亚安全危机重要的催化因素，又是政府解决安全问题的难点所在，这两方面追根溯源都是部落特性中的排他性使然。

1. 部落冲突是安全危机的重要原因

利比亚作为一个部落体制下的国家，在个人专政统治下虽然各部落之间存在重重矛盾，但尚能保持相对平衡和基本稳固的利益架构。战后，国家权威碎裂，部落间原有的平衡被打破，部落矛盾与社会经济矛盾相互交织，导致部落间冲突不断。从地区形势看，西部和东部地区的部落冲突多与民兵武装冲突相互交织，南部地区的部落冲突的频度和烈度明显高于另两个地区。从冲突主体看，当前利比亚的部落冲突主要存在于前政权的支持部落与反对部落之间、阿拉伯部落与柏柏尔部落之间，以及有利益争端的相邻部落之间。从冲突类型看，利比亚的部落冲突既有部落之间的权益之争，也有部落对国家政权的武力挑衅，还有部落成员之间的矛盾上升为严重的部落冲突等。部落冲突与武装冲突相互交织，使国家安全局势恶化，且已上升至抢夺、破坏国家公共设施的程度。2014 年 1 月 18 日，利比亚南部塞卜哈镇支持前政权的卡达法部落和支持现政权的苏莱曼部落之间爆发激烈冲突，两日内已造成 30 多人死亡。在多方调停下，两部落间的大规模冲突暂时中止，但部落矛盾并未得到彻底解决，摩擦时有发生。同年 9 月，双方再次爆发激烈且持续的交火，在部落长老的多次调停后才达成停火协议，但已造成逾百人伤亡。此后，双方间的武力冲突依然时有发生。① 部落冲突已成为利比亚安全危机升级的重要成因。

2. 部落因素是国家军队建设的掣肘因素

利比亚战后安全危机的形成与升级，其中一个重要原因便是现政权无法构建国家军队，无力应对战后乱局。卡扎菲执政时期对正规军缺乏信任，大量扶植和依赖本部落及联盟部落的武装民兵和雇佣军，造成国家军队作战能力低下。利比亚战争导致国家军队进一步弱化，甚至濒于瓦解。面对日趋严重的安全危机，构建强大的国家军队，解除部落、民兵武装，收缴武器成为当务之急。利比亚战后的现实表明，部落因素是国家军队建设的掣肘因素。

一方面，部落武装难以统一整编。卡扎菲执政时期，除支持政权的部落外，其他部落一律被禁止拥有武装力量。利比亚战争期间，各部落、地区、村镇纷纷建立起自己的武装力量。前政权的反对部落在战争期间协同作战，但战后仅听命于本武装首领，各自为战，相互间从合作关系变为竞争关系。更为严重的是，一些武装组织刻意保持国家的衰弱状态，为维护自身利益的最大化不惜牺牲国家利益。因此，解除部落武装、构建统一军队困难重重。另一方面，部落意识阻碍了政府统一收缴武器。战争中及战后，大量武器流散。临时政府欲全面收缴武器后做统一安排。部落成员由于只听从本部落首领的指令，为维护自身力量而拒不上交，私藏大量武器，对于国家收缴武器的呼吁不予配合。此后，国家权威碎裂，派系斗争加剧，抢夺、占有武器已成为各武装派别的一个重要目标。部落的独立性、部落间的排他性与国家军队的统一性成为一对矛盾体，部落制度阻碍了国家军队构建。

---

① 《利比亚地方部落为争地盘爆发冲突　政府派兵镇压》，中国新闻网，http://www.chinanews.com/gj/2012/02 - 19/3679708.shtml，2012 年 2 月 19 日。

3. 部分部落为极端恐怖势力提供庇护

利比亚战争期间及战后,极端恐怖势力趁乱潜入其境内并大幅扩张势力,一些部落为实现自身利益,与恐怖势力合作,甚至为之提供庇护。这种现象与部落文化有直接或间接的关系。其一,崇尚自由、放荡不羁的部落性格使部落成员难以接受国家的统一管束,尤其是生活在物质条件比较艰苦、精神文化相对落后的偏远地区的部落成员,易于受到其他组织的收买和蛊惑,极端恐怖组织往往利用这种特征渗透进当地部落。其二,部落的尚武精神和扩张意识与恐怖分子的行为主张"不谋而合",导致部落与极端恐怖组织在一些方面存在共同的想法和目标。其三,部落的复仇意识和继承制度导致部落间以暴制暴的现象长期存在,并为恐怖极端势力所利用。其四,部落对内团结、对外排他的特性符合恐怖组织的作战策略。当本部落与其他部落发生冲突时,部落不分对错,仅以内外区分,"外人"即"敌人",对本部落的所有成员提供无条件保护。基于上述特征,一些部落对属于本部落的极端分子提供无条件的庇护,拒绝政府军或反恐部队进入其部落所在地区,甚至武装袭击搜捕部队,客观上有利于极端恐怖势力的存在和扩张。

第二节　利比亚安全局势对地区安全的影响及部落作用

利比亚战后 6 年多的安全危局给与之相关地区的总体安全局势及地区国家的稳定和发展都带来了一定程度的负面影响,尤其以所处的北非地区和毗邻的萨赫勒地区为最。英国智库皇家三军研究所 2012 年 4 月公布的报告首次提出非洲的"不稳定之弧"问题,即从西非至北非再到东非,正在形成一条新的"不稳定之弧"。它的形成很大程度上源于利比亚乱局的"外溢效应"，此效应表现多样，途径繁多，后果严重。

一 地区安全问题的新态势

利比亚乱局诱发的暴恐并发症在北非、萨赫勒甚至南部非洲地区持续发酵。当前，无论是恐怖组织类型还是恐怖行为方式都呈现新的态势。

1. 暴恐势力全面扩张

北非和萨赫勒地区的一些国家本就是安全问题的多发地，利比亚战后，暴恐势力在该地区全面扩张。从总体看，暴恐事件数量上升，危害增大。例如，2013 年尼日利亚"博科圣地"制造了一系列暴恐大案，该国的暴恐威胁已跃居非洲之首。索马里"青年党"仅在 2013 年上半年就制造了约 500 起袭击事件。[1] 利比亚战后至今已有多个国际组织发布分析报告指出，北非和萨赫勒地区面临的暴恐威胁将持续上升，并可能成为今后国际反恐的新热点。

2. 暴恐类型日趋多样

利比亚战后 6 年多，北非和萨赫勒地区的暴恐事件形式日趋多样，既有传统的武装袭击、自杀式爆炸、汽车炸弹等，也出现了多种新的形式。其中主要有：①"独狼"式恐怖袭击。"独狼"式恐怖袭击又称个人恐怖主义，即独自策划并执行暴力行动以支持一些团体、运动或意识形态。②"渗透"式恐怖行为。主要方式为成员保留自己的社会角色，通过说教和劝导推动其价值观的传播，甚至以各种社会服务项目，乃至社会慈善活

---

① 中国现代国际关系研究院：《国际战略与安全形势评估 2013/2014》，时事出版社，2014，第 78 页。

动为掩护宣传极端思想。③致力于获取核材料成为恐怖主义的发展方向。核材料是一些高新行业的重要原料，当其在流通和储存等环节出现漏洞时，易被恐怖分子非法获取，以制造出巨大的暴恐效力。从总体看，暴恐类型日趋多样，愈益难防。

3. 暴恐势力联动成网

美国在"9·11"事件发生后发起的全球反恐战争使"基地"组织在资金的运转和人员的流动以及信息沟通等方面受阻，但利比亚乱局使其在北非和萨赫勒地区"恢复元气"。在资金运转方面，"基地"成员依靠走私在利比亚战争中及战后获取的武器迅速"致富"，恐怖活动资金网络得以恢复。在人员流动方面，利比亚乱局使得统治者对于边境地区疏于监管，也无力控制，导致武装分子广泛流窜于整个地区，人员流动越发自由。在信息沟通方面，互联网使恐怖分子得以密切联系并便于隐藏，一些恐怖组织还通过互联网招募和培训新成员。恐怖组织的联通能力正在增强。

在更高层面，暴恐、黑恶和极端三股势力勾结趋紧，区域暴力联动网隐然成形。一是多股暴恐、极端势力实现联合。例如，"基地"组织马格里布分支与索马里"青年党"和尼日利亚"博科圣地"联合组建成"暴恐铁三角"，三者在人员、资金和技术上协调配合，共同行动。又如，地区多股暴恐势力已宣布效忠"伊斯兰国"极端组织，并已实现联合行动。二是暴恐组织与地区黑恶势力联手。"基地"组织马格里布分支曾与走私和贩毒集团相互勾结，通过"互通有无"实现"互利双赢"。

二　利比亚安全问题对地区安全的危害

（一）危害之表现

利比亚乱局对地区安全局势的危害主要表现为三方面：从地区国家看，

为一些国家政权增添动荡因素；从地区总体看，暴恐事件显著增多，安全形势进一步恶化；最为严重的是，传统和新兴的恐怖主义势力和组织利用利比亚乱局之机在地区发展壮大，为本就动荡的地区局势再添乱。

1. 利比亚乱局为一些地区国家政权增添动荡因素

利比亚战后，北非和萨赫勒地区的多个国家都发生了不同程度的动荡，且显然都与利比亚战后乱局有着密不可分的关系。最为典型的是 2012 年的马里危机。此次危机的主导者为当地的伊斯兰武装与图阿雷格部落武装，后者曾经在利比亚随从卡扎菲的支持部落一起作战，于利比亚战后回到马里北部成为对抗政府的反叛武装。该部落武装从利比亚获取了大量武器，使其战斗力超过政府军，他们的参战改变了马里反叛武装与政府军力量对比的弱势地位。显然，利比亚乱局成为马里危机中的一个重要因素。

2. 利比亚乱局造成地区总体安全局势恶化

利比亚战后，国内的武装分子和多股恐怖势力趁乱在其所处地及相邻地区发动了一系列恐怖袭击，对地区总体安全形势造成严重破坏。在北非，大量利比亚武装分子进入阿尔及利亚、埃及、突尼斯等邻国发动恐怖活动。2013 年 1 月 16 日，"基地"组织马格里布分支成员在阿尔及利亚东南部天然气厂发动大规模恐怖袭击和劫持事件，导致 37 名外国人质死亡，施暴者中包括利比亚籍武装分子。[①] 2014 年 7 月 20 日，在埃及与利比亚边境西部的沙漠发生一起恐怖袭击事件，造成 22 名军人死亡。[②] 利比亚的近邻萨赫勒地区本就是安全问题的多发区，利比亚战后，随着来自萨赫勒国家的雇

---

① Michael Robin, "AQIM Attack in Algeria Only the Beginning," February 8, 2013, http://www.commentarymagazine.com/2013/02/08/aqim-attack-in-algeria-only-the-beginning/.

② Sarah El Deeb, "Death Toll Rises to 22 in Egypt Border Post Attack," July 20, 2014, http://www.wbur.org/2014/07/20/egypt-attack.

佣军回国和武器大量流入，该地区的安全形势进一步恶化，暴力恐怖事件频发。

3. 利比亚乱局促使恐怖组织在地区发展壮大

"基地"组织马格里布分支源自 20 世纪 90 年代阿尔及利亚的长期动荡，近年来趋于"萨赫勒化"，至利比亚战前，其已"统领"北非和萨赫勒地区的主要恐怖活动。2010 年以来，突尼斯、埃及、利比亚相继发生政权更迭，以及此后马里危机的发生，都助长了该组织在该地区的发展壮大。利比亚战后乱局进一步对其扩势起到推波助澜的作用，主要体现为：一方面，"基地"组织在北非地区实力增强，主要通过走私从利比亚获取的武器增强经济实力和趁乱介入地区危机来提升政治影响力；另一方面，"基地"组织利用利比亚乱局影响下的萨赫勒地区动荡，积极拓展在萨赫勒地区的影响力，逐渐发展为非洲恐怖主义枢纽。

"伊斯兰国"极端组织在利比亚的扩势从多方面影响到地区安全局势。一方面，"伊斯兰国"在利比亚的扩势使非洲安全形势有进一步恶化的趋势。非洲地区一些国家本就因多种矛盾交织而长期动荡不安，利比亚境内的"伊斯兰国"组织大量招募并培训来自一些非洲国家的恐怖分子，他们的回流以及一些恐怖组织因效忠"伊斯兰国"而实力壮大都成为所在国的安全隐患，进一步加剧该地区的安全危局。另一方面，"伊斯兰国"在利比亚的扩势加剧了欧洲难民潮的严重程度。2015 年以来，欧洲遭受自第二次世界大战以来最严重的难民潮，这与"伊斯兰国"在利比亚的扩张有直接关系。利比亚战争期间及战后产生数以百万计的难民，他们中的一些人设法取道地中海入境欧洲，成为非法移民或难民。还有一些来自叙利亚及非洲国家的难民也利用利比亚乱局造成的边境管控缺失潜入利比亚后经海路入境欧洲。"伊斯兰国"在利比亚境内的扩张催生更多难民，该组织也在利比亚境内从事向邻近的欧洲国家贩运难民的营生以谋取暴利，以上都加剧了欧洲的难民危机，加重了相关国家的社会负担和安全隐患。

此外，北非、萨赫勒地区的一些原本各自为政的极端组织或武装势力也在利比亚战后致力于与"基地"组织建立联系，并逐渐完成向恐怖主义的彻底蜕变。例如，2006 年成立的索马里伊斯兰极端主义武装组织"青年党"于 2012 年正式加入"基地"组织；成立于 2002 年的尼日利亚宗教极端组织"博科圣地"当前已成为"基地"组织在西非扩张的重要据点。

（二）危害之途径

利比亚乱局造成地区安全形势恶化，既通过战争后遗症直接传导，也与一些该地区久已存在的因素有不可分割的关系，主要有如下途径。

1. 武器流散

卡扎菲 1969 年上台后在国内建立了庞大的武器库，以应对内忧外患。进入 21 世纪以来，随着利比亚国内反政府势力的增强，卡扎菲又在一些公共区域和政府所在地存放了大量武器，一些武器的存放点是随意设定的，甚至没有记录备案。利比亚战争期间，卡扎菲将武器库中的武器发放给普通民众，又有大量武器存放点遭到反政府武装、地方民兵武装、部落武装以及各种犯罪分子的劫掠，直接导致战后武器流散于利比亚各地。2011 年 10 月，"人权观察组织"（Human Rights Watch）临时负责人彼得·波卡尔特（Peter Bouckaert）在苏尔特发现武器库时表示："如果我愿意的话，我都可以带走几百件武器，当地人简直可以开着卡车运走他们想要的武器。"①

由于利比亚临时政府管控乏力以及边境检查松懈，大量武器流散到周边国家，其中既有机枪、自动步枪、手榴弹等便携武器，也有火箭筒、炸

---

① Eray Basar's, "Report Update: Unsecured Libya Weapons – Regional Impact and Possible Threats," *Civil – Military Fusion Centre*, November 2012, p. 2.

药、防空火炮等高杀伤性重型武器，对周边国家的稳定以及整个地区的安全都构成严重威胁。2013年4月，联合国一份报告称，利比亚已在战后的近两年中变成了西亚北非地区重要的武器来源地。[①] 2013年9月2日，俄罗斯外长拉夫罗夫在莫斯科外交学院的发言中指出，利比亚的轻武器已经扩散到12个国家。[②] 美国"萨班中东政策中心"（Saban Center for Middle East Policy）资深研究员曾说，"基地"组织马格里布分支本是基地组织的一个偏远分支，在获得了来自利比亚的武器后，可能一跃成为"基地"组织中装备最为精良的分支。[③]

利比亚政府自战后就开始致力于武器回收，但收效甚微，随着其国内及地区安全局势的恶化，武器流散问题更加严重。在这种情况下，利比亚政府只得采取无奈之举：于2014年7月1日发布公告，拟允许个人拥有枪支和弹药，但必须获得政府颁发的许可证。政府希望通过此举来了解当前武器的归属情况，但此目的至今尚未达到。随着利比亚乱局的加剧，其武器流散问题与地区安全局势的恶化形成恶性循环。

2. 武装分子流窜

卡扎菲执政利比亚期间，尤其在中后期，发生了几次国内叛乱，致使其不再信任正规军队，转而着力培养忠实于自己的精锐部队，主要包括其所属部落武装、其儿子们麾下的部队、从邻近的非洲国家招募的雇佣军以及曾引起全世界瞩目的女子卫队。卡扎菲死后，雇佣军和女子卫队成员多回归所属国家继续从事暴力活动，一些曾经支持他的武装成员也为躲避追

---

① Edith M. Lederer, "UN Panel: Libyan Weapons Spread at Alarming Rate," April 10, 2013, http://www.timesofisrael.com/un-panel-libyan-weapons-spread-at-alarming-rate/.

② 刘中民、朱威烈主编《中东地区发展报告——转型与动荡的二元变奏（2013年卷）》，时事出版社，2014，第43页。

③ Eray Basar's, "Report Update: Unsecured Libya Weapons - Regional Impact and Possible Threats," *Civil - Military Fusion Centre*, November 2012, p. 2.

捕逃入邻近国家，严重扰乱地区安全。"基地"组织马格里布分支等恐怖和极端组织也借机在北非和萨赫勒地区大肆募集新成员，扩充势力。联合国的一份报告指出，从利比亚流入乍得、马里、尼日尔、阿尔及利亚等北非和萨赫勒地区国家的武器大多已落入当地恐怖分子手中，这些武装分子携武器流窜成为地区安全的重大隐患。

3. 大量难民流出

利比亚战争及战后乱局已造成近 200 万人逃离利比亚，其中既包括逃入突尼斯、埃及、意大利、阿尔及利亚等北非及欧洲邻国的利比亚难民，也包括原在利比亚工作的邻近国家的公民。以上流出人员为相关国家带来严重的经济负担和社会压力。一方面，利比亚难民的涌入必然给接收国带来沉重的经济负担和巨大的社会压力。另一方面，从利比亚返回原籍的人员主要来自周边欠发达国家，这些国家原本依靠向利比亚输出劳动力来改善本国的经济状况，他们的回归使这些国家的经济发展雪上加霜。根据国际移民组织（IOM）在乍得、马里和尼日尔三国所做的调查，从利比亚回国的人员中，95% 是男性，年龄多在 20 ~ 40 岁，他们受教育程度很低，在利比亚主要从事技术含量低的服务业工作。[①] 他们的回归为祖国带来的就业压力以及经济和社会负担显而易见。利比亚乱局为相关地区带来的经济和社会压力在很大程度上转化为地区安全危险。

三 利比亚影响地区安全中的部落作用

北非和萨赫勒地区国家的共性之一就是都起源于部落制社会，且当前部落在国家发展各方面依然发挥作用。跨界部落的存在成为利比

---

① "Report of the Assessment Mission on the Impact of the Libya Crisis on the Sahel Region," UN Security Report, December 23, 2012, p. 6.

亚乱局影响地区安全的重要途径。跨界部落即一个部落分布在不同国家，尤多存在于邻国之间。在北非和萨赫勒地区的历史上，殖民者为了自身的利益和统治便利，不考虑当地原有的社会和民族聚居分布情况，而以简单的方式任意、人为地划定疆界，使一些具有相同历史和文化背景的古代部落被强行分割到不同的殖民地国家中，造成当今跨界部落的出现。

利比亚境内的跨界部落主要通过如下两种途径影响地区安全：其一，跨界部落成为利比亚乱局向地区他国蔓延的"天然安全通道"；其二，地区民众的部落性格与意识为在该地区内的打恐行动增加难度。

利比亚的安全问题对地区安全影响重大，与之相关地区已成为恐怖主义蔓延的路径和暴恐事件的多发区。2013 年 5 月 13 日，联合国安理会轮值主席多哥总统福雷·纳辛贝在联大会议上指出，利比亚战争带来的"不稳定之弧"正在整个非洲范围内延伸，如果不加阻止，它将使非洲变成极端分子滋生地，并成为全球各地更大规模恐怖袭击的跳板。①

第三节　利比亚及地区安全治理

从上节可见，利比亚的安全问题已成为地区安全危局的催化剂，因此，应首先致力于利比亚安全问题的解决，进而扩展至对地区安全治理的思考。且利比亚与其他地区国家间不仅有相关性，而且有相似性，利比亚安全问题的解决将为地区安全治理提供可资借鉴的经验。

---

① "Arc of Instability Across Africa, if Left Unchecked, Could Turn Continent into Launch Pad for Larger - scale Terrorist Attacks," Security Council, http：//www. un. org/News/Press/docs/2013/sc11004. doc. htm.

一 解决利比亚安全问题的出路

当前,利比亚的安全问题已成为其国内一大"顽疾",与国家战后重建的整体进程互相掣肘:恶劣的安全形势使国家重建失去了稳定的环境,国家重建不顺增加了安全治理的难度。因此,利比亚战后重建进程举步维艰,其安全问题的解决也必将是一场艰苦卓绝的持久战。利比亚安全问题的最终解决需具备以下国内条件和外部环境。

(一) 国内各派别间的和解

当前利比亚安全危局产生的内部原因是众派别间为争权夺利而厮杀混战,只有他们停止武力相向,共同致力于解决国内危机,相互包容,达成和解,才能有效遏制当前的安全危局,进而在国家建设过程中逐步增强国家统一意识,弥补各种裂痕,最终彻底消除动荡隐患。但是,这在当前的利比亚难以实现。其冲突各方曾在联合国的斡旋下举行和谈并就立即停火达成共识,却未能履约,冲突仍然持续。至今,每张停火协议的墨迹还未干就已成为一纸空文。未来的和谈之路仍旧任重道远,且前景不容乐观。从当前利比亚国内的情况看,各方之间难以自主达成妥协与和解,需要外部力量更大力度地协助斡旋。

(二) 外力帮助打击恐怖主义

利比亚当前政局动荡,权力处于真空状态,对于打恐既无良方,又无所作为,需要外部力量的有效帮助。然而,西亚非洲地区的一些国家将利比亚乱局作为博弈中的一颗棋子加以利用,这既增加了冲突的复杂性和解决的难度,更使得恐怖势力从中渔利。西方大国也将利比亚视为"瘟疫",对其安全危局视而不见,避而远之,客观上为恐怖势力提供了"自由空间"。可见,当前利比亚安全问题的解决没有得到足够、有效的外力帮助,安全危局尚难扭转。

二　对地区安全治理的若干思考

面对日趋严峻的地区安全形势，安全治理问题成为地区国家面临的共同难题。对此，应首先挖掘地区恐怖主义发展的深层根源，而后从客观实际出发，相关国家密切配合，并与全球的反恐行动联合出击，才能逐渐收获效果。

（一）地区恐怖主义发展的深层根源

突尼斯、埃及、利比亚等国家的转型进入艰难期，宗教与世俗、民主与民生、改革与稳定等多方面的矛盾不断加剧，导致社会秩序脆弱，甚至陷入长期动荡，客观上"助力"地区恐怖主义的发展。而西方制造的"利比亚模式"的失败及其在相关国家反恐战略收缩的后果都促使该地区恐怖主义强劲发展。

1. 教俗冲突致使恐怖主义发展

突尼斯、埃及、利比亚相继发生政权更迭后，伊斯兰极端势力在上述国家的政治发展进程中迅速崛起，进而蔓延至整个北非地区。伊斯兰极端势力的崛起改变了国家及地区原本的权力架构，世俗派别不甘让权，教俗间的权力争夺战难以避免，因而暴力事件频发。而伊斯兰极端势力在"昙花一现"后溃败，这如同"圣战"分子的孵化器，孕育着敌意，催生恐怖分子大军。以埃及现政权镇压穆斯林兄弟会为代表的北非多国对伊斯兰极端势力的打压导致地区极端主义强势反弹。

2. 政府治理乏力促使恐怖主义发展

北非和萨赫勒地区多数国家的政府治理乏力，维稳能力低下，直接导致恐怖主义的发展。北非的埃及、利比亚、突尼斯等国处于政治转型期，政局不稳，历史上遗留的地方势力、部落势力、少数族群势力趁机扩大影响，使本就脆弱的国家政权进一步弱化，不利于民族和解和政权顺利过渡。萨赫勒地区地广人稀，贫困落后，宗教、民族、种族关系复杂，矛盾多发，政府管控能力非常有限。加之上述两地区国家资金不足，通信不便，军警能力不足，装备落后，都促使地区恐怖主义发展。

3. 经济和社会问题催化恐怖主义的发展

北非和萨赫勒地区国家的民众对其国内的高失业率、贫富分化、腐败肆虐等经济和社会问题的强烈不满是一些国家陷入严重动荡的重要原因，而国家的动荡又使经济和社会问题更加难以解决。这种政治动荡与经济凋敝的恶性循环加重了民众的现实负担，加剧了民众的失望情绪，使之易于受恐怖主义思想的蛊惑。有西方学者指出，"革命后的混乱与失望将不可避免地为'基地'组织扩大影响提供机遇"。① 埃及学者侯赛因·卡米勒·巴哈丁也曾在其《十字路口》一书中有言，"恐怖主义将会在世界各地继续存在，而且，随着持续不断的经济萧条及其对政治、社会和心理造成的冲击，恐怖主义还会愈演愈烈"。②

4. 西方反恐的功利化加重了地区恐怖主义威胁

2001 年 "9·11" 事件的发生拉开了美国全球反恐的大幕，此后其主导或参与的阿富汗战争、伊拉克战争、利比亚战争以及多次境外打击行动都以 "反恐" 为名。近年来，随着欧洲自感恐怖威胁增加，英、法等大国也

---

① Donald Holbrook, "Al-Qaeda's Response to the Arab Spring," *Perspectives on Terrorism*, 6 (6), 2012, p. 5.

② 〔埃及〕侯赛因·卡米勒·巴哈丁:《十字路口》，朱威烈、丁俊译，上海外语教育出版社，2005，第60页。

大规模参与，其至发起、主导所谓的"反恐"战争。西方的多次"反恐"战将西亚、北非以及萨赫勒地区的一些国家拖入战争泥潭，使整个地区呈现越"反"越"恐"的安全危局。对此，以美国为首的西方大国为确保自身的利益选择逃避：纷纷关闭驻动荡国家的使领馆、企业等，大规模撤侨，实施反恐战略收缩政策，推卸大国责任。西方在该地区安全问题上"只破不立"的做法使其反恐的功利化暴露无遗，此举加重了地区恐怖主义威胁，甚至对世界的和平与发展产生一定的负面效应。

（二）地区安全治理的出路

当前，北非和萨赫勒地区的安全局势持续恶化，暴恐新生态逐渐成形，恐怖威胁日益严重，地区国家面临紧迫且棘手的恐怖治理难题。只有从客观实际出发，地区国家联手，并借助一切可以利用的资源，依据新形势随时调整方式，才能逐步控制局势，并最终实现地区安全。

1. 以地区国家稳定政权、发展经济为前提

当前，恐怖主义肆虐北非和萨赫勒地区，一场旷日持久、艰苦卓绝的反恐战争在所难免。但是，传统武力对打击恐怖主义的作用是非常有限的：其一，军事手段在一些时候由于其政治上的敏感性或可能造成的附带伤害并不是合适的选择；其二，随着恐怖活动方式的多样化，军事打击因其灵活度欠缺而效力减弱；其三，军事手段能打击恐怖行动，却打不掉恐怖滋生的根源。因此，只有尽快实现地区国家的政权稳定和经济发展，才能从根本上打击和清除恐怖主义。

从地区国家内部看，北非和萨赫勒地区国家经济与民生问题长期得不到解决导致恐怖问题严重化。从整个地区看，由于弱国家（以经济和政权的脆弱性判定）在该地区内占据相当比例，整个地区的高度不安全成为一个无法避免的结果。在这样的地区，一国内部面临的高度不安全将在整个

地区产生"溢出"效应，使地区总体安全以及邻国间关系的稳固变得极其困难。① 利比亚战后乱局带来地区安全危局，原本的友好邻邦为自保而与之疏远：突尼斯、阿尔及利亚等国已谋求在与利比亚的交界地带建立缓冲区。在北非和萨赫勒地区，弱国家的不安全局势在各个层次（国内、地区、全球）都显露无遗。因此，该地区的恐怖治理需以各国稳定政权、发展经济为前提。

2. 加强防范

众所周知，"预防胜于治疗"。在恐怖袭击发生之前将其阻止，对于安全治理尤为重要。对此，可采取如下措施：第一，加强反恐情报工作，即加强对恐怖活动的情报收集、分析、处理、传递和共享以及国际的情报合作等；第二，加强对重点设施与场所的保护，如机场、地铁、油库、港口等，增加这些地方的稳固度和恐怖分子接近这些目标的难度；第三，加强网络监控，防控极端思想的传播；第四，加强对敏感地区和高危人群的监察；第五，及时解决容易激发恐怖行为的热点问题或各种矛盾，包括国内矛盾与国际冲突。

3. 恐怖治理方式应多样

由于不同国家以及一国在不同时期面临的恐怖威胁不同，恐怖治理也应方式多样。从总体看，应采取"打拉并举"的原则：一方面，对恐怖组织和恐怖分子要坚决打击；另一方面，在一些情况下，也不排斥与恐怖分子或组织进行接触、沟通、谈判与妥协的可能性，以使这些施暴者停止恐怖行为。总之，针对不同性质和目的的恐怖问题应采取不同的应对方式。

---

① 〔英〕巴里·布赞：《人、国家与恐惧——后冷战时代的国际安全研究议程》，闫健、李剑译，中央编译出版社，2009，第157页。

4. 全方位加大打击力度

国内层面，应根据地区国家的现实国情不断探索打击恐怖主义的有效途径。例如，北非和萨赫勒地区国家的部落体制已被恐怖势力用作"保护伞"，同时也可在国家安全治理中发挥其积极作用，尤其利用好部落酋长在本部落中绝对权威的地位，首先争取部落酋长打恐的态度，进而实现部落内部的反恐。

地区层面，加强地区国家间在恐怖治理方面的合作。在安全的视域下，所谓"地区"就是指一个独立而重要的安全关系次体系：若干国家共存于这个次体系中，由于地理位置的相近，它们的命运彼此联系在一起。随着恐怖主义的快速发展，单一国家已经难以有效防范和应对恐怖主义的威胁，因此各国致力于通过外交合作加强对恐怖主义的防范和打击。2012 年至今，萨赫勒—撒哈拉地区安全会议每年举行，与会者不仅有地区和国家的代表，也有来自其邻近的北非、欧盟、阿盟、西共体等的代表，共同探讨反恐合作的方式与机制，以共同应对安全挑战和实现地区安全。主要机制有：建立边界安全预警系统，加强涉及边界安全的司法建设，建立信息互换机制，并切实履行双边和多边框架内的边界安全协议，共同打击恐怖主义和跨国犯罪。

全球层面，北非和萨赫勒地区的恐怖问题并非孤立存在，而是与当前世界多国所面临的恐怖问题相互关联，因此该地区的安全治理应与全球安全治理相互融合，密切配合，相互合作，以达到事半功倍的效果。任何安全研究都不得不面对"无缝之网"（seamless web）这个问题，因为安全是一种关系现象。若不了解安全相互依存的国际模式，就无法理解任何一个国家、一个地区的安全问题。"无缝之网"要求地区乃至全球的安全治理需采取一种复杂的、整体主义视角。

5. 加大国际社会支持力度

如上所述，北非和萨赫勒地区国家多为弱国家：政局不稳，经济发展落后，社会问题多发。以上因素决定该地区的安全治理绝非易事，需要国际社会在多方面施以援手。首先，增加对该地区国家的经济援助和投资，助力其经济建设，以提升其自主发展能力。其次，国际社会应在尊重地区国家主权和领土完整的基础上，协助维护地区国家的稳定与安全。最后，针对地区国家间存在跨界部落这一突出特点，国际社会应致力于促成地区国家间在安全治理上的对话、互信与合作。值得注意的是，在采取以上措施时应首先听取地区国家的具体意见，在实施具体政策时应充分尊重当事国的意见，从而使援助切实发挥作用。

小　结

利比亚的安全问题错综复杂，仅依靠其自身力量难以解决，但又尚未得到国际社会的有效支持，其国内安全形势依然严峻。与之密切相关的北非和萨赫勒地区作为一个安全复合体①也成为安全问题的多发区，甚至世界的恐怖枢纽，安全治理势在必行。在利比亚以及该地区其他一些国家内部，恐怖问题不是孤立存在，而是与国家面临的多种安全威胁相互交织；它也不是铁板一块，而是动态多样的。因此，国家安全治理不存在一招制敌、一劳永逸的解决方法，而需将其纳入国家总体安全议程，兼顾各种问题，适时调整政策，恰当分配资源。就整个地区而言，由于此地区安全复合体

---

① 此处的安全复合体是指这样一群国家，它们首要的安全需求彼此联结在一起，以至于其国家安全不能被孤立地审视。

由多个弱国家构成，它们又具有共同的文化和种族特征，最为突出的就是其部落社会体制，尤其是跨界部落的存在使地区国家间的依存度和互动频率都很高，这种安全关系具有"内向内生性"特征。只有认清地区恐怖主义发展的客观情况和态势，以及地区国家的现实国情，才能有效地实施安全治理。安全治理需要国内的不断努力和国际社会的持续关注。

第九章　部落因素与利比亚战后对外关系

利比亚战后至今，国内各方面都处于发展困境，对其对外交往形成极大的制约，使其对外交往与战前相比，对象数量减少，领域更窄，深度锐减。部落因素对利比亚战后各方面的发展都产生重要的影响，在其对外交往方面也不例外，主要体现在民众根深蒂固的部落意识使其与西方大国关系复杂，跨界部落使其与邻国间的关系紧密，我国与利比亚的交往也应对其部落因素做充分的考量。

第一节　利比亚战后与非洲邻国和西方大国的关系

利比亚的非洲邻国和与其有长期经济关系的西方大国在战后依然是其对外交往的主要对象国。

一　利比亚战后与非洲邻国的关系

利比亚地处非洲北部，其在非洲的邻国主要有其西侧的突尼斯和阿尔及利亚，东面的埃及，以及南向的尼日尔、乍得和苏丹。马里、尼日利亚等萨赫勒地区国家虽然与利比亚不直接相邻，但也与其有不同形式和程度的联系与交往。

（一） 利比亚战后安全危局殃及其北非邻国

突尼斯、阿尔及利亚和埃及与利比亚同是阿拉伯国家联盟成员国，突尼斯和阿尔及利亚与利比亚还同属马格里布国家联盟。利比亚与上述三国由于地理上的毗邻，相同的主流人种、官方语言和宗教信仰，自古至今交往密切。利比亚战争期间，卡扎菲的女儿和儿子先后进入阿尔及利亚境内避难，至今依然生活在阿境内。利比亚战后至今，其境内的武装分子越界作案对其北非邻国的安全造成重大威胁。2015 年 3 月和 6 月，突尼斯的巴尔杜博物馆和苏塞海滩接连遭受大规模恐怖袭击，主犯皆为在利比亚接受过培训的"伊斯兰国"极端分子。2015~2017 年，埃及西奈半岛数次遭受恐怖袭击，主犯多为在利比亚接受过培训的恐怖分子。2013 年 1 月 16 日，"基地"组织马格里布分支成员在阿尔及利亚东南部天然气厂发动大规模恐怖袭击和劫持事件，导致 37 名外国人质死亡，施暴者中包括利比亚籍武装分子。[①] 其间，阿尔及利亚警方多次剿灭隐匿在其南部沙漠地区的恐怖分子，也曾数次挫败恐怖袭击，这些恐怖分子中的绝大多数为从利比亚越境进入阿境内伺机作案者。三国不堪承受来自利比亚的恐怖分子的袭扰，纷纷采取措施加强对本国与利比亚边界的管控，并多次举办或参加关于利比亚问题的国际会议，希望从源头上解决从利比亚向其境内流入恐怖分子的问题。

自 2014 年以来，利比亚国内陷入政治僵局：先是两个政府分营对垒，后虽然在联合国的主导下成立民族团结政府，但民族团结政府未能得到广泛承认，利比亚至今仍未摆脱多股民兵武装厮杀缠斗的乱局。突尼斯、阿尔及利亚、埃及分别采取不同形式与利比亚对立派进行斡旋。2015 年至今，

---

① Michael Robin, "AQIM Attack in Algeria Only the Beginning," February 8, 2013, http：//www.commentarymagazine.com/2013/02/08/aqim‐attack‐in‐algeria‐only‐the‐beginning/.

利比亚国内派别间的多次和谈都在上述国家的主持下并在其境内举行。2015年4月14日，在联合国使团的保护下，在阿尔及利亚首都阿尔及尔举行利比亚各派间的对话，以期找到和平调节利比亚危机的办法。① 2016年7月26~28日，在埃及的主持下，利比亚民族团结政府总理法伊兹·萨拉杰与利比亚国民代表大会主席阿基拉·萨利赫在开罗举行直接对话②，以期打破该国的政治僵局。2016年1月，利比亚民族团结政府成立伊始因国内的安全局势等原因将办公地点暂时设在突尼斯，直至3月30日才迁回到其首都。上述三国除了在利比亚对立派别间进行各种斡旋外，也曾多次就利比亚问题举行多种形式的会议或磋商。2017年3月5日，阿尔及利亚马格里布、非盟和阿盟事务部长阿卜杜勒·卡德尔·迈萨赫勒与到访的突尼斯外长杰希纳维举行会谈，共同商讨利比亚问题。③ 2017年6月5日，阿尔及利亚外长阿卜杜勒·卡德尔·迈萨赫勒、埃及外长舒凯里和突尼斯外长杰希纳维在阿尔及尔召开会议商讨利比亚问题。④

（二）利比亚战后安全危局使其南侧邻国安全局势加剧恶化

由于地理上的毗邻、人种的相近，以及受到卡扎菲执政时期致力于扩大在非洲的影响力的相关政策的影响，利比亚与其南侧邻国即萨赫勒地区国家的关系十分密切。长期以来，这些国家大多政治不稳定、经济欠发达和社会不安定。战后，利比亚的安全乱局尤其是极端恐怖势力在其境内趁乱扩势在这些国家内产生扩散效应，加剧了这些国家本就动荡不安的局势。

---

① 《利比亚各派间举行对话 寻找调节该国危机办法》，http://world.people.com.cn/n/2015/0414/c157278-26842735.html。
② 《埃及主持利比亚分歧双方对话 意在维护国内安全》，http://world.huanqiu.com/hot/2016-07/9242070.html。
③ 《阿尔及利亚与突尼斯重申应政治解决利比亚问题》，http://world.people.com.cn/n1/2017/0306/c1002-29125086.html。
④ 《中东三国外长强调政治解决利比亚问题》，http://news.xinhuanet.com/world/2017-06/06/c_1121093893.htm。

2012 年爆发的马里政变就是利比亚战争影响的一次体现。2012 年 1 月，马甲北部图阿雷格部族反政府武装"阿扎瓦德民族解放运动"联合多支分离主义武装在北部发起进攻，夺取一些城镇。3 月，军人阿马杜·萨诺戈带领士兵推翻总统阿马杜·图马尼·杜尔的政权，宣布中止宪法、解散马里国家机构。由此，马里陷入内战。反叛武装中有数以百计的武装分子是2011 年参加利比亚内战、曾效力卡扎菲政权的图阿雷格族雇佣兵，他们回国后找不到工作，成为叛军主力。他们作战经验丰富，且从利比亚带出大量精良的武器装备，从而大大增强了叛军的战斗力。

自 2014 年下半年起，"伊斯兰国"极端组织趁利比亚乱局进入利比亚，并迅速在其境内扩张势力。萨赫勒地区国家内的一些极端组织对其积极呼应：有的向其宣誓效忠，有的与其联络结交。结果，这些本就动荡不安的国家内暴力恐怖事件数量上升，危害增加。

总之，利比亚战后乱局恶化了其非洲邻国的安全局势。

二　利比亚战后与西方大国的关系

西方大国的军事干涉在利比亚的政权更迭中起到决定性作用。战后，利比亚陷入派系之争，其与西方大国间的关系更加复杂。

战后伊始，西方大国因其在利比亚战争中做出的"决定性贡献"而获得在利比亚重建中的多数重大项目的主导权和参与权。然而，随着利比亚战后安全形势急剧恶化，部分武装分子将利比亚战后乱局归咎于西方国家的武力干涉，认为这些国家参与利比亚重建的目的是攫取利比亚的各种资源。武装分子频频对这些国家在利比亚的机构、企业和个人发动袭击，既为了报复西方国家的干涉，也为抹黑令他们不满的政府。此举导致英国、美国等西方国家撤离在利比亚的机构和个人。西方国家撤离后，利比亚战后重建几乎陷于停滞状态。

2014 年 8 月，利比亚陷入两个政权对峙的局面，"伊斯兰国"极端组织趁乱进入，利比亚的安全形势进一步恶化。大量非洲国家的非法移民和难民取道利比亚偷渡至地中海对岸的欧洲国家，加重了欧洲国家的社会危机。当前，利比亚的军事能力仍不足以独立应对上述问题，因此利比亚执政者又一次面临是否向西方大国求助的问题。对西方大国而言，在利比亚多次遇袭事件导致其对利比亚采取了避而远之的态度。联合国主导的利比亚民族团结政府成立后，力量孱弱，其中一些成员提出希望西方大国向利比亚提供军事支持。对此，欧盟国防部长会议表示，只有利比亚政府正式提出申请才会考虑提供帮助。英国外交部部长称，利比亚当权者难以在此问题上达成一致，部落民众不希望外国在利驻军，因此不打算向利派遣军力。俄罗斯警告，应谨慎介入利比亚事务，必须首先获得联合国及利比亚众派别的授权，否则会重蹈在利比亚战后遭受袭击的覆辙。美国则表示，美国在利比亚事务上的合作者——欧洲国家因其与利比亚的地理优势和经济关系应在利比亚问题上发挥引领作用。欧洲国家则回应称，美国应在平息利比亚内战之火中发挥作用，如后勤、指挥控制、情报方面等，甚至可作为作战顾问。在上述考虑下，西方大国至今没有正式向利比亚派遣常驻军队。

然而，以"伊斯兰国"极端组织为首的极端恐怖势力在利比亚境内的大肆扩张，以及大量从利比亚取道地中海非法入境欧洲的移民和难民又使西方大国尤其是欧盟国家出于对本国安全的考量，而不能对利比亚乱局坐视不管。美、英、法等西方大国先后以向利比亚出动无人机搜查、定点空袭、派遣情报成员等方式打击利比亚境内的"伊斯兰国"极端组织，收效显著。一度被"伊斯兰国"占领的苏尔特等城市陆续被收复。法国、意大利等国也明确表示将与利比亚合作打击非法偷渡者，并已采取实际行动。但不容忽视的是，被剿灭的极端分子为数并不多，大量极端分子只是从大城市转移至沙漠、山区等"安全地带"暂时藏匿起来，随时可能再次集结并以新名目出现。利比亚的无政府状态也使利比亚成为来自中东非洲多国的非法偷渡者入境欧洲的"最佳通道"。总之，利比亚乱局持续成为西方大国安全问题的一大隐忧。

日裔美籍国际问题专家弗朗西斯·福山认为，失败国家是国际秩序的威胁，是全球不安全和不稳定的引擎。力量雄厚的国家和国际组织应帮助弱国建立有效的政治制度作为经济发展和国际安全的前提条件。[①]

第二节 利比亚战后与中国的关系

利比亚与中国于 1978 年建立外交关系。此后几十年，时代的变迁和战略利益的演变为双方关系的发展不断注入新的活力，两国关系逐步具有战略性质。政治上，两国实现了各层级的互访交流；经济上，双方展开多领域的互利合作；此外，双方在教育、科学、文化、卫生方面也都有合作。其中，经济合作是双方关系的重点和亮点，包括能源领域的合作、中国在利比亚实施大规模承包工程项目和多层级的商贸往来。

2011 年，利比亚战争爆发，中国在利比亚战争中秉持在不干涉内政基础上的劝和促谈原则，无私为安置利比亚难民提供援助。战争对中国与利比亚的关系尤其是经济合作产生了重大的影响，主要体现在使在利比亚实施项目的中国企业蒙受不同程度的经济损失。战后，利比亚未能顺利实现稳定与发展，而是逐步陷入混战乱局。中国在利比亚乱局中致力于劝和促谈，并期待在其政局稳定后参与其国家重建。

一 中国在利比亚战争中的立场

2011 年 2 月 17 日，利比亚第二大城市班加西爆发示威活动，抗议政府

---

① Francis Fukugama, "Beyond the Mayhem: Debating Key Dilemmas in Libya's Statebuilding," *North African Studies*, April 25, 2016, p. 1.

的贪污腐败，表达对当前生活水平的不满，呼吁国家实行全面的政治和经济改革。示威抗议活动在短时间内扩大至全国多个城市和地区，并演变为卡扎菲政权的反对者和捍卫者间的国内战争。3月20日，法国主导下的北约联军对利比亚境内的卡扎菲军事力量实施空中打击，助反对派夺权，致利比亚战争升级。最终，战争以卡扎菲毙命、反对派上台执政告终。

利比亚战争爆发后，中国的反应主要分为四个阶段。

第一阶段：保护侨民安全。利比亚国内的抗议示威活动爆发后，其国内形势迅速恶化。2011年2月27日，利比亚反对派在第二大城市班加西成立了临时政权"全国过渡委员会"。当时，中国政府做出的第一反应是：为保护在利境内中国公民的安全，决定全面撤侨。自2月22日至3月5日，中国政府以海路、陆路、航空三种方式，撤回有意愿回国的全部在利中国公民，共计35680人。这是中国政府有史以来实施的最大规模的有组织撤离海外中国公民的行动，在此过程中得到利比亚及其相关邻国等多方的帮助与配合。

第二阶段：主张政治解决利比亚问题，反对动用武力。利比亚的抗议示威活动在短时间内已升级为国内战争。2011年3月17日，联合国安理会通过第1973号决议，决定在利比亚设立"禁飞区"。对此决议的表决中，中国投了弃权票。当时中国驻联合国代表的表态为：中国对利比亚局势不断恶化表示严重关切。中国支持安理会采取适当和必要的行动尽快稳定利比亚局势，制止针对平民的暴力行径。但中国一贯反对在国际关系中使用武力，对支持安理会第1973号决议中的部分内容有严重困难，加之中国充分尊重阿拉伯国家联盟和非洲联盟的决定，因此投了弃权票。

3月20日，法国主导下的北约军队对利比亚发起代号为"奥德赛黎明"的军事打击，目标为帮助反对派打击卡扎菲的军事力量。中国外交部发言人在当天召开的新闻发布会上就相关提问做出如下回答：中方对向利比亚实施军事打击表示遗憾，中方一贯不赞成在国际关系中使用武力，主张遵循《联合国宪章》的宗旨与原则以及相关国际法准则，尊重利比亚主权、独立、统一和领土完整，希望利比亚局势尽快恢复稳定，避免武装冲突升级造成更多平民伤亡。

第三阶段：劝和促谈。利比亚战争期间，中国一直致力于促成利比亚冲突双方达成和解，以和平方式结束危机。为此，中方与利比亚冲突双方分别接触，劝和促谈。2011年6月2日，中国驻卡塔尔大使张志良在多哈会见了利比亚"全国过渡委员会"负责人。6月6日，中国驻埃及使馆公使衔参赞李连和赴班加西，考察当地人道主义状况和中资机构遗留资产情况，并与"全国过渡委员会"负责人进行了接触。中方认为利冲突各方应以国家和人民的根本利益为重，充分考虑国际社会有关调解方案，通过政治手段解决国内危机。

6月8日，时任中国外交部长杨洁篪会见来访的利比亚政府特使、总人民委员会对外联络与国际合作秘书（外长）奥贝迪时表示，中国一直密切关注利局势发展，认为当务之急是有关各方尽快实现停火，避免造成更大的人道主义灾难，通过对话、谈判等政治手段解决利危机。中方反对采取超出安理会决议授权的行动，主张尊重利比亚的主权、独立和领土完整，尊重利人民的自主选择。希望利各派以国家和人民的根本利益为重，以维护地区的和平与稳定为念，尽快开启解决利危机的政治进程。中方支持非盟等提出的解决利危机的倡议及外交斡旋努力，愿继续同利有关各方保持沟通，并与国际社会共同努力，推动利危机早日得到政治解决。奥贝迪表示，利方愿接受非盟"路线图"，早日实现全面停火，希望中方为此发挥作用。利方将采取必要措施保护中方在利人员和资产的安全。

除做利比亚国内冲突双方的工作外，中方一直积极与包括联合国、阿拉伯国家和非洲国家在内的有关各方加强沟通与协调，并在安理会、"金砖国家"峰会等多边场合努力呼吁并推动政治解决利比亚问题。2011年6月5日，杨洁篪外长在布达佩斯与南非国际关系与合作部长马沙巴内通电话，当前的利比亚局势是此次通话的一项重要内容，双方一致认为利比亚问题应通过对话实现政治解决。

总之，就利比亚问题的政治解决，中方秉承三点主张：第一，有关各方应尽快实现停火，避免造成更大的人道主义灾难，为通过政治方式和平解决危机创造条件。武力解决不了问题，只能使问题更加复杂化。利比亚战火持续已经导致大量人员伤亡，战事拖延只能使利比亚人民遭受更多苦难，加剧地区局势动荡，对双方、本地区、国际社会都不利。第二，中方呼吁利比亚双方以国家和人民的根本利益为重，以维护地区的和平与稳定为念，认真考虑国际社会的有关调解方案；采取更为灵活、务实的方式，以最大的诚意尽快展开实质性接触；通过对话、谈判等政治途径解决危机。中方愿与包括利比亚"全国过渡委员会"在内的相关方保持接触，积极劝和促谈。中方支持非洲国家等为解决利比亚问题提出的方案和建议，希望利比亚双方予以积极考虑和回应。第三，中方认为利比亚的主权、独立和领土完整应得到尊重，利比亚人民的自主选择应得到尊重，反对超出安理会决议授权的行动。

此外，为帮助缓解利比亚的人道主义危机，中方向埃及提供了100万美元现汇，向突尼斯提供了3030万元人民币的物资和200万美元现汇，用于安置两国与利比亚边境的难民。①

6月15日，外交部副部长翟隽出席在纽约联合国总部举行的非盟倡议下的安理会利比亚问题会议。非盟利比亚问题高级别特设委员会部长级代表团向会议通报了有关情况，并就利问题同安理会成员交换了看法。翟隽在会上发言表示，当前利比亚局势仍然严峻，安理会与非盟利比亚问题特设委员会部长级代表团进行对话，为国际社会探讨利问题的和平解决之道

---

① 《中国向突尼斯、埃及提供5000万元紧急人道主义援助》，中华人民共和国商务部网站，http://www.mofcom.gov.cn/aarticle/ae/ai/201103/20110307454998.html。

提供了重要平台。翟隽强调武力解决不了问题，国际社会应推动利比亚问题的政治解决，认真执行安理会决议，不采取超出决议授权的行动，加强对利比亚人道救援，并积极支持非盟的外交斡旋努力。翟隽还介绍了中方同利比亚冲突双方接触、劝和促谈，以及为缓解利比亚人道主义局势提供援助的有关情况。

6月22日，外交部部长杨洁篪会见来访的利比亚"全国过渡委员会"执行局主席贾布里勒时表示，当前利比亚危机仍在持续，利比亚人民饱受战乱之苦，中方对此感到忧虑。中方希望利比亚冲突双方以国家和人民利益为重，认真考虑国际社会的有关调解方案，尽快停火，通过政治途径解决利当前危机，真正给和平一个机会，这从根本上有利于利比亚人民。"全国过渡委员会"成立以来，代表性日益增强，已逐步成为利国内一支重要的政治力量，中方视之为"重要对话方"。中方在利比亚问题上不谋私利，认为利比亚问题归根结底是利比亚内政，利比亚的未来应由利比亚人民自主做出决定。贾布里勒表示，利比亚"全国过渡委员会"赞赏中方在利比亚问题上所持的公正立场及在解决利比亚危机中发挥的积极作用，承诺将采取必要措施保护其控制区内中方人员及中资企业财产的安全。

8月23日，杨洁篪外长应约同联合国秘书长潘基文通电话，就利比亚局势交换意见。杨洁篪表示，当前，利比亚局势进入新的关键阶段。中方认为，应尽快恢复利比亚局势稳定，由利比亚人民自主决定利比亚的前途。利有关各方应尽早开启包容性政治进程，通过对话、协商等和平方式实现民族和解和国家重建。联合国应在利比亚战后安排中发挥主导作用，中方鼓励联合国就此同非盟、阿盟等地区组织加强协调与合作。中方赞赏联合国秘书长为缓解利危机做出的积极贡献，愿与联合国共同努力，推动利尽快实现稳定，早日走上和解与重建的道路。国际社会应继续对利开展人道救援。潘基文表示，联合国希望就此与中方密切合作，并与有关地区组织保持沟通。杨洁篪强调，应切实保障各国在利外交机构和其他人员的安全。中方正在就保障中国驻利使馆人员、新闻记者及其他中国公民的安全做利比亚有关各方的工作，希望联合国方面为此发挥积极作用。潘基文表示，联合国将关注中方及其他国家在利外交机构和人员的安全，并就此积极做工作。

第四阶段：根据事态发展采取相应做法。2011 年 9 月 2 日，中国外交部副部长翟隽在巴黎会见了利比亚"全国过渡委员会"（以下简称"过渡委"）执行局主席贾布里勒。翟隽表示，利比亚形势发生了重大变化，"过渡委"已成为当前利国内主要的政治力量，在利比亚战后政治安排和重建中担负重要责任。中方尊重利比亚人民的选择，重视"过渡委"在利比亚国内的重要地位和作用，愿与其保持密切接触，推动中利友好关系继续向前发展。中方愿为利战后重建提供力所能及的帮助，希望"过渡委"尊重中国的核心关切，信守承诺，切实保障中方企业在利的权益。贾布里勒对中方在利问题上所持公正立场及在解决利危机中发挥的积极作用表示赞赏，感谢中国提供的人道主义援助，并表示利"过渡委"重视中国的地位和作用，愿加强双边合作，推动利中关系继续向前发展。利方欢迎中国在利战后重建中发挥积极作用，遵守同中方原有的经贸项目合同，承诺将采取必要措施保护在利中方人员及资产的安全。

二 利比亚战争对中利关系的影响

利比亚战争对两国经贸关系产生影响，尤其是给中国带来一定的经济损失。利比亚战争导致其国内基础设施毁坏，石油减产，安全形势恶化，对外贸易锐减。这必然给利中经贸合作各领域造成一定的影响。

1. 利比亚战争对中国石油进口的影响

利比亚作为非洲第一大储油国和第四大石油生产国，历来是世界重要的能源供应地。政局变动引发的减产和停产直接影响其石油供应。利比亚战争爆发后，其石油日产量大幅削减，其他方面的产能也面临严重的不确定性。通观利比亚战争爆发后的石油生产状况以及世界总体石油供给情况：利比亚战争带来国际石油供应的短缺，在短期内推高了油价，但从长期看，并未对世界石油供应产生重大影响。

此次战争对中国能源供给有影响，但是影响很小。一直以来，利比亚对中国出口原油比例远远高于利比亚原油在中国石油进口中所占比例。据2011 年 8 月 23 日 CNN 的报道，利比亚对华原油出口占其原油产量的 11%，但在中国历年进口石油来源中仅占 2% ~ 3%。一方面，由于两国距离遥远，利比亚出产的含硫量较低的优质轻质油主要向意大利等欧洲国家出口，而且利比亚的大油田项目也掌控在西方国家手中；另一方面，中国的原油供应比较多元，利比亚局势不稳，可替代国比较多，且中国国内油气产量也不小。因此，利比亚战争不足以显著影响中国进口原油的渠道和数量。

利比亚战争对中国石油进口的冲击主要体现在成本价格方面。表 9 - 1 为 2011 年前 11 个月国际油价统计。

表 9 - 1　2011 年前 11 个月国际油价统计

截止日期	价格（美元/桶）
2011 - 1 - 31	90.16
2011 - 2 - 28	87.71
2011 - 3 - 31	100.97
2011 - 4 - 30	107.72
2011 - 5 - 31	104.44
2011 - 6 - 30	98.25
2011 - 7 - 31	91.44
2011 - 8 - 31	88.93
2011 - 9 - 30	87.38
2011 - 10 - 31	83.45
2011 - 11 - 30	95.64
2011 - 12 - 31	98.83

数据来源：中华人民共和国商务部网站。

从表 9 – 1 可见，利比亚战争爆发初期，尤其是北约开始轰炸利比亚后，由于利比亚石油减产停产，石油设施遭到破坏，国际油价一度从每桶 80 多美元桶涨至每桶 100 多美元。随着战争结果日趋明朗，尤其是利比亚全国过渡委员会接管政权后，油价逐步回落且渐趋平稳。此间及此后油价的涨落不仅与利比亚的石油产量有关，也受到人们对国际局势的预测及其他产油国状况的影响。总之，利比亚战争对中国石油进口的影响很小。

2. 利比亚战争对中国在利承包工程项目产生的影响

中国在利比亚的直接投资非常少，2009 年直接投资两三千万美元，且这些直接投资基本上是承包工程项目的附属物，即中国公司为承包当地工程而在当地注册分公司时打入的注册资本金和为工程项目垫付的资金。

此次利比亚变局对中国在利的承包工程项目造成相当大的影响。合同搁浅、项目中止、驻地遭袭击、大规模撤侨等，利比亚局势动荡给中国企业带来的损失显而易见。利比亚战争爆发后，中国企业在当地的项目陆续中止。在此期间，中资企业中有十多人受伤，企业工地、项目营地遭到袭击抢劫，直接经济损失达 15 亿元人民币。中国政府为确保在利比亚华人的生命财产安全，出动海陆空力量，撤回 3 万余名中国员工，耗资约 3 亿元人民币。中国在利工程项目合同额总计 188 亿美元，但这并不能全部看作中国企业的损失，因为工程承包所得是按阶段支付的，每完成一个阶段，利方就会把已完成的工程款支付给中国企业。到战争开始时，已经完成且尚未支付的工程款额有 10 多亿美元，这可算作损失的部分。[①]总之，利比亚战争带给中国企业的损失包括如下五个方面。

第一，固定资产损失。虽然大部分中国企业在利比亚实施的是工程承

---

① 邓瑶：《中国企业利比亚损失或超预期　撒哈拉银行恶意索赔》，《21 世纪经济报道》2011年 3 月 26 日。

包而非带资项目，没有直接投资，但战争爆发后，中国企业在利注册公司及各项目工地的基础设施、设备和原材料都留在了当地，并完全处于失控状态，因而导致大量固定资产损失。

第二，未收回的应收账款损失。"未收回的应收账款"包括履约保证金、预付款保证金、维修保证金、维持项目正常运行所必须垫付的流动资金以及由于不可抗力产生的损失等。按照惯例，在利比亚实施的工程项目都是中方企业先垫资。一般而言，项目合同资金的支付方式为：按工程进度付款，再加上15%左右的预付款，不同企业得到的预付款数额不同。业主支付进度款，一般需要60～90天的审核期。虽然企业可以获得部分预付款，但预付款通常为逐月按工程进度从工程进度付款中扣还，加上进度付款一般会延后3个月甚至半年付出，因此，一旦工程因不可控因素停止，这些尚未收回的应收账款就成为承包商的损失。

第三，回国人员安置问题。国家动用陆海空交通工具将中国企业在利人员接回，接下来面临的是他们的安置问题、人工费问题以及由此产生的赔偿问题，这必将为中国企业带来损失。

第四，三角债问题。由于利比亚建筑材料缺乏，无法满足工程的需要，一般需要承包商从利比亚以外的国家采购。而中国企业在利承包工程所需的建筑材料一般从国内采购。因此，利比亚项目中断后，一些企业无法按期向原材料供应商支付货款，加上很多工程采用分包模式，也导致三角债问题凸显。

第五，利方恶意索赔问题。利比亚撒哈拉银行已向中国葛洲坝集团公司、中国水利水电建设集团公司、北京宏福建工集团等针对"预付款保函"进行索赔。上述公司内部人士称，预付款保函还有半年才到期，现在银行提前索赔，属于恶意索赔。按照担保书的规定，中方承包商如未能履行合同，不将业主支付的预付款退还，银行将把预付款退还业主，并向承包商索赔预付款的本金和利息。利比亚撒哈拉银行向上述公司提供了两个选择：

一是赔偿预付款本金和利息，二是将预付款保函期限延至 2012 年 12 月 31 日。两种选择对中方都不利：如选择赔偿将进一步加大损失，且不是小数目；如选择延期保函，面临的风险和保函的本金又要增加一年。

根据国际惯例，外国法人在东道国享有对其财产的所有权、企业控制权等权益不受侵犯的权利。利比亚变局使中国在利企业无法正常经营，并造成重大损失，侵犯了中国在利企业的合法权益。东道国应履行保护外国投资者权益并赋予其"公正、合理待遇"的国际义务。因此，中国企业在利比亚的损失不会"灰飞烟灭"，终将获得赔偿。但具体的赔偿方式及额度将看最终双方协商的结果。总体来看，利比亚战争对中国对外承包工程的影响并不大。2009 年，中国企业在利比亚新签工程承包合同金额为 58.3992 亿美元，占当年中国对外承包工程新签合同金额的 4.6%；完成营业额为 19.1251 亿美元，占当年中国对外承包工程完成营业额的 2.5%，2010 ~ 2011 年战前比例也与此大体相当。①

然而，利比亚自战后以来从总体看政治过渡进程不顺，经济不进反退，安全形势不断恶化，给中国企业带来的直接影响是在利比亚的工程项目无法复工，原项目工地再遭损毁，对于中国企业的损失赔偿问题无人负责。2014 年，鉴于利比亚安全形势的严重恶化，中国政府再次组织从利比亚撤侨。至今，中国企业在利比亚遭受的经济损失问题尚未得到解决。

利比亚战争对利中商贸交往产生较大影响。自利比亚内乱开始，由于安全原因，中国与利比亚的商贸往来大幅减少。自 2011 年 3 月 18 日多国部队大规模军事干预利比亚行动展开以来，利比亚冲突形势不断升级，中国对利出口贸易受到巨大影响。当月，受限于利比亚国内动荡环境，有中国企业出口利比亚的货物在港口滞留，也有中国货物到港后，买家无法去港口提货而无法付款。鉴于此，中利贸易暂时中断。

---

① 《梅新育：利比亚仍将有求于中国》，《环球时报》2011 年 9 月 9 日。

中国在利比亚的商人也大都在政府的帮助下纷纷回国。最终留在利比亚的只有的黎波里一家中餐馆的老板全家及几个雇员，该中餐馆在战争期间靠送外卖维持生意。还有一个农学专业的毕业生，其在班加西开垦了一片荒地，种植从中国带去的南瓜等蔬菜种，希望能抓住战后利比亚市场萧条这一商机有所盈利。

总体看，中利民间商贸在利比亚战争期间陷于停滞，但这对中国在贸易方面的影响很小。2010 年，中利贸易额为 65.7605 亿美元，仅占中国进出口贸易总额的 0.22%。[①]

三　中国在利比亚战后乱局中的作用

中国作为利比亚重要的经贸伙伴、联合国常任理事国之一，对于参与利比亚战后乱局的调解和斡旋，既是肩负的责任，也有自身的需要。中国在国际事务中一贯主张在相互尊重、互不干涉内政的基础上开展务实合作。

1. 政治上，中国积极与利比亚新政权发展关系

2011 年 9 月 12 日，中国尊重利比亚人民自己的选择，正式承认利比亚"全国过渡委员会"为利比亚执政当局和利比亚人民的代表，愿与其共同努力推动中利关系平稳过渡和发展，并希望中利双方此前签署的各项条约及协议继续有效并得到认真执行。利比亚"过渡委"对中方的承认深表高兴，并表示高度重视中国的地位和作用，将切实遵守双方此前签署的各项条约和协议，坚定奉行一个中国政策，欢迎中方参加利比亚重建，共同推动双边关系稳定、持续发展。中国在利比亚问题上始终秉持公正的立场，站在利比亚人民的一边，根据问题的是非曲直做出判断和表态。自此，中国在利比亚问题上有了更加明确的立场。

---

① 《中国在利比亚利益会面临风险吗?》，《国际商报》2011 年 9 月 5 日。

中国不仅自身承认利比亚新政权，还在联合国大会就此事的投票中投了赞成票，呼吁世界各国承认利比亚新政权，并在安理会就设立联合国利比亚支助特派团的决议中再投赞成票，以助力利比亚战后政治、经济重建的开展。中国常驻联合国代表在解释性发言中明确指出，尽快恢复利比亚的稳定与秩序符合利比亚人民和国际社会的共同利益，中国将继续支持利比亚人民为维护国家主权、进行国家重建、促进国家发展所做的努力。当月，因战争原因撤离的中国驻利比亚使馆工作人员陆续返回使馆，积极与利比亚"过渡委"联系沟通，为下一步全面开展工作做准备。

对于利比亚的过渡和重建，中国外长在 2011 年 9 月 20 日出席联合国利比亚问题高级特别会议时提出四点主张：第一，平等尊重。支持利比亚当局和人民自主决定利比亚的前途和命运。国际社会应切实尊重利比亚主权、独立、统一和领土完整，在相互尊重、平等互利的基础上发展对利关系。第二，包容团结。希望利各方在"过渡委"的领导下，开启包容性政治进程，实现和解，维护利民族团结与国家统一，共建和平稳定、繁荣发展的新利比亚。第三，和衷共济。国际社会应积极伸出援手，共同帮助利缓解人道主义危机。中方已经且将继续向利比亚提供人道主义援助。第四，统筹协调。中方支持联合国在利过渡和重建进程中发挥主导作用。各方应按照安理会第 2009 号决议精神，在联合国框架下加强沟通与协调，以更好地凝聚力量，统筹资源，提高效率，帮助利人民早日重建家园。中方以上表态既表达了希望利比亚尽快恢复稳定的美好愿望，又表达了中国愿意为利比亚提供帮助并呼吁国际社会共同帮助利比亚重建家园的友好心愿，还前瞻性地指出利比亚应开启具有包容性的政治进程，唯有如此才能尽快恢复利比亚的稳定与秩序。当前利比亚政局不稳，政治进程举步维艰正是由于各派别包容性的欠缺。

2011 年 11 月 22 日，利比亚过渡政府宣告成立，次日，中国外交部发言人即对此表示欢迎，并祝愿利比亚政治、经济重建进程进展顺利，恢复社会稳定，实现民族和解，利比亚人民早日过上幸福安宁的生活。中方将与利方共同努力，推动中利友好关系持续发展，并愿为利比亚重建发挥建设性作用。

2012年6月，利比亚外交与国际合作部长本·海亚勒访华，其间受到时任国家副主席习近平的接见，并与中国外交部部长杨洁篪举行会晤。杨洁篪表示，利新政权成立以来，在双方的共同努力下，两国关系实现了平稳过渡。中方尊重利人民根据本国国情自主选择政治制度和发展道路，支持利经济社会重建。中方愿同利方一道，进一步加强政治互信，拓展各领域务实合作，密切人文交流，加强在国际事务中的沟通与配合，推动两国关系全面发展。本·海亚勒表示，利方感谢中方在利形势变化过程中所采取的支持利新政权的立场，利方高度重视发展对华关系，愿与中方共同努力，加强各领域互利合作，推动两国友好合作关系不断向前发展。

总之，利比亚战后，尤其是过渡政府执政后，中利两国间多次实现多层次的会面与交流。2012年1月，中国外交部部长助理张明在埃塞俄比亚出席非盟部长级会议期间会见利外长本·海亚勒。4月，中国外交部亚非司司长陈晓东访问利比亚。5月，利外长本·海亚勒率团出席中阿合作论坛第五届部长级会议。6月，利外长本·海亚勒访华。2013年9月，利外长阿卜杜勒·阿齐兹出席第三次中非外长联合国大会。

2. 经济上，中国继续与利比亚开展互利合作

卡扎菲执政时期的利比亚曾受国际制裁多年，国内主要基础设施多是制裁前遗留下的，设施陈旧，年久失修。战前，利比亚已全面展开基础设施建设，而战争不仅导致建设工作停滞，而且造成大规模基础设施损毁，相关重建工作亟待开展。在这个方面，中国有对接合作的巨大潜力。

一方面，利比亚的经济重建需要中国的参与。中国自利比亚战前就与利比亚有着密切的经贸合作，是利比亚国家建设的一个重要参与者，中国

曾实施的住房、通信等项目在利比亚国内有着极好的口碑。早在 2011 年 9 月，利比亚"全国过渡委员会"主席就曾表示，中国国际地位不断上升，在国际事务中发挥着领导作用，任何希望发展的国家都会把目光投向中国，与中国发展良好的关系。无论是出于利比亚战前与中国经贸关系的延续，还是战后两国的客观需要，利比亚与中国的经贸关系都必然持续向前发展。利比亚战争后，也曾有利比亚人对在班加西采访的《人民日报》记者表示，在利比亚的国家重建中，中国是不可错过的合作者。利比亚的国家重建需要中国的国际影响力与基建实力。中国企业在利比亚承建的住房项目如能顺利完工将不仅能解决利比亚的住房危机，还能解决利比亚部分就业难题。2013 年 10 月，中利两国签署《中国政府与利比亚政府经济技术合作协定》。

另一方面，中国企业需要"走出去"。战争使利比亚的国计民生皆受到重创，这给外国公司提供了更多商机，这也与中国企业"走出去"战略完全契合。中国企业必然借此良机寻求对接。

利比亚战后一年内，以其经济支柱产业石油产业为代表的经济迅速恢复。在经历了 2011 年经济 62.1% 的负增长后，2012 年，利比亚经济实现 104.5% 增长的大逆转，当年扣除通胀后的 GDP 总额创历史最高纪录。战后不足一年时间内其石油产业迅速恢复至日产原油 145 万桶，日出口原油 128 万桶，接近战前日产 160 万桶的水平。① 鉴于此，也由于利比亚政府恢复及发展经济和中国企业"走出去"的需要，利比亚战后不久，中国企业陆续重返。中国建筑工程总公司、中国交通建设集团有限公司、华为技术有限公司、北京宏福建工集团等战前在利比亚有大规模承包项目的中国企业在战争结束后重返利比亚，甚至在战争期间已重返利比亚视察工地情况，对项目进行重建考察，并与业主——利比亚建设部进行了交流。利比亚方面的态度总体是积极的，他们承认中方合同，希望继续履行合同，但距离正

① 数据来自商务部网站。

式复工还需要较长的时间。当时中资企业的工作主要是统计损失，提交索赔报告等。战争结束后不足半年内，2012年2月，商务部对外投资和经济合作司司长王沈阳带领由商务部、对外承包工程商会和中国建筑工程总公司、中国水利水电建设集团公司、中国葛洲坝集团公司、中国交通建设集团有限公司、北京宏福建工集团、华为技术有限公司、中兴通讯股份有限公司等若干家企业共同组成的工作组访问了利比亚。在利比亚期间，工作组和利比亚相关负责人举行了会谈，就中国公司原在利项目的遗留问题和参与重建等问题交换了意见，同时实地考察了项目受损情况。此后，双方就人员安全、损失赔偿、工程款支付、银行账户解冻、签证颁发、货物通关等一系列具体问题做了进一步沟通，为项目全面复工创造了条件。此外，2012年，中国企业在利比亚新签承包工程合同9份，总合同金额为5257万美元。

但是，自2012年下半年以来，利比亚局势再陷动荡，且趋于严重化，主要体现在战后重建进展不顺，政治进程举步维艰，安全局势持续恶化，混战厮杀及暗杀等恶性事件频发，国内各股势力角力，为争权夺利不惜牺牲国家利益，由此直接影响其经济的恢复与发展。一些政治派别、部落和组织以石油为武器，动辄封锁石油输送港口或为石油公司进入该地区开采石油设置条件，导致自2013年下半年起，利比亚石油产量每况愈下，最低日产量仅为20万桶。如此政局不稳、经济衰退、安全堪忧的情况，为中国企业在利比亚的工作带来困难。鉴于利比亚局势的持续恶化，2014年7月，中国政府不得不再次组织从利比亚撤侨。

此后，利比亚局势一直动荡，中国企业尚未进入利比亚开展业务。但是，中国企业尤其是建筑、能源等领域的企业对利比亚的关注未曾间断，期待在时机成熟时继续与利比亚开展经济合作。据利比亚驻华大使馆的消息，2017年前十个月间中国建筑股份有限公司、中国石油天然气集团公司、中国南通三建集团有限公司等多家中国企业分别前往利比亚驻华大使馆拜会大使和商务参赞以了解利比亚当前的国家建设情况和安全局势，拟尽快前往利比亚实地了解情况。

3. 中国致力于全方位援助利比亚政治、经济与社会重建

应对利比亚战后乱局，中国积极参与其恢复国内稳定与经济重建工作，体现出一个大国应有的责任担当、对世界应有的贡献和影响力，为今后中利合作打下坚实的基础。为此，中国致力于从多方面对利比亚进行帮助。

首先，中国在坚持公正、合理的外交立场的前提下，充分利用自身特有的合作平台与机制，如"中阿合作论坛""中非合作论坛""中非发展基金"等，加强对利比亚的投资与合作，将以上平台机制化，并在机制框架下开展务实行动。2014 年 6 月，中阿合作论坛第六届部长级会议在北京举行，中国外交部长与阿盟秘书长就包括利比亚战后乱局在内的中东热点问题交换意见，并达成相关共识。妥善解决地区热点问题符合中阿双方的利益，中国一贯支持阿拉伯民族合法权益，作为阿拉伯国家可信赖的大国，中国愿与有关各方加强协调，为缓解地区紧张形势贡献积极力量。

其次，中国以多种方式加深对利比亚国情及局势的了解，以期有的放矢，以合适的方式对利比亚实施有效帮助。一方面，自利比亚局势动荡以来，中国的高层研究机构、智库多次召开相关研讨会和论坛，既有国内专家间的研讨，也有与其他国家智库的交流，因而能够客观看待和深入理解利比亚问题。另一方面，中国一批专家学者进一步加深对利比亚历史、国情的研究，将利比亚的现实问题与其历史发展进程相结合，根据其客观国情，尤其是其国家特质对现实问题进行研判，从而有助于对利比亚问题的认知和判断更加客观。在以上基础上，中国在不同场合提出了对利比亚问题的看法，得到相关国家的肯定和赏识。

中国国家主席习近平在 2014 年 6 月 5 日举行的中阿合作论坛第六届部长级会议开幕式上的讲话充分体现出中国对于包括利比亚在内的当前处于

动荡中的阿拉伯国家的态度和做法。其中，他指出，"履不必同，期于适足；治不必同，期于利民"，即一个国家的发展道路合不合适，只有这个国家的人民才最有发言权，不能要求有不同文化传统、历史遭遇、现实国情的国家都采用同一种发展模式。这体现出中国一贯尊重包括利比亚在内的阿拉伯国家人民选择适合自身的发展道路。他还说："中国追求的是共同发展。我们既要让自己过得好，也要让别人过得好。中国愿意把自身发展同阿拉伯国家的发展对接起来，为阿拉伯国家扩大就业、推进工业化、推动经济发展提供支持。中国将以建设性姿态参与地区事务，主持公道、伸张正义，同阿拉伯国家一道，推动通过对话找到各方关切的最大公约数，为妥善解决地区热点问题提供更多公共产品。"以上反映出中国将继续积极参与利比亚重建，并为之提供力所能及、切实可行的支持与帮助的决心。

由于利比亚问题牵涉多方利益，既立足于其国内各利益方，也关乎全世界，尤其是非洲与地中海地区的安全、稳定与发展，因此，利比亚问题的解决需要国际社会的协商援助。利比亚战后 6 年间，联合国和利比亚的一些地区邻国多次主导召开利比亚问题的国际会议或地区会议，共同就利比亚战后乱局问题交流与磋商。中国多次参加联合国主导的利比亚问题国际会议，与其他安理会常任理事国一起支持利比亚的民族和解，并就对其实施武器禁运，在其境内打击"伊斯兰国"极端组织等问题发表联合声明。

第三节　部落因素对利比亚战后对外关系的影响

利比亚战后，无论是其安全危局对非洲邻国安全局势的影响，还是其与西方大国关系的复杂性，以及其与中国的合作交往都受到部落因素的影响。

一 跨界部落是利比亚战后与非洲邻国关系中的重要因素

北非和萨赫勒地区国家都起源于部落制社会，且当前部落在国家发展各方面依然发挥着重要作用。殖民统治遗留下的跨界部落成为不同国家和地区之间交往的重要途径。利比亚战后安全局势持续动荡，跨界部落的传导作用使本就面临安全问题的一些非洲邻国雪上加霜。

一方面，跨界部落的存在成为利比亚乱局向邻国蔓延的"便捷通道"。利比亚境内共存在 10 个跨界部落，分别跨越其与埃及、尼日尔、乍得、苏丹和突尼斯的边界；利比亚境内也有一些部落在与之并不直接相邻但相近的国家内有分布，如马里，这些国家及地区在其他国家境内也存在各自的跨界部落。跨界部落的存在密切了相关国家间的关系，也因此成为利比亚乱局向地区邻国扩散的一条重要途径。无论是 2012 年 3 月的马里内战，还是 2015 年 3 月尼日利亚极端武装"博科圣地"向"伊斯兰国"宣誓效忠，以及 2015 年 11 月索马里极端组织"青年党"向"伊斯兰国"宣誓效忠都有跨界部落的传导作用。马里内战的一些参战者是曾经参加利比亚战争的部落武装分子。"博科圣地"和"青年党"是在"伊斯兰国"在利比亚设立分支后向其宣誓效忠，跨界部落成为极端分子存在和逃窜的庇护所和"安全通道"。

另一方面，部落性格与意识也为恐怖势力在地区的存在和蔓延提供"帮助"。当两部落发生冲突时，"外人"即"敌人"，无论对与错，仅以内外区分。因此可以说，部落保护是一种无原则的保护，这一点早已为地区恐怖势力所利用。部落性格决定了部落成为恐怖分子的天然庇护所。部落意识在一定程度上弱化了国家统一意识，民众忠于部落胜过忠于国家，部落犹如国中之"国"，由此导致国家法律对一些有部落归属的恐怖分子和恐怖集团的管束力不足。部落的复仇意识也导致冤冤相报的恐怖事件难休止。

部落因素使利比亚战后安全乱局蔓延至地区邻国，其扩散效应恶化了整个地区的安全局势。

二　部落意识是利比亚战后与西方大国关系复杂的主要原因

部落因素对利比亚与西方大国关系的影响是复杂的。从西方大国方面看，一方面，部落体制是西方大国用于控制利比亚的工具。部落的对外排他性使利比亚各部落间一直处于相互博弈的状态，这一点在其战后政治威权崩塌后更加凸显。部落间为争夺权力和利益不惜兵戎相见，相互对抗。部落意识与国家认同间的矛盾性使部落民众仅关注本部落的利益，听命于本部落酋长，而对国家利益漠不关心。因此，国家难以形成合力集中发展，对抗外敌。这一点为觊觎利比亚的西方大国所利用。在殖民时代，西方殖民者就利用这一点征服了利比亚，长期维持对其的殖民统治。利比亚战后，西方大国再次利用这一点，对与其合作的部落给予援助，在部落间制造或激化矛盾，以避免利比亚形成统一的合力，打着"帮助利比亚战后重建"的旗号，为自身获得经济利益及多方面的权益。当利比亚陷入乱局，国家重建受阻，安全局势恶化时，西方大国为免于遭受袭扰带来的损失，将其驻利人员和机构全部撤回。西方大国"帮助"利比亚的实质意图显现出来。

另一方面，部落体制是西方大国在利比亚推行民主化的阻碍因素。部落是一种旧有的社会形态，与民主这种现代制度存在相互矛盾之处。例如，民主的一人一票制与部落的首领裁定制相矛盾，部落间的对内团结、对外排斥与民主需要的个体间平等共处相矛盾等。部落体制在利比亚根深蒂固，至今仍有重大影响，成为西方国家在利比亚推行民主制的障碍。

从利比亚方面看，在利比亚战争期间，反对派自身不具备推翻卡扎菲政权的能力，要想赢得战争的胜利离不开西方大国的帮助。在战争过程中，反对派在是否借助西方大国力量的问题上存在争议，其根源就在于利比亚民众强烈的部落意识。一些反对派部落在战争期间多次出现态度的转变。在战后重建进程中，利比亚政权及项目决策者在国家重建中是否与西方大国合作的问题上再次出现矛盾，国内一些派别的武装分子对西方大国驻利比亚的人员和机构实施各种形式的袭击，也是源于其根深蒂固的部落意识。2016年4月，美国总统奥巴马在接受美国福克斯新闻频道采访时曾表示，其任内所犯最大的错误就是对军事干预利比亚之后所发生的事情缺乏计划。他进一步解释说："在采取干预行动前，美国对利比亚内部部落割据的情况缺乏充分的了解，导致在利比亚战后与当地人开展交流、实施训练和供应物质等方面都遇到障碍，效果大大下降。"①

三 中国与利比亚开展合作中应对部落因素加以考量

在利比亚的部落聚居区，包括中国在内的其他国家无论是竞争某项目，还是实施某项目，都离不开部落的影响作用。例如，在利比亚战争期间，无论是基础设施，还是项目工地及设备，都大量遭到损毁。而中国在班加西的一处项目工地因受到当地部落的保护而保存完好。由于中国与项目所在地的部落长期保持友好关系，战争爆发后，中国企业员工全部撤回国，当地部落自发对中国企业的项目工地进行保护，使其在战争中未受到损毁。部落因素在中国与利比亚开展合作中的影响作用显而易见。未来中国与利比亚的合作中仍不应忽视对其部落因素的考量。

小 结

部落因素对利比亚战后对外关系的影响体现在多个方面和领域。部落联系尤其是跨界部落的纽带作用使利比亚与非洲国家的利益密切相关，尤

---

① 《奥巴马：干涉利比亚后缺规划是任期内最大错误，盟友也不给力》，澎湃新闻，http://
m. thepaper. cn/newsDetail_forward_1454830，2016年4月11日。

其是安全方面一衣带水、唇齿相依。西方大国的经济援助和军事帮助为利比亚的战后重建提供了有力保障，但它们是以追求自身利益为目的的，当利比亚受到威胁时，西方大国便不能确保其安全。西方大国在利比亚的战后重建中既热衷于输出其民主模式，又希望通过与利比亚合作而获利。但西方国家经过几十年甚至几个世纪才构建起的制度却希望在利比亚一夜间实现移植，这种做法必然受到利比亚固有的部落民众的反对。西方"麦当劳"式的国家建构只强调速度，不重视结果的质量，必然在利比亚遭遇失败。中国在对外交往中一向重视对象国的现实国情和意愿，因此受到利比亚战后几届政府的信赖。利比亚政府曾多次表示，利比亚的战后重建离不开中国，希望中国积极参与。由于中国与利比亚相距遥远，各方面差异较大，因此多数中国民众对利比亚的国情、民情了解不够。中国未来在与利比亚的交往中应多加了解并充分重视其部落体制的相关特点，以利于中利关系的顺利推进。

第十章 部落在利比亚历史进程中的作用

通观利比亚的历史发展进程，部落因素对于其现代化进程具有双重作用。一方面，部落的团结性以及一些部落习俗与规约有利于增强民众在其所属组织内的凝聚力，对民众的道德与行为也具有一定约束力。另一方面，部落的排他性和对抗性使国家难以增进团结，抑制了社会融合，甚至带来无休止的社会冲突。且这种冲突与纷争难以通过区域性的法律手段来解决，因而造成资源的浪费，不利于利比亚公民社会的健康发展。与国家相比，部落具有空间范围小、联络途径多等优势，因此，部落权威比国家权威更加贴近民众，在国家权威缺失或孱弱的时期这一表现尤为明显。然而，部落因素作为现代化的逆向因素，在国家发展中的作用也必将渐趋弱化。

第一节 部落体制在殖民时期是一把"双刃剑"

意大利自1911年入侵利比亚，共用了二十年的时间才完成对其领土的全面而彻底的征服，此后对其实行了十几年的殖民统治。这一殖民进程既有当时欧洲对非洲殖民征服大背景的影响，也有利比亚的内在因素，后者即利比亚人根深蒂固的部落意识。殖民者在征服和统治利比亚中都使用了部落战略，而部落意识也是当地民众反抗殖民者的原动力。因此，应该说部落意识在殖民时期是一把"双刃剑"。

1. 殖民者利用部落战略实现征服和统治

意大利自 1911 年入侵利比亚开始就遭到当地部族和奥斯曼统治者的坚决反抗，致使其占领进程缓慢，阻力重重，最终意大利实现对利比亚的占领离不开其使用部落战略。一方面，拉拢部落首领以获得承认。部落特性使然，利比亚民众唯部落首领马首是瞻，不分对错，绝对服从。殖民者对这种意识加以利用，首先收买了利比亚大部落的首领，进而顺利地征服了整个地区。自 1916 年起，赛义德·伊德里斯（后成为利比亚独立后的首任统治者）接管萨努西社团的领导权。他是一位亲西方者，自接管领导权的第二年就同意大利签署协议，承认后者对昔兰尼加沿海地区的控制。伊德里斯亲西方的态度对意大利征服和统治利比亚起到至关重要的作用。意大利人为与之配合的利比亚部落首领提供"奖励金"，为征用部落的土地支付"赔偿金"，诱使部分当地人默认了意大利的统治。在意大利殖民统治时期，利比亚本土的官员都出自有钱有势且亲西方的大部落，他们通过物质上的"赞助"和精神上的"配合"获得官职。这一点使"买官卖官""裙带关系"在利比亚独立后依然盛行。

另一方面，挑拨部落矛盾以使其相互削弱。伊塔洛·巴尔博作为意大利在利比亚殖民事业的主要设计师，计划将利比亚北部的海岸线打造成意大利的"第四海岸"，作为对亚得里亚海、爱奥尼亚和第勒尼安海的补充。他领导的意大利殖民政府在利比亚发起自由主义计划，向当地人提供意大利国民地位，并吸引意大利人到利比亚定居。对于上述计划，利比亚人持不同态度，部分人接受，部分人抵制，他们之间产生了激烈矛盾。大量意大利人的迁入也破坏了当地部落的分布和当地部落对资源的占有情况，挑起当地部落间的矛盾。上述情况都从客观上削弱了当地民众的反抗力。

2. 部落民众是反抗殖民者的主力军

第一次世界大战期间，占领利比亚不久的意大利人就遭到昔兰尼加的萨努西人和的黎波里塔尼亚本土部族的顽强抵抗，被迫从内地撤回沿海城市。萨努西人甚至对占领邻国埃及的英国人也实施打击。利比亚的民族英雄奥马尔·穆赫塔尔正是在这个时期出现的。当时，土耳其军官凯末尔（即"现代土耳其共和国之父"）领导的游击队正在班加西附近袭击意大利驻军，穆赫塔尔带领部落武装投至凯末尔麾下。穆赫塔尔机智、勇敢地组织和指挥其部落武装在昔兰尼加和费赞地区打游击战，抵抗殖民者的入侵。他利用装备现代的意大利军队不擅长在乡村地区作战的特点，经常故意将意大利围剿大军引入沙漠腹地，使之在沙漠里无法逃生。然而，以穆赫塔尔为代表的利比亚部落民众最终没能击退殖民者，利比亚没能避免沦为殖民地的厄运。尽管如此，利比亚的部落武装始终没有放弃对殖民者的反抗。1931 年，穆赫塔尔被捕后被执行绞刑。他死后，利比亚领土上的抵抗活动分崩离析，再也没能达到此前的强度，但部落民众对殖民占领的反抗不曾停止。

在利比亚的被殖民历程中，对于殖民者而言，当地民众的部落意识既是推进殖民占领的阻碍，也是可资利用的工具。对于利比亚而言，被殖民经历既强化了其传统意识，也催生了其社会的多元化，使此后城市的现代化与本土的传统化长期并存。这种跨文化交往产生的后果是复杂的，甚至是自相矛盾的，潜藏多种冲突的隐患。殖民者以暴力方式强行改造利比亚前殖民时期的土著政治结构后形成松散、有缺陷的后殖民时期的制度。这些制度在其社会中缺乏根基，难以发挥出它们的政治、经济和社会功能，阻碍独立后的新国家实现法制化，培育国家认同，发展共享的国民性，反而使利比亚社会错位和分裂，甚至严重破坏了原有社会的平衡。更为严重的是，利比亚独立后所获得的殖民解放的程度也是不彻底的，影响国家日后的发展。

第二节 部落关系在王朝时期体现出两重性

利比亚王朝时期，政治体制比较落后，经济建设严重不足，社会发展进程缓慢。部落意识阻滞了国家发展，国家发展中的一些战略又使部落意识得到强化。生于北非的资深政治家伊本·赫勒敦在其所著的《历史绪论》一书中对历史的"表层意义"（surface meaning）和"内在意义"（inner meaning）进行了区分：前者指的是政治事件、王朝更替以及遥远的过去所发生的一切……即时光流变的历史；后者包括通过深入思索，获得事实真相，细致入微地解释事物发生的缘由，深入探索事情是如何发生的以及为什么会发生。我们仔细考察后会发现，利比亚的独立是一种表象的成就，独立后的利比亚国家建设的每一步都面临重重困难。

利比亚的独立是由联合国人为制造的结果，利比亚王国是由三块各具不同的地缘政治特色和文化历史意义的区域组成，国家的统一性和国民的认同感先天不足。且虽然利比亚宣称其为君主立宪制国家，但国家的实际权力只掌握在国王及其统治家族手中。因此，国王的统治方式对于国家的发展和民族意识的形成至关重要。伊德里斯国王的统治方式总体看比较消极：对内依靠自己的家族部落，且只关注其家族所在的东部地区；对外依靠西方大国的支持。

一方面，王朝时期的部落统治不利于国家融合。这一时期内，利比亚民众的国家认同感没有明显提升。英国著名利比亚问题学者范德瓦勒（Dirk Vandewalle）在其所著的《现代利比亚历史》一书中是这样描述的："利比亚的君主仅依靠'一组受到宠爱的个人、家族和部族'来决定国家的生死存亡。"[1] 这句话准确地描述了伊德里斯国王的对内统治方式。这一时期内，

---

[1] Dirk Vandewalle, *A History of Modern Libya*, Cambridge University Press, 2006, p. 49.

国王几乎只生活在其所在的昔兰尼加地区，对的黎波里塔尼亚和费赞地区的大部分区域甚至从未踏足，致使前者得到发展，后两者严重滞后，不同地区的民众仍然只有区域归属感，国家统一意识依然没有构建起来。国王所属的萨努西家族势力大增，在国内形成一枝独秀的局面，引起其他部落的不满。另一方面，由于伊德里斯国王统治利比亚的方式实际上是一种分裂性联邦制的寡头政治，加之其个人性格中的孤僻和消极，他对另两个地区不予重视的同时，也很少干涉。利比亚国内在这个时期内少有冲突发生。即使 1969 年卡扎菲以政变的方式推翻王朝统治时也是兵不血刃，国内并未爆发暴力的武装斗争。

在对外关系方面，伊德里斯国王延续"殖民地思维"，为维持西方国家支持其统治而允许他们对部分领土享有使用权。伊德里斯国王的祖父穆罕默德·萨努西是利比亚的第一个"大萨努西"，即号召民众抵抗殖民侵略的"萨努西教团"的领袖，该组织主张用伊斯兰主义激发民众坚决抵制意大利入侵和殖民主义。至第二次世界大战，伊德里斯作为该组织的继任者在对抗意大利和维持统治中却对英美等国严重依赖。1953年，伊德里斯与英国签署条约，允许后者使用利比亚的军事基地 20 年，后又同意美国继续有偿使用其境内的惠勒斯军事基地。国王亲西方的统治政策使利比亚民众将中央集权国家等同于殖民主义，反抗情绪不断蓄积。当邻国埃及总统纳赛尔面临西方势力入侵拒绝放弃对苏伊士运河的国有化时，利比亚的一些有识之士受到极大鼓舞，决定推翻亲西方的政权，实现国家的真正独立。

这一时期，利比亚民众延续国家独立前的认同方式，将部落、村庄、地区视作归属地和基本的经济、教育、福利的供给单元，以血统、财富和虔诚度作为重要的竞争资本。部落首领与地区领导相互交织，即部落首领出自特定家庭中，且世袭罔替。这一点一直持续至卡扎菲执政初期，卡扎菲致力于彻底根除这一现象，但事实上并未成功。

第三节 部落意识在卡扎菲执政时期有双重作用

卡扎菲所承接的社会是人们习惯于地区、城市、乡镇、村庄或部落认同而非统一国家认同的社会。这种脆弱、分散的认同感植根于古代，形成于殖民时代，强化于王朝时代。卡扎菲的政治基础为部落操纵和社会碎裂，其政治系统则是从一些部落和部落联盟中得到社会支持，建立起以部落为基础的社会动员和政治忠诚，控制权力平衡。具体体现在如下方面。

从卡扎菲与域内邻近国家的关系看，他多次谋求与其他国家的联合统一，这正是部落联盟观念的体现。卡扎菲执政期间，其特立独行、行为乖张、举止善变的风格举世闻名，但是他有过一个多次热衷实施的循环政策——谋求与域内其他国家的联合统一。他上台后的第一个十年内都致力于推动阿拉伯世界的团结统一，当他意识到这个想法无法实现后开始谋求与单个或多个国家的联合。作为纳赛尔的崇拜者和追随者，他首先寻求与埃及建立统一关系，后因与埃及总统萨达特之间产生矛盾，上述统一关系随之解体。他也曾与同为社会主义国家的叙利亚有过短暂的联合。他还曾先后与同在马格里布地区的阿尔及利亚、突尼斯和摩洛哥制订统一计划，有的甚至已达成统一协议，但都以失败告终。进入20世纪90年代后，卡扎菲将目标转向非洲国家，呼吁与撒哈拉以南的非洲地区国家实现统一，是非洲统一组织（今非洲联盟的前身）的重要支持者，甚至提出成立非洲合众国的想法。卡扎菲的上述尝试都是其部落意识尤其是部落联盟观点的体现。部落联盟意识使利比亚密切了与邻近国家的关系，在这些国家抗击外来入侵、民族解放运动和协同发展中起到相互支持和激励的作用。然而，卡扎菲的理想化和多变性使多数联盟以决裂告终，对利比亚与相关国家关系日后的发展起到反作用。

从卡扎菲与西方大国的关系看，卡扎菲与西方大国关系的转变也是其部落意识的体现。卡扎菲上台之初，出于对西方国家的仇视，与之激烈对抗。他对利比亚境内的外国石油公司强行实行国有化，收回英美等国使用的军事基地等，致使利比亚与一些西方国家的外交关系降级，甚至一度断交。在卡扎菲看来，对于其他国家而言，利比亚就是一个大的部落，英美等西方大国对利比亚采取的是殖民主义做法，是对利比亚这个大部落的侵犯。部落意识使然，外敌来犯，唯有反击。而卡扎菲这种激烈的对抗带来的是利比亚的内外交困：国内经济困难，在世界舞台上孤立无援。重压之下，卡扎菲做出重大调整。20世纪90年代后期起，卡扎菲摒弃了与西方大国对抗的做法，转而与之交好：对洛克比空难事件承担经济责任，交出嫌犯，在美国发生"9·11"事件后谴责袭击者的恐怖行为等。这显然体现出弱小部落为生存攀附大部落的部落结盟意识。卡扎菲的部落意识在利比亚与西方大国关系中既维护了民族独立，也在一定程度上阻碍了国家的发展。

从卡扎菲对内执政看，他的执政以20世纪70年代后期为界分为两个阶段，这两个阶段采取的执政方式不同，但都与其部落意识紧密相关。在其执政的前半期，卡扎菲在利比亚发动文化革命，出版了三卷本的《绿皮书》，在书中提出他所构想出的一种新型的意识形态——世界第三理论，并据此治理国家。他采取的"民众国"体制在世界上绝无仅有，这一意识形态倡导"无国家社会"：不发展国家机构，主张人人平等地参与国家事务的决策和执行，去除等级制和行政区域、部落等的分界。以上治国方式与部落运行机制相一致，却带有明显的理想性和不现实性，致使这个时期内利比亚的现代国家构建和经济发展裹足不前，民众的部落意识更加深刻，他们多将卡扎菲视为拥有至高无上权威的部落首领，稳固了卡扎菲在普通民众心目中的领袖地位。范德瓦勒在其著作中说："利比亚在卡扎菲执政时期是'无国家社会——避免构建现代国家'的最好案例。""《绿皮书》的思想极为简单，主张平等主义，缺乏等级制度，反映了部族的精神气质。"丰富的石油储量带来大量的石油出口收入是这一时期内利比亚的主要经济来源和政权支撑。然而，卡扎菲对利比亚的构想和智力方略并没有得到国内的一致认可，受过高等教育的年轻一代已萌发对这种落后制度的不满和抗议。20 世纪 70 年代后期，利比亚多次发生大学生的抗议活动、军人的政变，以及境内外反对派对其政权的挑战事件。这促使卡扎菲改变治国方式：对内扶植自己所属的和支持自己的部落，打压异己；对外与西方大国从对抗变为结交。卡扎菲对内执政方式的改变显然是重回部落统治，是利比亚政治的一次倒退。

卡扎菲执政期间，长期人为地制造体制平衡，频繁废除和肆意削弱国家的管理体系、制度和机构，导致地区主义与部落主义交织并存。这一时期内没有实现国家政治的现代化和经济的多样化，也没能在民众中构建起强烈的国家统一意识。其执政后期偏颇的部落政策引发其反对部落的怨恨，成为 2011 年爆发利比亚战争的一条重要导火索。可以说，卡扎菲的执政维持着国家在高压控制下的不团结，社会中充满对高压政权的怒气。各组织都认为他们的核心作用在部落和本地区，因而通过削弱对方的力量来实现自身力量的增强，以争夺对国家的控制权。卡扎菲政权是脆弱的，当原本支持他的大部落站到他的对立面时，其政权的根基随之松懈，其对国家的控制力变得脆弱。上述现象为利比亚战后长期陷入派系之争埋下隐患，加之利比亚没有强大的公民社会来监管权力和作为国家与社会的调解人，战争中大量非政府人员和组织在短时间内集结起来，暴力相向，以部落为单位的武装力量是其中的重要派别。战后，政治的脆弱致使暴力冲突升级和扩散。

第四节　部落因素在战后重建中具有两面性

联合国－阿拉伯国家联盟（阿盟）叙利亚危机联合特别代表拉赫达尔·卜拉希米认为，国家重建不是建成原来的样子，而是开启一个新的进程，主要包括：制宪、选举、政治和解、制定各方面的法规等，应以和平的方式进行。国际援助对于国家重建是必要的，但是还不够。国家建设的成功应以其自身体制和制度为前提和基础，达到民主价值观和民主原则的制度化进程。① 利比亚战后 6 年多以来，国家重建进展不顺。国家整体气氛紧张、团体分裂、社会脆弱、治理糟糕、国家实力下降、腐败和保护主义持续，无政府状态带来的不安全感日益严重。以上挑战要求利比亚不同派别放弃对抗，以包容的心态和对话的方式达成一致。部落因素作为贯穿各派别间的重要因素，在利比亚战后国家发展中发挥着一定的影响作用，这种作用不是单独发生，而是与利比亚战后各种复杂的社会政治环境相互交织。

1. 部落因素对战后重建起到一定的阻滞作用

2011 年的利比亚战争并不是真正意义上深层次的社会革命，而只是当时的受压制者对权力分配体系的挑战。一些人甚至将其视为部落战争，认为这是受压制部落为争取权力和改变处境而向统治部落宣战。反叛者关注的并不是国家的社会、经济问题，而只是自身权益。因此，利比亚战后重建进程中难以避免部落间对于国家权力的争夺，从而为整体国家重建起到

---

① Francis Fukuyame, "Beyond the Mayhem: Debating Key Dilemmas in Libya's Statebuilding," *North African Studies*, April 25, 2016, p. 2.

阻滞作用。由于部落因素的阻滞作用，民族国家层面上共同的机构和社会习俗难以形成，进而对现代民族国家重建构成障碍。

在政治方面，部落争夺使历届新政权的合法性受到挑战，阻碍了国家的政治重建。在经济方面，利比亚的经济支柱——能源产业在战后的恢复和发展中因部落间相互掣肘而难以推进。在安全方面，部落冲突造成安全局势的持续动荡，部落矛盾与角力使国家军队难以构建，部分部落甚至为极端恐怖势力提供庇护。在对外关系方面，部落意识使利比亚民众对与其他国家的经济合作和外部力量的政治斡旋持排斥态度。上述可见，部落因素对利比亚的国家重建构成障碍。部落主义作为文化观念，部落作为基本社会单元都对国家的政治发展和社会认同施加影响。部落因素在利比亚战后重建中的作用不容小觑，应建设性地将其融入国家的发展进程中，而非使后者受限于前者。

2．部落因素在国家保持统一中发挥调和作用

利比亚战后至今，多种势力间的角力持续不断，国家在政治、经济、安全等领域都未实现一体化，数度濒临分裂。然而，利比亚依然保持统一的国家形式，而没有分裂，这与民众根深蒂固的部落意识和部落首领的调和作用有密不可分的关系。

战后初期，国内出现分裂呼声。2012 年 3 月，东部昔兰尼加地区宣布自治，并呼吁国家恢复王朝时期的联邦制。此后，南部图布部落也提出自治要求。但自治要求受到利比亚民众和官方层面的双重抵制。从民众层面看，东、西、南三个地区都发生了大规模的民众自发游行，坚决抵制分裂。当时的民意调查显示：维持国家的统一是多数利比亚民众的选择。利比亚民众曾对世界多国的媒体表示："我们国家内部存在矛盾，但我们对外是统一的国家。"从官方层面看，部落首领理事会是利比亚战后过渡时期重要的仲裁机构，它的裁定是战后初期国内平息冲突、恢复稳定最有效的方法。

该机构熟悉各冲突方的名称、观点及暴力方式，能够通过其特有的方式在短期内有效地解决冲突。

战后重建中，部落民众反对外来干涉，维护国家主权。一些西方大国希望全方面地参与利比亚的战后重建，并尽可能多地对其施加影响。对此，利比亚民众及本土官员强烈抵制，表示不希望自己的国家掌控在他国手中。在战后即开始的政治重建中，多个西方国家支持的高级官员因以西方国家的意愿行事而得不到部落首领的支持。在亟待恢复和发展的能源领域，部落民众不同意由西方大国主导其重建，但其自身并不具备经济建设的能力，因此国家的经济发展一度陷于停滞，甚至倒退。自2014年下半年以来，极端组织"伊斯兰国"在利比亚趁乱扩势，加剧了利比亚战后的安全危局。由于利比亚与欧洲隔海相邻的地理位置，前者的安全危局危及后者的安全局势，后者为保自身安全派遣侦查人员和战机以帮助前者剿灭恐怖分子。然而，在部落聚居区，部落民众拒绝西方国家的人员和战机进入。上述方面都显示出利比亚民众强烈的维护国家统一、反对外来干涉的意愿。

战后乱局中，部落首领积极斡旋各方力量，促进和解。2014年下半年以后，利比亚政治重建陷入僵局，国家处于东、西两个政府并立对峙局面，国家再次面临分裂风险。联合国利比亚支助特派团主导促成两个政府实现和解，却难以攻坚，主要由于在组建联合政府的具体过程中仍存在严重分歧，且多数利比亚派别和民众因部落意识而不愿意接受外部势力的介入。大部落的首领从中斡旋，积极筹划制订"拯救利比亚"计划，试图通过与党派领导人共商国是为利比亚的政治僵局找到出路，最终促成签署《利比亚政治协议》，并成立民族团结政府。然而，一些民兵组织成员尤其是40岁以下的青年人不再如年长者那般完全听命于部落首领，而是以满足自身利益为目标，这使得该政府的权威性未被广泛承认，利比亚实质上处于三个政府并立，权力相互交织的局面。利比亚实现全面和平与发展依然前途未卜。此外，值得一提的是，2015年4月，位于西部地区的原国民议会通

过并执行关于建立部落首领会机制的决议。该决议承认部落首领会在协调
利比亚国内和与地区、国家之间的关系，尤其是在安置和遣返难民中的作
用，并对其权力范围加以限定。该机构在此后的难民管控中发挥了重要
作用。

利比亚的部落结构对于战后国家构建的作用还体现在：前者为后者提
供了一个框架，前者也能暂时填补国家权力的真空，维持基本的管理构架。
部落首领告知部落民众"他们是谁""他们应该做什么"，这比政府的指令
更加奏效。部落这种非制度化的管理方式在利比亚根深蒂固，且在减缓当
前的不稳定局势中发挥重要作用，因此，部落的积极作用也不应被抹杀。

利比亚的战后转型和重建系外力推动，给利比亚带来的是"催熟的"
或"夹生的"民主，因不符合其自身的政治进程和政治结构而不仅不能使
利比亚实现成功的政治转型，反而致其政治生态失衡。每个国家的政治转
型都有其历史顺序，需要依据其固有国情自主探索出适合自身的发展道路，
并经受住时间的考验。由于部落体制根深蒂固，西方民主制在利比亚遭遇
"水土不服"，但并不意味着二者"水火不容"。民主政治在利比亚的实现须
经历"搭建期""磨合期""巩固期"和"稳定期"四个阶段，当前仍处于
第一阶段。利比亚的稳定发展将是一个从"劣治"到"良治"的过程，依
然前路漫漫。

第五节　部落发展趋势前瞻

在利比亚，部落是家庭的延伸，国家又是部落的扩展。利比亚的部落
体制自古形成，民众的部落意识根深蒂固。部落特性不仅在部落内部和部
落之间的关系中发挥作用，而且在国家的发展和对外交往中同样发挥作用。
部落本是一种社会单元，同一部落成员聚居在一起，成员间权利和义务均

等，部落间大体保持平衡，部落首领拥有最高权力。部落成员还具有地区、城镇、家族、意识形态等多方面相互交织的背景和属性，根据需要此消彼长。

在当前的利比亚，部落主义是一种意识形态，这是一个无法被掩盖的现实，也是一项根深蒂固的遗产。当下的利比亚民众既有部落意识，也有地区意识、民族意识，还有伊斯兰属性，四者交织起来，共同影响社会进程。当利比亚人寻求部落联系，诉诸部落保护的时候，并不是他们唯有部落认同，而是当下的政治环境使他们认为唯有部落认同能给他们有序的正常生活。可以说，部落作用的上升是因为国家作用的缺席或不足，前者也会使后者进一步加强。在现代社会，部落与国家并不是一对不可共存的矛盾体。有人认为前者对后者构成威胁，而这种威胁不应该是对国家存在的威胁，而是对国家成熟度的威胁。在当前利比亚，部落主义、世袭体系依然有力地挑战着制度化的合法性，多元化需要现实的土壤。

利比亚战后 6 年多的重建经历显示：对于一个政权和社会都处于分裂状态的国家，其全面重建无从谈起。当务之急是实现国内的政治统一、安全稳定和经济社会的一体化。因此，对于部落因素这把"双刃剑"，应该发挥其益处，规避其害处，使部落体制与国家发展逐步融合。国家治理的理想途径是通过提供安全、稳定的服务赢得民众的认同，而非通过政治操纵。但当统治者不能实现对国家的控制时，权力饥渴者会为保持权威而诉诸任何手段，依靠部落统治就是其中的一种重要手段。只有得到人民支持的政府才能实现国家认同对部落认同的超越。

从部落发展趋势看，随着国家现代化进程的深入，城镇化进程加快，部落聚居现状逐渐被打破，同部落的人生活在不同城市，一些人生活在距本部落的发源地和聚居地都很远的区域，部落联系随之松散，部落意识将渐趋淡化。在现代文明的熏陶下，部落习俗也将呈现淡化的趋向。从部落对国家发展的作用看，当国家政权稳固有力时，部落的作用并不显著；当政权羸弱，甚至权威崩塌时，部落的作用就会凸显。从利比亚现实情况看，其社会经济仍不发达，全国性的政治民主化进程刚刚起步，部落体制依然牢固存在，部落等级观念、部落意识和部落俗约仍然显现出一定的社会影响力。未来，利比亚民众根深蒂固的部落意识不会在短时间内自行消失，部落因素在利比亚的政治和解与政权重构、经济恢复与发展和国家稳定统一的问题上依然是一个不容小觑的因素。

参考文献

一 专著

（一）中文专著

1.〔黎巴嫩〕阿布·艾尼：《黎巴嫩地理研究》，唐裕生等译，北京出版社，1981。

2.〔加纳〕阿杜·博亨主编《非洲通史》，中国对外翻译出版公司，1991。

3.〔英〕阿姆斯特朗：《轴心时代》，孙海燕、白彦兵译，海南出版社，2010。

4.〔埃及〕艾哈迈德·爱敏：《阿拉伯伊斯兰文化史》，商务印书馆，1999。

5.〔美〕埃里克·吉尔伯特、〔美〕乔纳森·T. 雷诺兹：《非洲史》，黄磷译，海南出版社、三环出版社，2007。

6.〔英〕埃里克·霍布斯鲍姆：《民族与民族主义》，李金梅译，上海世纪出版集团，2006。

7.〔美〕艾丽斯·泰勒主编《中东》，北京人民出版社，1975。

8.〔法〕埃米尔·涂尔干：《社会分工论》，渠东译，生活·读书·新知三联书店，2000。

9.〔英〕安东尼·D. 史密斯：《全球化时代的民族与民族主义》，龚维斌等译，中央编译出版社，2002。

10.〔英〕安东尼·吉登斯：《社会的构成》，李康、李猛译，生活·读书·新知三联书店，1998。

11. 〔英〕安东尼·吉登斯：《现代性的后果》，田禾译，译林出版社，2000。

12. 〔英〕安东尼·吉登斯：《现代性与自我认同》，生活·读书·新知三联书店，1998。

13. 〔英〕巴兹尔·戴维逊：《现代非洲史：对一个新社会的探索》，舒展等译，中国社会科学出版社，1989。

14. 〔美〕伯纳德·路易斯：《中东：激荡在辉煌的历史中》，郑之书译，中国友谊出版公司，2000。

15. 蔡德贵：《阿拉伯近现代哲学》，山东人民出版社，1996。

16. 曹兴：《全球化时代的民族宗教问题》，中国政法大学出版社，2011。

17. 陈必祥、段万翰：《世界五千年》（古代），汉语大词典出版社，2004。

18. 陈德成：《全球化与现代阿拉伯民族主义》，中国社会科学出版社，2009。

19. 陈德成主编《中东政治现代化——理论与历史经验的探索》，社会科学文献出版社，2000。

20. 陈嘉厚：《现代伊斯兰主义》，经济日报出版社，1989。

21. 陈中耀：《阿拉伯哲学》，上海外语教育出版社，1995。

22. 成红编著《中国的中东文献研究综述（1949～2009）》，社会科学文献出版社，2011。

23. 〔英〕达尔文：《物种起源》，谢蕴贞译，新世界出版社，2007。

24. 〔英〕戴维·布伦蒂、〔英〕安德罗·莱希特：《卡扎菲传》，马福云译，世界知识出版社，1992。

25. 丁俊主编《阿拉伯人的历史与文化》，甘肃人民出版社，2009。

26. 董崇山：《政体论》，中国展望出版社，1986。

27. 〔美〕菲利克斯·格罗斯：《公民与国家——民族、部族和族属身份》，王建娥、魏强译，新华出版社，2003。

28. 〔美〕菲利普·C.内勒：《沙特阿拉伯史》，韩志斌、郭子林、李铁译，中国大百科全书出版社，2013。

29. 〔美〕菲利普·克·希蒂：《黎巴嫩简史》，北京人民出版社，1974。

30. 〔美〕菲利浦·希提：《阿拉伯通史》，马坚译，新世界出版社，2008。

31. 费孝通：《民族与社会》，人民出版社，1981。

32. 〔德〕弗里德里希·恩格斯：《家庭、私有制和国家起源》，人民出版社，2003。

33. 顾章义编著《索马里、吉布提》，社会科学文献出版社，2006。

34. 郭宏珍：《突厥语诸族社会组织研究》，社会科学文献出版社，2008。

35. 郭沫若主编《中国史稿》（第1册），人民出版社，1976。

36. 郭应德：《阿拉伯史纲》，经济日报出版社，1997。

37. 哈全安：《阿拉伯封建形态研究》，天津人民出版社，2000。

38. 哈全安：《中东国家的现代化历程》，人民出版社，2006。

39. 哈全安：《中东史》（上、下），天津人民出版社，2010。

40. 何学明编著《透视索马里海盗》，海洋出版社，2009。

41. 贺文萍：《非洲国家民主化进程研究》，时事出版社，2005。

42. 〔法〕亨利·康崩：《摩洛哥史》，上海人民出版社，1975。

43. 黄亮宜等主编《当代世界经济·政治·文化》，中国经济出版社，2002。

44. 黄民兴：《中东历史与现状十八讲》，陕西人民出版社，2008。

45. 黄硕风：《综合国力论》，中国社会科学出版社，1992。

46. 黄运发、黄民兴：《中东画卷——阿拉伯人的社会生活》，辽宁大学出版社，1996。

47. 〔美〕吉尔伯特：《非洲史》，海南出版社，2007。

48. 蒋志华编著《中国世界部落文化》，时事出版社，2007。

49. 金炳镐：《民族理论通论》，中央民族大学出版社，1994。

50. 金涛、孙运来主编《世界民族关系概论》，中央民族大学出版社，1996。

51. 金宜久主编《伊斯兰教史》，江苏人民出版社，2006。

52. 〔德〕卡尔·布洛克尔曼：《伊斯兰各民族与国家史》，孙硕人等译，商务印书馆，1985。

53. 〔德〕卡尔·魏特夫：《东方专制主义》，中国社会科学出版社，1989。

54. 〔英〕科林·勒古姆等：《八十年代的非洲：一个危机四伏的大陆》，吴期扬译，世界知识出版社，1982。

55. 李安山：《非洲民族主义研究》，中国国际广播出版社，2004。

56. 李毅夫、赵锦元主编《世界民族概论》，中央民族大学出版社，1993。

57. 李振中：《阿拉伯哲学史》，北京语言学院出版社，1995。

58. 李智彪主编《非洲经济圈与中国企业》，北京出版社，2001。

59. 联合国教科文组织编《非洲通史》，国际科学委员会编《非洲通史》，中国对外翻译出版公司，1984～2003。

60. 刘达成编译《当代原始部落漫游》，天津人民出版社，1982。

61. 刘鸿武等：《从部族社会到民族国家：尼日利亚发展史纲》，云南大学出版社，2000。

62. 刘鸿武、姜恒昆编著《苏丹》，社会科学文献出版社，2008。

63. 刘军、李林编《新权威主义——对改革理论纲领的论争》，北京经济学院出版社，1989。

64. 刘明：《奥斯曼帝国》，商务印书馆，1986。

65. 刘文鹏、吴宇虹、李铁匠：《古代西亚北非文明》，福建教育出版社，2008。

66. 〔英〕刘易斯：《索马里近代史：从民族到国家》，商务印书馆，1973。

67. 刘中民：《挑战与回应——中东民族主义与伊斯兰教关系评析》，当代世界出版社，2005。

68. 陆庭恩、艾周昌编著《非洲史教程》，华东师范大学出版社，1990。

69. 〔英〕路易斯·亨利·摩尔根：《古代社会》，杨东莼、马雍、马巨译，中央编译出版社，2007。

70. 〔英〕路易斯·亨利·摩尔根：《美洲土著的房屋和家庭生活》，李培茱译，中国社会科学出版社，1985。

71. 〔英〕罗宾·科恩、〔英〕保罗·肯尼迪:《全球社会学》,社会科学文献出版社,2001。

72. 〔美〕罗伯特·A. 达尔:《现代政治分析》,王沪宁、陈峰译,上海译文出版社,1987。

73. 〔美〕罗伯特·吉尔平:《世界政治中的战争与变革》,宋新宁、杜建平译,中国人民大学出版社,1994。

74. 〔美〕罗伯特·科林斯:《苏丹史》,徐宏峰译,中国大百科全书出版社,2010。

75. 〔美〕罗纳德·布鲁斯·圣约翰:《利比亚史》,韩志斌译,东方出版中心,2011。

76. 〔德〕马克思、〔德〕恩格斯:《马克思恩格斯选集》,人民出版社,2012。

77. 〔德〕马克斯·韦伯:《经济与社会》,商务印书馆,1997。

78. 马晓霖主编《阿拉伯剧变——西亚、北非大动荡深层观察》,新华出版社,2012。

79. 摩勒、德菲:《近代中东史》,陈建民译,商务印书馆,1936。

80. 〔法〕莫里斯·迪韦尔热:《政党概论》,雷克璇译,香港青年文化事业有限公司,1991。

81. 〔法〕莫里斯·迪韦尔热:《政治社会学——政治学要素》,华夏出版社,1987。

82. 〔利〕穆阿迈尔·卡扎菲:《绿皮书》,世界知识出版社,1984。

83. 宁骚:《民族与国家:民族关系与民族政策的国际比较》,北京大学出版社,1995。

84. 潘蓓英编著《利比亚》,社会科学文献出版社,2007。

85. 彭树智主编《二十世纪中东史》(第二版),高等教育出版社,2001。

86. 彭树智主编《东方民族主义思潮》,西北大学出版社,1992。

87. 彭树智主编《中东国家和中东问题》,河南大学出版社,1991。

88. 彭树智主编《中东国家通史》（13 卷），商务印书馆，2000～2007。

89. 彭树智：《文明交往论》，陕西人民出版社，2002。

90. 彭树智：《书录鸿踪录》，陕西人民出版社，2004。

91. 彭树智：《松榆斋百记》，西北大学出版社，2005。

92. 彭树智：《两斋文明自觉论》，中国社会科学出版社，2012。

93. 彭树智：《我的文明观》，西北大学出版社，2013。

94. 彭树智主编《中东史》，人民出版社，2010。

95. 彭树智主编《阿拉伯国家史》，高等教育出版社，2003。

96. 〔美〕乔尔·S. 米格代尔：《强社会与弱国家——第三世界的国家社会关系及国家能力》，张长东等译，江苏人民出版社，2012。

97. 〔法〕让－米歇尔·瓦格雷：《刚果共和国（布）：历史·政治·社会》，商务印书馆，1973。

98. 任荣：《古非洲生活》，汕头大学出版社，2009。

99. 〔美〕塞缪尔·亨廷顿：《文明的冲突与世界秩序的重建》，周琪等译，新华出版社，2002。

100. 〔英〕S. H. 朗里格：《伊拉克 1900～1950》（上、下），北京师范大学《伊拉克》翻译小组译，人民出版社，1977。

101. 时延春编著《中国驻中东大使话中东·黎巴嫩》，世界知识出版社，2012。

102. 〔美〕斯塔夫里阿诺斯：《全球通史：1500 年以后的世界》，吴象婴、梁赤民译，上海社会科学院出版社，1995。

103. 〔美〕斯坦福·肖：《奥斯曼帝国》，许序雅等译，青海人民出版社，2006。

104. 孙承熙：《阿拉伯伊斯兰文化史纲》，昆仑出版社，2001。

105. 孙国：《索马里海盗》，人民武警出版社，2009。

106. 〔法〕汤普森等：《法属索马里：吉布提与非洲之角》，上海人民出版社，1975。

107. 唐大盾等：《非洲社会主义：历史、理论、实践》，世界知识出版社，1988。

108. 唐大盾、徐济明、陈公元主编《非洲社会主义新论》，教育科学出版社，1994。

109. 〔美〕托马斯·弗里德曼：《从贝鲁特到耶路撒冷》，世界知识出版社，1992。

110. 王建娥：《族际政治：20 世纪的理论与实践》，社会科学文献出版社，2011。

111. 王建娥、陈建樾：《族际政治与现代民族国家》，社会科学文献出版社，2004。

112. 王京烈：《解读中东：理论建构与实证研究》，世界图书出版公司，2011。

113. 王京烈主编《当代中东政治思潮》，当代世界出版社，2003。

114. 王京烈主编《动荡中东多视角分析》，世界知识出版社，1996。

115. 王京烈主编《面向二十一世纪的中东》，社会科学文献出版社，1999。

116. 王军主编《民族主义与国际关系》，浙江人民出版社，2009。

117. 王联：《中东政治与社会》，北京大学出版社，2009。

118. 王林聪：《中东国家民主化问题研究》，中国社会科学出版社，2007。

119. 王铁铮：《沙特阿拉伯的国家与政治》，三秦出版社，1998。

120. 王云：《青海藏族阿柔部落社会历史文化研究》，民族出版社，2011。

121. 〔美〕威廉·麦克尼尔：《世界史》，施诚、赵婧译，中信出版社，2013。

122. 吴云贵：《近现代伊斯兰教思潮与运动》，社会科学文献出版社，2000。

123. 〔美〕西·内·费希尔：《中东史》，姚梓良译，商务印书馆，1979。

124. 肖克编著《摩洛哥》，社会科学文献出版社，2008。

125. 谢咏梅：《蒙元时期札剌亦儿部研究》，辽宁民族出版社，2012。

126. 徐黎丽主编《突厥人变迁史研究》，民族出版社，2009。

127. 〔古希腊〕亚里士多德：《政治学》，商务印书馆，1983。

128. 〔法〕亚历山大·莫瑞·G. 戴维：《从部落到帝国》，郭子林译，大象出版社，2010。

129. 闫德华：《突厥与其他民族关系史》，民族出版社，2013。

130. 杨灏城、江淳：《纳赛尔和萨达特时代的埃及》，商务印书馆，1997。

131. 杨军、张士东：《阿拉伯人》，东方出版社，2008。

132. 杨鲁萍编著《突尼斯》，社会科学文献出版社，2010。

133. 杨期锐编著《苏丹》，上海辞书出版社，1985。

134. 杨学伦编著《突尼斯文化》，文化艺术出版社，2001。

135. 〔突尼斯〕伊本·赫勒敦：《历史绪论》，李振中译，宁夏人民出版社，2015。

136. 〔埃及〕伊丽莎白·洛斯来本：《中东的贝都因人》，刘阿钢译，中国水利水电出版社，2005。

137. 〔美〕伊曼纽尔·沃勒斯坦：《现代世界体系》，高等教育出版社，1998。

138. 〔美〕伊兹科威兹：《帝国的剖析》，韦德培译，学林出版社，1996。

139. 易建平：《部落联盟与酋邦——民主·专制·国家：起源问题比较研究》，社会科学文献出版社，2004。

140. 应克复等：《西方民主史》，中国社会科学出版社，1997。

141. 〔德〕尤尔根·哈贝马斯：《合法化危机》，刘北成、曹卫东译，上海人民出版社，2009。

142. 〔德〕尤尔根·哈贝马斯：《交往与社会进化》，张博树译，重庆出版社，1993。

143. 余建华：《民族主义：历史遗产与时代风云的交汇》，学林出版社，1999。

144. 袁辉：《索马里共和国》，世界知识出版社，1965。

145. 〔美〕约翰·库利：《利比亚沙暴》，赵之援、汪淼、王正译，世界知识出版社，1986。

146. 〔美〕约翰·莱尔：《白尼罗河的勇士：丁卡人》，李欣、张小玲译，华艺出版社，2005。

147. 昝涛：《现代国家与民族建构：20世纪前期土耳其民族主义研究》，生活·读书·新知三联书店，2011。

148. 张岱年等：《文化的冲突与融合》，北京大学出版社，1997。

149. 张宏主编《当代阿拉伯研究》，宁夏人民出版社，2009。

150. 张宏明：《多维视野中的非洲政治发展》，社会科学文献出版社，2007。

151. 张宏明主编《非洲发展报告（2011~2012)》，社会科学文献出版社，2012。

152. 张岩：《文明的起源：从原始群到部落社会》，科学出版社，2012。

153. 赵国忠主编《简明西亚北非百科全书》，中国社会科学出版社，2000。

154. 赵慧杰编著《阿尔及利亚》，社会科学文献出版社，2006。

155. 赵淑慧：《苏丹马赫迪起义》，商务印书馆，1985。

156. 洲塔：《甘南藏族部落社会历史与文化研究》，中国藏学出版社，2013。

157. 周燮藩主编《苏非之道：伊斯兰教神秘主义研究》，中国社会科学出版社，2012。

158. 〔法〕朱利安：《北非史：突尼斯、阿尔及利亚、摩洛哥》（第一卷），上海人民出版社，1973。

159. 朱牧流：《突尼斯》，世界知识出版社，1965。

160. 左文华等：《当代中东国际关系》，世界知识出版社，1999。

（二）英文专著

1. Abdul – Aziz, *Moudi Mansour*, *Settling the Tribes*：*The Role of the Bedouin in the Formation of the Saudi State*, London：Al Saqi, 1994.

2. Abdul – Jabar, Faleh and Hosham Dawod eds. , *Tribes and Power*：*Nationalism and Ethnicity in the Middle East*, London：Al Saqi, 2003.

3. Abun – Nasr, Jamil M. , *A History of the Maghrib in the Islamic Period*, Cambridge：Cambridge University Press, 1987.

4. Abu – Rabia, A. , *A Bedouin Century*：*Education and Development among the Negev Tribes in the Twentieth Century*, New York：Berghahn Books, 2001.

5. Abu – Rabia, A. , *The Negev Bedouin and Livestock Rearing*, Oxford：Berg Publishers, 1994.

6. Acikyildiz, Birgül, *The Yezidis*：*The History of a Community*, *Culture*, *and Re-*

ligion, London; New York: London; New York: I. B. Tauris, 2010.

7. Ahmed, Akbar S. and David M. Hart, *Islam in Tribal Societies: From the Atlas to the Indus*, London; New York: Routledge, 2013.

8. Ahroni, Reuven, *The Pasha's Bedouin, Tribes and State in the Egypt of Mehemet Ali, 1805 – 1848*, London; New York: Routledge, 2007

9. Al – Farsi, Sulaiman H. , *Democracy and Youth in the Middle East: Islam, Tribalism and the Rentier State in Oman*, London; New York: I. B. Tauris, 2013.

10. Ali, Mohammed, *The Afghans*, Punjab: The Punjab Educational Press, 1969.

11. Allion, Christine, *The Yezidi Oral Tradition in Iraqi Kurdistan*, Richmond: Curzon Press, 2001.

12. Alon, Yoav, *The Making of Jordan: Tribe, Colonialism and the Modern State*, London; New York: I. B. Tauris, 2007.

13. Arash, Khazeni, *Tribes and Empire on the Margins of Nineteenth – Century Iran*, Washington D. C. : University of Washington Press, 2010

14. Barth, Fredirk, *Features of Persons and Society in Swat Collected Eassays on Parthans*, London: Routledge & Kegan Paul, 1981.

15. Batatu, Hanna, *Syria's Peasantry, the Descendants of Lesser Rural Notables, and Their Politics*, Princeton: Princeton University Press, 1999.

16. Beck, Lois, "Tribes and state in nineteenth – and Twentieth – Century Iran," in Philip S. Khoury and Joseph Kostiner eds. , *Tribes and State Formation in the Middle East*, California: University of California Press, 1990.

17. Beck, Lois, *Nomad: A Year in the Life of a Qashqa'i Tribesman in Iran*, California: University of California Press, 1991.

18. Benite, Ben – Dor, *The Ten Lost Tribes: A World History*, Oxford: Oxford University Press, 2013.

19. Bennoune, Mahfoud, *The Making of Contemporary Algeria, 1830 – 1987: Co-*

lonial Upheavals and Post - Independence Development, New York: Cambridge University Press, 1988.

20. Booth, C. , *The Hyksos Period in Egypt*, Oxford: Shire Publication, 2005.

21. Bosworth, C. E. and Hillenbrand, C. eds. , *Qajar Iran: Political, Social, and Cultural Change, 1800 - 1923*, Edinburgh: Edinburgh University Press, 1983.

22. Bowman, Alan and Eugene Rogan, *Agriculture in Egypt: From Pharaonic to Modern Times*, Oxford: Oxford University Press, 1999.

23. Breasted, J. H. , *Ancient Records of Egypt*, 5*vol. s*, Illinois: University of Illinois Press, 2001.

24. Caroe, Olaf, *The Pathans: 550B. C. - 1957A. D.* , London: Macmillan, 1958.

25. Caton, Steven Charles, *Peaks of Yemen I Summon: Poetry as Cultural Practice in a North Yemeni Tribe*, California: University of California Press, 1990.

26. Chadwick, R. , *First Civilizations: Ancient Mesopotamia and Ancient Egypt*, London: Equinox, 2005.

27. Chatty, Dawn ed. , *Nomadic Society in the Middle East and North Africa: Entering the 21st Century*, Leiden: Brill, 2006.

28. Chaudhry, Kiren Aziz, *The Price of Wealth: Economies and Institutions in the Middle East*, Ithaca: Cornell University Press, 1997.

29. Clancy - Smith, Julia, *North Africa, Islam and the Mediterranean World: From the Almoravids to the Algerian War*, London: Frank Cass, 2001.

30. Clark, Michael K. , *Algeria in Turmoil: A History of the Rebellion*, New York: Frederick A. Praeger, Publishers, 1959.

31. Cooke, Miriam, *Tribal Modern: Branding New Nations in the Arab Gulf*, California: University of California Press, 2014.

32. Craig, G. M. ed. , *The Agriculture of Egypt*, Oxford: Oxford University Press, 1983.

33. Crone, Patricia, *From Arabian Tribes to Islamic Empire: Army, State and Society*

in the Near East c. 600 – 850, Surrey: Ashgate, 2008.

34. Cronin, Stephanie, *Tribal Politics in Iran: Rural Conflict and the New State, 1921 – 1941*, London; New York: Routledge, 2010.

35. Cuno, Kenneth M, *The Pasha's Peasants: Land, Society, and Economy in Lower Egypt, 1740 – 1858*, Cambridge: Cambridge University Press, 1992.

36. Dakhil, Khalid Al –, *Social Origins of the Wahhabi Movement*, Los Angeles: California: University of California Press, 1998.

37. Dale, Stephen Frederic, *The Muslim empires of the Ottomans, Safavids, and Mughals*, Cambridge: Cambridge University Press, 2010.

38. Davis, John, *Libyan Politics, Tribe and Revolution: An account of the Zuwaya and Their Government*, California: University of California Press, 1987.

39. Deng, Francis M. , "War of Visions Conflict of Identities," Washington D. C. : The Brookings Institute, 1995.

40. Deng, Francis. M. , *Tradition and Modernization: A Challenge for Law among the Dinka of the Sudan*, New York: Yale University Press, 1971.

41. Dresch, Paul, *Tribes, Government and History in Yemen*, Cambridge: Cambridge University Press, 1994.

42. Driver, G. R, *An Account of the Religion of the Yazidi Kurds*, London: SOAS, 1922.

43. Entelis, John. P. , *Algeria: The Revolution Institutionalized*, Boulder: Westview Press, 1986.

44. Fisher, William Bayne, *The Cambridge History of Iran*, Cambridge: Cambridge University Press, 1968.

45. Friedman, Yaron, *The Nusayri: Alawis: An Introduction to the Religion, History and Identity of the Leading Minority in Syria*, Leiden: Brill, 2009.

46. Fronherz, Allen J. , *Qatar: A Modern History*, Washington D. C. : Georgetown University Press, 2012.

47. Fuccaro, Nelida, *The Other Kurds*: *Yazidis in Colonial Iraq*, London; New York: I. B. Tauris, 1999.

48. Fulanain, *The Tribes of the Marsh Arabs of Iraq*: *The World of Haji Rikkan*, London; New York: Routledge, 2010.

49. Garthwaite, Gene R. , *Khans and Shahs*: *A History of the Bakhtiyari Tribe in Iran*, London; New York: I. B. Tauris, 2009.

50. Gosnell, Jonathan K. , *The Politics of Frenchness in Colonial Algeria*, *1930 – 1954*, Woodbridge: University of Rochester Press, 2002.

51. Har, David M. , *Qabila*: *Tribal Profiles and Tribe – State Relations in Morocco and the Afghanistan – Pakistan Frontier*, New Jersey: Transaction Publishers, 2001.

52. Har, David M. , *Tribe and Society in Rural Morocco*, London; New York: Routledge, 2000.

53. Hasan, Yusuf Fadl, *The Arabs and The Sudan From the Seventh to the Early Sixteenth Century*, Edinburgh: Edinburgh University Press, 1967.

54. Hassan, Naji, *The Role of the Arab Tribes in the East during the Period of the Umayyads* (40/660 – 132/749), Baghdad: Baghdad University Press, 1978.

55. Hathaway, Jane, *The Politics of Households in Ottoman Egypt*: *The Rise of the Qazdaglis*, New York: Cambridge University Press, 1997.

56. Hill, J. N. C. , *Identity in Algerian Politics*: *The Legacy of Colonial Rule*, Blulder: Lynne Rienner Publishers, 2009.

57. Hoffman, Katherine. E. and Susan Gilson Miller, *Berbers and Others*: *Beyond Tribe and Nation in the Maghrib*, Bloomington: Indiana University Press, 2010.

58. Housego, Jenny, *Tribal Rugs*: *An Introduction to the Weaving of the Tribes of Iran*, New York: Van Nostrand Reinhold, 1978.

59. Hoyland, Robert. *Arabia and the Arabs*: *From the Bronze Age to the Coming of Islam*, London; New York: Routledge, 2001.

60. Hutchinson, Sharon E. , *Nuer Dilemmas, Coping with Money, War and the State*, California: University of California Press, 1996.

61. Idris, Amir, *Conflict and Politics of Identity in Sudan*, New York: Palgrave Macmillan, 2005.

62. Innlcik, Halil, *An Economic and Social History of the Ottoman Empire, 1300 – 1914*, Cambridge: Cambridge University Press, 1994.

63. Jeffrey Szuchman ed. , "Nomads, Tribe, and the State in the Ancient near East Cross – Disciplinary Perspectives," The Oriental Institute of the University of Chicago, Chicago Illinois: Orient Institute Seminars, Number 5, 2009.

64. Jongerden, Joost and Jelle Verheij eds. , *Social Relations in Ottoman Diyarbekir, 1870 – 1915*, Leiden; Boston: Brill, 2012.

65. Jureidini, Paul A. , *Jordan: The Impact of Social Change on the Role of the Tribes*, New York: Praeger, 1984.

66. Kakar, Hassan M. , *Government and Society in Afghanistan*, Texas: University of Texas Press, 1979.

67. Kamrava, Mehran, *The Political History of Modern Iran: From Tribalism to Theocracy*, Connecticut: Greenwood Publishing Group, 1992.

68. Katakura, Motoko, *Bedouin Village: A Study of a Saudi Arabian People in Transition*, Tokyo: University of Tokyo Press, 1977.

69. Kedourie, Elie and Sylvia G. Haim, ed. , *Modern Egypt: Studies in Politics and Society.* London; Totowa: Frank Cass, 1980.

70. Khuri, Fuad I. , *Tribe and State in Bahrain: The Transformation of Social and Political Authority in an Arab State*, Chicago: University of Chicago Press, 1980.

71. Kiser, John W. , *Commander of the Faithful: The Life and Times of Emir Abd El – Kader*, New York: Monkfish Book Publishing Company, 2008.

72. Komey, Guma Kunda, *Land, Government, Conflict & the Nuba of Sudan*,

Suffolk: James Currey, 2010.

73. Kostiner, Joseph, *The Making of Saudi Arabia*, *1916 – 1936*: *From Chieftaincy to Monarchical State*, Oxford: Oxford University Press, 1994.

74. Lambton, A. K. S. , *Islamic Society in Persia*, London: SOAS, 1954.

75. Lancaster, Fidelity, R. G, *Divinity and Experience*: *The Religion of the Dinka*, Oxford: Oxford University Press, 2003.

76. Layish, Aharon, *Shari'a and Custom in Libyan Tribal Society*, Leiden: Brill, 2005.

77. Lazreg, Marnia, *The Emergence of Class in Algeria*: *A Study of Colonialism and Socio – Political Change*, Boulder: Westview Press, 1976.

78. Lewis, Bernard, *Race and Slavery in the Middle East*: *An Historical Enquiry*, New York: Oxford University Press, 1990.

79. Lichtheim, Miriam and Antonio Lopriano, Hans – W Fischer – Elfert, Joseph G. Manning, *Ancient Egyptian Literature*, *3vol. s*, California: University of California Press, 2006.

80. Liverani, Mario, *The Ancient Near East*: *History, Society and Economy*, London; New York: Routledge, 2014

81. Macmichael, H. A. , *A History of the Arabs in the Sudan And Some Account of the People Who Preceded Them and of the Tribes Inhabiting Darfur*, Cambridge: Cambridge University Press, 2011.

82. Marcel, Kurpershoek P. , *Oral Poetry and Narratives from Central Arabia*: *A Saudi Tribal History—Honour and Faith in the Traditions of the Dawasir*, Leiden: Brill, 2002.

83. Merrills, A. H. , *Vandals, Romans and Berbers*: *New Perspective on Late Antique North Africa*, Surrey: Ashgate, 2004.

84. Mundy, Martha and Basim Musallam ed. , *The Transformation of Nomad Society in the Arab East*, Cambridge: Cambridge University Press, 2000.

85. Naqeeb, Khaldoun Hasan Al - , *Society and State in the Gulf and Arab Peninsula: A Different Perspective*, London, New York: Routledge, 2012.

86. Neolle, Christine, *The Interaction between State and Tribe in Nineteen - Century Afghanistan*, London: Curzon Press, 1997.

87. Ochsenwald, William, *Religion, Society and the State in Arabia: The Hijaz under Ottoman Control, 1840 - 1908*, Columbus: Ohio State University Press, 1984.

88. Paul, Andrew, *A History of the Beja Tribes of the Sudan*, Cambridge: Cambridge University Press, 2011.

89. Peacock, A. C. S. and Sara Nur Y1ld1z eds. , *The Seljuks of Anatolia: Court and Society in the Medieval Middle East*, London; New York: I. B. Tauris, 2013.

90. Peacock, A. C. S. , *Early Seljūq History: A New Interpretation*, New York: Routledge, 2010.

91. Peacock, A. C. S. , *The Great Seljuk Empire*, Edinburgh: Edinburgh University Press, 2015.

92. Petrie, W. M. Flinders ed, *A History of Egypt, 6vols.* , London: Methuen, 1898 - 1905.

93. Philip S. Khoury and Joseph Kostiner eds. , *Tribes and State Formation in the Middle East*, California: California: University of California Press, 1990.

94. Potts, Daniel T. , *Nomadism in Iran: From Antiquity to the Modern Era*, Oxford: Oxford University Press, 2014.

95. Powers, David S. , *Law, Society, and Culture in the Maghrib, 1300 - 1500*, Cambridge: Cambridge University Press, 2002.

96. Pritchard, James B. , *Ancient Near Eastern Texts Relating to the Old Testment*, Princeton: Princeton University Press, 1955.

97. Rabi, Uzi, *Tribes and States in a Changing Middle East*, London: C. Hurst & Co. Publishers, 2015.

98. Rasheed, Madawi Al –, *Contesting the Saudi State: Islamic Voices from a New Generation*, Cambridge: Cambridge University Press, 2006.

99. Raswan, Carl Reinhard, *Black Tents of Arabia: My Life among the Bedouin*, Bloomington: Xlibris, 2003.

100. Ruedy, John, *Land Policy in Colonial Algeria*, Berkeley; Los Angeles: California: University of California Press, 1965.

101. Ruedy, John, *Modern Algeria: The Origins and Development of a Nation*, Bloomington: Indiana University Press, 2005.

102. Sackville – West, Vita, *Twelve Days in Persia: Across the Mountains with the Bakhtiari Tribe*, London; New York: I. B. Tauris, 2009

103. Sato, Tsugitawa, *State and Rural Society in Medieval Islam: Sultans, Muqta's, and Fallahun*, Leiden, Leiden: Brill, 1997.

104. Savoy, Roger, *Iran under the Safavids*, Cambridge: Cambridge University Press, 1980.

105. Scheele, Judith, *Village Matters: Knowledge, Politics & Community in Kabylia, Algeria*, Suffolk: James Currey, 2009.

106. Seale, Patrick, *Asad of Syria: The Struggle for the Middle East*, California: University of California Press, 1990.

107. Shaw, Ian, *The Oxford History of Ancient Egypt*, Oxford: Oxford University Press, 2000.

108. Shaw, Stanford J. and Ezel Kura Shaw, *History of the Ottoman Empire and Mordern Turkey*, Cambridge: Cambridge University Press, 1977.

109. Sonn, Tamara, *Between Qur'an and Crown: The Challenge of Political Legitimacy in the Arab World*, Boulder: Westview Press, 1990.

110. Stephen W. Day, *Regionalism and Rebellion in Yemen: A Troubled National Union*, Cambridge: Cambridge University Press, 2012.

111. Tapper, Richard eds. , *Tribe and state in Iran and Afghanistan*, London; New York: Routledge, 2011.

112. Tejel, Jordi, *Syria' Kurds: History, Politics and Society*, London; New York: Routledge, 2008.

113. Tlemcani, Rachid, *State and Revolution in Algeria*, Boulder: Westview Press, 1986.

114. Toledano, Ehud R. , *State and Society in Mid – Nineteenth – Century Egypt* Cambridge: Cambridge University Press, 1990.

115. Üngör, Ugur Ümit, *The Making of Modern Turkey: Nation and State in Eastern Anatolia, 1913 – 1950*, Oxford: Oxford University Press, 2011.

116. Vali, Abbas, *Kurds and the State in Iran: The Making of Kurdish Identity*, London; New York: I. B. Tauris, 2011

117. Van Dam, Nikolaos, *The Struggle for Power in Syria: Politics and Society under Asad and the Ba'th Party*, London; New York: I. B. Tauris, 2011

118. Van der Steen, Eveline, *Near Eastern Tribal Societies during the Nineteenth Century: Economy, Society and Politics between Tent and Town*, London; New York: Routledge, 2014.

119. Winder, R. Bayly, *Saudi Arabia in the Nineteenth Century*, London: Macmillan, 1965.

120. Winter, Michael, *Egyptian Society under Ottoman Rule, 1517 – 1798*, London: Routledge, 1992

121. Yalc, in – Heckmann, Lale, *Tribe and Kinship among the Kurds*, Frankfurt: Peter Lang, 1991.

122. Yarshater, Ehsan, *Encyclopaedia Iranica*, London; New York: Routlege & Kegan Paul, 1985 – 2008.

123. Zahlan, Rosemary Said, *The Creation of Qatar*, London; New York: Rout-

ledge，1990.

124. Zaken，Mordechai，*Jewish Subjects and Their Tribal Chieftains in Kurdistan*：*A Study in Survival*，Leiden：Brill，2007.

125. Zarobell，John，*Empire of Landscape*：*Space and Ideology in French Colonial Algeria*，University Park：Pennsylvania State University Press，2010.

126. Zürcher，Eric J.，*Turkey*：*A Modern History*，London：I. B. Tauris，1997.

（三）阿拉伯文专著

1 . عبدالله خورشيد البرى: القبائل العربية في مصر فى القرون الثلاثة الاولى للهجرة، الهيئة المصرية العامة للكتاب، قاهرة ، 1992 .

1. 阿卜杜拉·胡里斯德·巴里：《迁徙初三个世纪内埃及的阿拉伯部落》，开罗图书发行总署，1992。

2 . عبد الله الغذامي: القبيلة والقبائلية أو هويات ما بعد الحداثة، المركز الثقافي العربي، لبنان، 2009 .

2. 阿卜杜拉·卡达米：《部落、部落性及后现代身份认同》，黎巴嫩阿拉伯文化中心，2009。

3 . عبد الحكيم الوائلي : موسوعة قبائل العرب، دار أسامة للنشر والتوزيع، 2002 .

3. 阿卜杜勒哈基姆·阿勒瓦伊里：《阿拉伯部落百科全书》（六卷本），乌萨马出版社，2002。

4 . أحمد عويدي العبادي: تاريخ الأردن وعشائره في العصور القديمة والوسيطة: من 3400 ق.م- 1910 م، دار مجد لاوي للتوزيع والنشر، الأردن، 2015 م.

4. 艾哈迈德·阿维迪·阿巴迪：《古代与中世纪约旦历史及其部落：公元前3400 年至公元1910 年》，约旦马吉迪莱维出版发行社，2015。

5 . أحمد حمدان الربايعه: المجتمع البدوي الأردني، دائرة الثقافة والفنون، الأردن، 1974 .

5. 艾哈迈德·哈姆丹·拉巴伊阿的《约旦贝都因社会》，约旦文化艺术书局，1974。

6 . حليم بركات: المجتمع العربي المعاصر، مركز دراسات الوحدة العربية، 2001 .

6. 哈里木·巴拉卡特:《当代阿拉伯社会》,阿拉伯统一研究中心,2001。

7 . حميد مسلم بن بخيت محرمي: الشمائل في أنساب القبائل، دمشق: المركز الفني للطباعة، 2008 .

7. 哈米德·穆斯林·本·巴希特·穆哈拉米:《部落谱系的特征》,大马士革出版技术中心,2008。

8 . هنريكودي أغسطيني: سكان ليبيا، بيروت: دار الثقافة، 1976 .

8. 罕里库迪·乌胡斯特尼:《利比亚居民》,贝鲁特文化出版社,1976。

9 . حسين حاجم بريدي: العشائر العراقية، البصره: مؤسسة المحبين للطباعة والنشر، 2012 .

9. 侯赛因·哈基姆·巴里迪:《伊拉克家族》,巴士拉马哈比出版公司,2012。

10 . كامل مصطفى الهنداوي: في معرفة قبائل العرب، بيروت دار الكتب العلمية، 2009 .

10. 卡米勒·穆斯塔法·罕达维:《阿拉伯部落概况》,贝鲁特学术图书社,2009。

11 . راشد بن فاضل البنعلي: مجموع الفضائل في فن النسب وتاريخ القبائل، بيروت: دار النشر، 2001 .

11. 拉希德·本·法迪勒·白阿里:《部落历史与谱系中的美德集》,贝鲁特出版社,2001。

12 . ممدوح عبد الرحمن عبد الرحيم الريطي: دور القبائل العربية في مصر منذ الفتح الإسلامي حتى قيام الدولة الفاطمية وأثرها في النواحي السياسية والاقتصادية والاجتماعية والثقافية، المكتب العصري للتجهيزات الفنية، 2009 .

12. 麦木都哈·阿卜杜拉赫曼·阿卜杜拉希姆·瑞提:《阿拉伯部落对埃及的政治、经济、社会和文化影响》(从伊斯兰拓疆到法蒂玛王朝),埃及技术装备书局,2009。

13 . محمد عبد الرزاق مناع: الأنساب العربية في ليبيا، بنغازي: دار الوحدة- مؤسسة ناصر للثقافة، 1975 .

13. 穆罕默德·阿卜杜拉宰格·马纳阿:《利比亚的阿拉伯谱系》,班加西统一出版社–纳赛尔文化中心,1975。

14 . محمد بن دخيل العصيمي:"قبائل هوازن- دراسة في الأنساب والتاريخ"، دار السعودية، 2004 .

14. 穆罕默德·本·戴希尔·阿西米:《哈瓦兹部落的谱系及历史研究》,沙特出版社,2004。

15 . محمد بن سعد النهاري: قبائل قحطان المعاصرة، رياض: مكتبة الملك فهد الوطنية، 2000 .

15. 穆罕默德·本·萨阿德·纳哈里:《当代盖哈坦部落》,利雅得法赫德国王出版社,2000。

16 . عمر رضا كحالة : معجم القبائل العربية القديمة والحديثة، مؤسسة الرسالة، بيروت، 1994 .

16. 欧麦尔·里达·卡哈尔:《古今阿拉伯部落词典》(五卷本),贝鲁特使命出版社,1994。

17 . شبيب صالح أبو جابر: المجتمع الأردني: دراسة اجتماعية تربوية، الجامعة الأردنية، 1979 .

17. 舍比卜·萨利赫·阿布贾比尔:《约旦社会:社会与教育研究》,约旦大学出版,1979。

18 . سهير عبد العزيز محمد يوسف: الاستمرار والتغير في البناء الاجتماعي في البادية العربية، دار المعارف، 1991 .

18. 苏海尔·阿卜杜勒阿齐兹·穆罕默德·尤素福:《阿拉伯游牧民族社会结构的传承与变化》,埃及知识出版社,1991。

二 论文

(一) 中文论文

1. 阿伦·利法特:《多数裁定原则的理论和实践:不完善范例的顽强性》,吴展译,《国际社会科学杂志》(中文版) 1992 年第 3 期。

2. 董文娟:《利比亚农业:政策的和现状》,《西亚非洲》1986 年第 2 期。

3. 樊江:《利比亚经济状况和承包劳务市场》,《国际经济合作》1989 年第 1 期。

4. 高世军:《西方制裁与利比亚的对策》,《西亚非洲》1995 年第 3 期。

5. 韩志斌:《利比亚早期现代化的两条道路之争》,《世界历史》2008 年第 2 期。

6. 韩志斌、李铁：《利比亚的"革命民族主义"与国家现代化》，《世界民族》2009 年第 3 期。

7. 韩志斌：《从革命民族主义到超越民族主义——利比亚现代化的跃迁》，《西亚非洲》2009 年第 12 期。

8. 姜英梅：《利比亚石油工业发展及投资环境》，《亚非纵横》2008 年第 4 期。

9. 金烨：《祖国有多远》，中国社会科学院博士论文，2004。

10. 孔凡河：《反恐视野下的利比亚和美国关系演变透析》，《西亚非洲》2007 年第 7 期。

11. 岚沁：《利比亚的图阿雷格人》，《阿拉伯世界》1985 年第 2 期。

12. 李保平：《试论里根政府对利比亚的政策》，《世界经济与政治》1988 年第 5 期。

13. 李红杰：《国际制裁下的利比亚》，《亚非纵横》1999 年第 2 期。

14. 刘云：《利比亚对非洲外交：撬动利比亚对外关系转变的杠杆》，《西亚非洲》2009 年第 12 期。

15. 佘莉：《制裁下的利比亚经济》，《阿拉伯世界》1996 年第 3 期。

16. 王金岩：《利比亚战争中的部落因素》，《亚非纵横》2011 年第 7 期。

17. 王金岩：《利比亚战争中的能源因素》，《亚非纵横》2012 年第 1 期。

18. 王金岩：《利比亚变局对中国利益的影响》，《阿拉伯世界研究》2012 年第 2 期。

19. 王林聪：《卡扎菲外交思想与利比亚外交》，《西亚非洲》2004 年第 6 期。

20. 王明美：《迅速发展的利比亚教育》，《阿拉伯世界》1984 年第 4 期。

21. 王彤：《试论利比亚"九一"革命》，《西亚非洲》1994 年第 4 期。

22. 王有勇：《中国与利比亚的能源合作》，《国际观察》2007 年第 3 期。

23. 杨廷智、王泰：《试析利比亚与西方改善关系的"三步走"策略》，《阿拉伯世界》2005 年第 6 期。

24. 叶水林：《利比亚的石油》，《阿拉伯世界》1982 年第 2 期。

25. 予萍：《浅述利比亚简史》，《阿拉伯世界》1989 年第 2 期。

26. 朱安琪：《利比亚的经济发展》，《阿拉伯世界》1984 年第 2 期。

27. 朱安琪：《利比亚和乍得协议"合并"的背景与展望》，《国际问题资料》1981 年第 3 期。

（二）英文论文

1. As'ad, Mohammed Ahrned, "The Possibility of Change in Bedouin Society： A Study of Current Development in Saudi Arabia," Ph. D. Dissertation, Claremont Graduate School, 1981.

2. Benraad, Myriam, "Iraq's Tribal 'Sahwa'： Its Rise and Fall," *Middle East Policy Archives*, Spring 2011, Volume XVIII, Number 1

3. Carl, Philip, "Ideology and Change in Middle Eastern Tribal Societies," *Man*, Volume13, Number 4, 1978.

4. Cole, Donald P. , and S. E. Ibrahim, "Saudi Arabian Bedouin. An Assessment of Their Needs," American University, 1978.

5. David D. Kirkpatrick, "Tribal Ties, Long Qaddafi's Strength, May Be His Undoing," *The New York Times*, March 14, 2011.

6. David D. Kirkpatrick & C. J. Chivers, "Tribal Rifts Threaten to Undermine Libya Uprising," *The New York Times*, August 13, 2011.

7. Ebrahim, Mohammed Hossein Saleh, "Problem Omomad Settlement in the Middle East with Special Reference to Saudi Arabia and the Haradh Project," Cornell University, 1981.

8. Ganoubi, Ahrned Ibrahim, "Irqah： A Village Community in Najd," Ph. D. Dissertation, University of Hull, 1976.

9. Glen Johnson, "In Libya, Ethnic and Tribal Tension Threatens Democracy," *Los Angeles Times*, July 07, 2012.

10. Helaissi, A. S. , "The Bedouins and Tribal Life in Saudi Arabia," *International Social Science Journal*, Vol. 11, No. 1, 1959.

11. Horton, Michael, "The Tribes of Yemen: An Asset or Impediment to Stability?" *Terrorism Monitor*, Volume 9 Issue 1, January 6, 2011.

12. Kaoud, Sanaa Abd El – Hamad, "Demographic Developments in Saudi Arabia During the Present Century," Ph. D. Dissertation, The City University, 1979.

13. Lacher, Wolfram, "Families, Tribes and Cities in the Libyan Revolution," *Middle East Policy*, vol. X Ⅷ, No. 4, Winter 2011.

14. Lesch, Ann Mosely, "The Sudan Contested National Identities," Indiana University, 1998.

15. Lindner, Rudi Paul, "Nomads and Ottomans in Medieval Anatolia," Indiana University, 1983.

16. Mahawi, Suha Mudrik Al – , "Sedentarization and Social Change Among the Al Murrah Bedu in the Eastern Province of Saudi Arabia," Ph. D. Dissertation, University of Belfast, 1992.

17. Malik, Saleh Abdullah, "Rural Migration and Urban Growth in Riyadh, Saudi Arabia," Ph. D. Dissertation, University of Michigan, 1973.

18. McGregor, Andrew, "The Battle for Zinjibar: The Tribes of Yemen's Abyan Governorate Join the Fight against Islamist Militancy," *Terrorism Monitor*, Volume 9, Issue 32, August 12, 2011.

19. Mubarak, Faisal Abdul – Aziz M. , "Urbanization, Urban Policy and City Form: Urban Development in Saudi Arabia," Ph. D. Dissertation, University of Washington, 1992.

20. Mughram, A. A. , "Assarah, Saudi Arabia: Change and Development in a Rural Context," Ph. D. Dissertation, University of Durham, 1973.

21. Nelson, Harold D. , "Algeria: A Country Study," American University, 1985.

22. Nicolas Pelham, "Libya: How They Did It," *New York Review of Books*, September 29, 2011.

23. Oren, E. D. ed., "Hyksos: New Historical and Archaeological Perspectives," University of Pennsylvania, 1997.

24. Pipes, Daniel, "The Middle East's Tribal Affliction," *Jerusalem Post*, January 24, 2008.

25. Riar, Mohammed Hussein Al -, "The Faisal Settlement Project at Haradh, Sadui Arabia: A Study in Nomad Attitude toward Sedentarization," Ph. D. Dissertation, University of Michigan, 1977.

26. Salzman, Philip Carl, "The Middle East's Tribal DNA," *Middle East Quarterly*, Vol. 15, No. 1, Winter 2008.

27. Schmitz, Charles, "Understanding the Role of Tribes in Yemen," CTC SENTINEL, October 31, 2011.

28. Shahrani, Abullahseed M. Al -, "Modernization in a Traditional Society: The Case of Saudi Arabia," Ph. D. Dissertation, Clark Atlanta University, 1990.

29. Shamekh, Ahmed A., "Special Patterns of Bedouin Settlement in Al - Qasim Region, Saudi Arabia," Ph. D. Dissertation, University of Kentucky, 1975.

30. Sheikh, Abduiaziz A. Al -, "Residential Mobility in Riyadh: A Study in Intraurban Migration," University of Riyadh, 1980.

31. Webster, Roger, "Bedouin Settlements in Eastern Arabia," Ph. D. Dissertation, University of Exeter, 1987.

32. Weir, Shelagh, "A Tribal Order: Politics and Law in the Mountains of Yemen," University of Texas, 2007.

33. Wolfram Lacher, "Families Tribes and Cities in the Libyan Revolution," *Middle East Policy Archives*, January 2012.

34. Youssef Mohammad Sawani, "Post-Qadhafi Libya: Interactive Dynamics and

the Political Future," *Contemporary Arab Affairs*, Vol. 5, No. 1, 2012.

35. Zahrani, Abdul Razzaq Homoud Al -, "Saudi Arabian Development: A Sociological Study of Its Relation to Islam and Its Impacts on Society," Ph. D. Dissertation, Washington State University, 1986.

(三) 阿拉伯文论文

1 . علي بن سعد:"ليبيا ما بعد القذافي وظائف تضخيم دور القبيلة"، مجلة السفير العربي، 2012 – 08 – 08 .

1. 阿里·本·萨阿德:《后卡扎菲时代的利比亚:部落作用扩大》,《经济与政治研究》,《阿拉伯大使》2012 年 8 月 8 日。

2 . أحمد فكاك البراني وكفراء رياض محمد:دور شيوخ عشائر الموصل في البرلمان العراقي خلال 1925 – 1958 ، مجلة التربية والعلم، المجلد 15 ، العدد 10 ، 2008 ، ص 8 – 39 .

2. 艾哈迈德·发卡克·白拉尼、卡夫拉·利雅得·穆罕默德:《摩苏尔部落谢赫在伊拉克议会中的作用:1925~1958》,《教育与科学》2008 年第 10 期,第 8~39 页。

3 . .د.محمد علي يونس، أ.عطية عبد الواحد سالم:"الوضع الحالي للقيادات الإدارية في ليبيا"، الاقتصاد والعلوم السياسية،العدد السابع 2010 .

3. 穆罕默德·阿里·尤尼斯,阿提耶·阿卜杜勒瓦希德·萨利姆:《利比亚当前的行政统治情况》,《经济与政治研究》2010 年第 7 期。

4 . .أ.د.مصطفى عبد الله أبو القاسم أبو خشيم:"التنمية البشرية في الدول العربية: الطموح والواقع"، الاقتصاد والعلوم السياسية،العدد السابع 2010 .

4. 穆斯塔法·阿卜杜拉·阿布·贾希姆:《阿拉伯国家的人文发展:目标与现实》,《经济与政治研究》2010 年第 7 期。

5 . عمار يوسف عبدالله عويد العكيديال، سياسة البريطانية تجاه عشائر العراق :1914 – 1945 ، جامعة الموصل، عراق، 2002 .

5. 欧麦尔·尤素福·阿卜杜拉·阿韦德·阿肯迪:《英国对伊拉克部落的政策 (1914~1945)》,摩苏尔大学博士论文,2002。

6 . صباح ياسين: في ظل الاحتلال الأمريكي العشائرالعراقية: ثقل الحضور ومخطط الاحتواء، مجلة "المستقبل العربي"، 2002، ص 14 – 25 .

6. 萨巴赫·亚辛：《美国占领下的伊拉克部落：参与的力量与遏制计划》，《阿拉伯未来》，第 14~25 页，2002。

7 . سهيل صابان: مخصصات بعض شيوخ القبائل في منطقة المدينة المنورة، مجلة مركز بحوث ودراسات المدينة المنورة، العدد 13 ، 2009 ، ص 221 – 240 .

7. 苏哈伊勒·萨巴：《麦地那地区部分部落谢赫的特点》，《麦地那研究中心》2009 年第 13 期，第 221~240 页。

三 主要网站

1. http：//www. aljazeera. net/.

2. http：//www. alarabiya. net/.

3. http：//www. bbc. co. uk/.

4. http：//www. china. com. cn/.

5. http：//www. cnn. com/.

6. http：//www. egynews. net/.

7. http：//www. islamtoday. net/.

8. http：//www. libya – alyoum. com/.

9. http：//www. libyanpress. com/.

10. http：//www. mepc. org/.

11. http：//www. nytimes. com/.

12. http：//www. people. com. cn/.

13. http：//www. pm. gov. ly/.

14. http：//www. reuters. com/.

15. http：//www. xinhuanet. com/.

后　记

　　本书是由我的博士论文修改而成，因此，回顾本书的形成过程便不能不提及我做博士论文的经历。我自 2010 年 9 月开始博士阶段的学习。2011 年初，利比亚战争爆发，一时成为国际热点，世界各地的专家学者从不同方面对其进行解读。我读过的利比亚历史上的部落故事，以及我曾亲身感受到的民众的部落情结在我的脑海中挥之不去。于是，我将利比亚历史进程中的部落问题作为博士论文的研究对象。

　　在研究过程中我遇到过一些困难，我的博士生导师、北京外国语大学阿拉伯语系张宏教授始终鼓励我，帮我想办法。没有张宏教授的支持，我的博士论文难以顺利完成。在我完成博士论文过程中，答辩委员会的各位老师都曾给予我大量的帮助：中国社会科学院西亚非洲研究所原所长、当时已近 80 岁高龄的赵国忠研究员无私地与我共享他毕生积累的关于利比亚的科研资料，并在论文成稿过程中多次给予中肯的指导；北京外国语大学阿拉伯语系的马晓霖教授、薛庆国教授、蒋传瑛教授都曾多次从研究方法、写作方法等方面对我耐心指导；中国社会科学院西亚非洲研究所已退休的唐宝才研究员也对我的论文提出指导意见和建议。没有上述老师的帮助和指导，我的博士论文恐难以顺利通过答辩。

　　2013 年 7 月，我博士毕业后进入中国社会科学院西亚非洲研究所工作，至今已近五年时间，其间得到所里老师们悉心的关怀和指导。

对我帮助最大的是我的研究室主任、所长助理王林聪研究员。自工作伊始，王老师就鼓励我将博士论文尽快修改完善后出版。我却以"利比亚尚未稳定，希望再观察时日"为由将书稿一拖再拖，直至今日才将其出版。其间，王老师给予我持续的鼓励和督促，并数次给予我关键的指导和帮助。没有王老师及其主持的中国社会科学院登峰战略优势学科"当代中东研究"项目的大力支持，就没有本书今天的顺利出版。西亚非洲研究所的杨光所长、李新烽副所长，中东研究室主任唐志超研究员，科研处负责人成红研究馆员等都对本书的出版给予了支持和帮助。本书在写作过程中也曾得到过其他科研单位老师们无私的帮助和指导，主要有西北大学中东研究所韩志斌所长、北京大学阿拉伯语系吴冰冰副主任等。此外，社会科学文献出版社的高明秀老师、张萍老师等也为本书的编辑、出版做了大量工作。要感谢的人太多，难免挂一漏万。在此，我一并向帮助过我的老师和同事表示诚挚的谢意！

我也由衷地感激我的家人，没有他们的理解、支持和帮助，我不可能完成博士阶段的学业和书稿的修改工作。感恩我的父母！他们永远是我最坚强的后盾。在我忙于学业或工作时，他们竭尽全力地帮我照顾孩子和料理家务，解除了我的后顾之忧。感谢我的爱人孙涤非先生！我们因利比亚相识、相知，他一直支持我的学业和工作，帮助我减轻精神压力。他工作繁忙，但是在我做博士论文期间，他只要到相关国家出差，都会竭力帮我购置所需的资料。没有他的帮助，我的博士论文很可能因资料不足而流产。最后，我的儿子孙一涵小朋友也在本书稿出版中有一份独特的贡献。当他知道我开始修改书稿后，时常会问我："妈妈，你的书什么时候能出来？""妈妈，你今天又修改了多少？"他的每句童言稚语都是我巨大的精神动力。

本书的出版是我科研工作的一个新起点，也为我未来的工作注入新动力。我将更加从容、踏实地继续前行。今天恰逢北约在利比亚实施"奥德赛黎明"行动七周年，七年前这一事件成为利比亚战争的重要转折点。七年后的今天，利比亚仍处在从乱到治的艰难过渡中。我衷心祝愿利比亚尽快恢复稳定与发展！我将重返那片土地，欣赏它的碧海蓝天，乐见其人民富足、平安。

王金岩

2018 年 3 月 20 日

图书在版编目（CIP）数据

利比亚部落问题的历史考察／王金岩著. --北京：
社会科学文献出版社，2018.6
（中东研究专辑）
ISBN 978 - 7 - 5201 - 2544 - 4

Ⅰ.①利…　Ⅱ.①王…　Ⅲ.①部落联盟－研究－利比
亚　Ⅳ.①D741.321

中国版本图书馆 CIP 数据核字（2018）第 065014 号

· 中东研究专辑 ·

利比亚部落问题的历史考察

著　　者／王金岩

出 版 人／谢寿光
项目统筹／高明秀
责任编辑／张　萍

出　　版／社会科学文献出版社·当代世界出版分社（010）59367004
　　　　　　地址：北京市北三环中路甲 29 号院华龙大厦　邮编：100029
　　　　　　网址：www. ssap. com. cn
发　　行／市场营销中心（010）59367081　59367018
印　　装／三河市尚艺印装有限公司

规　　格／开 本：787mm × 1092mm　1/16
　　　　　　印 张：19　字 数：261 千字
版　　次／2018 年 6 月第 1 版　2018 年 6 月第 1 次印刷
书　　号／ISBN 978 - 7 - 5201 - 2544 - 4
定　　价／89.00 元